Renate Tippmann
Heike Kellmann

MÄDCHEN, STEH AUF!

Ein Mutter-Tochter-Projekt

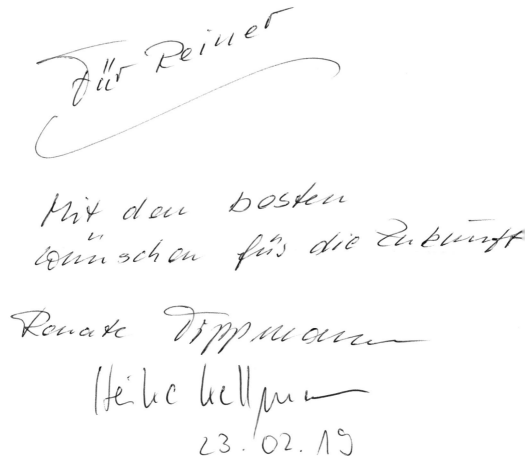

Für Reiner

Mit den besten Wünschen für's die Zukunft

Renate Tippmann
Heike Kellmann
23. 02. 19

„Tausendundeine Geschichte" 172
© 2016 Elke Bockamp

Erste Auflage 2016.
Alle Rechte vorbehalten,
insbesondere das der Übersetzung,
des öffentlichen Vortrages sowie der Übertragung
durch Rundfunk und Fernsehen, auch einzelne Teile.
Kein Teil des Werkes darf in irgendeiner Form
(durch Fotografie, Mikrofilm oder andere Verfahren)
ohne schriftliche Genehmigung des Verlages reproduziert
oder unter Verwendung elektronischer Systeme
verarbeitet, vervielfältigt oder verbreitet werden.
Quellennachweise bei Genehmigung.
Umschlag: Elke Bockamp
Printed by: CreateSpace Independent Publishing
This book has assigned a CreateSpace ISBN
ISBN-13: 978-1540873774
ISBN-10: 1540873773

Vorwort

Als Kinder baten wir Mutter oft darum, von früher zu erzählen. „Erzähl uns eine Geschichte vom Krieg" hieß es, wenn sie im Garten arbeitete, und wir hockten in ihrer Nähe und lauschten fasziniert den Erlebnissen aus einer fremden Zeit. Die Faszination ging so weit, dass ich unter der Schaukel mit einer kleinen Schaufel den Bau eines Bunkers für den nächsten Krieg begann. Ich gab das Vorhaben nach etwa 30 Zentimetern auf, weil der Boden zu hart war, aber die Stelle war noch Jahre zu sehen.

Später wurden die Gelegenheiten seltener, aber die Erzählungen länger und intensiver. Trotzdem gelang es uns nie, eine Chronologie in Mutters unübersichtlichen Lebenslauf zu bringen.
Im Alter begann sie, einige Geschichten für uns aufzuschreiben. Wenn sie nach drei Monaten vom Überwintern auf Teneriffa zurück kam, hieß es immer, „ich hab auch ganz viel geschrieben", aber es dauerte Jahre, bis sie es eines Tages zuließ, dass ich die ausgedruckten Geschichten mit nach Hause nehmen und lesen durfte.

Ich verbrachte ein ganzes Wochenende vollkommen fasziniert im Bett und war nach der Lektüre überzeugt, nicht nur ein zeitgeschichtliches Dokument, derer es zwischenzeitlich viele gibt, in den Händen zu halten, sondern auch eine selbst für das aufregende 20. Jahrhundert ungewöhnliche Lebensgeschichte.
So entstand dieses Buch. Auch wenn ich immer noch Zweifel habe, dass außerhalb unserer Familie jemand gleichermaßen dieser Faszination erliegen könnte, sehe ich meine Mutter als Stellvertreterin für eine ganze Generation, deren Leben immer wieder radikalen Veränderungen unterworfen wurden. Das macht sie für mich und hoffentlich auch für andere interessant.

Heike Kellmann, im Juni 2016

Inhalt

Das Haus im Wald

Mein Großvater Richard Nicoll, geboren am 15. September 1891, stammte aus einem Vorort von Leipzig.

Um 1910/11 war er auf der Suche nach Arbeit ins Rödeltal gekommen. Das ganze Tal wurde damals von Textilfabriken auf Grund seiner günstigen Lage am Rödelbach beherrscht. Ob er zu der Zeit schon eine Ausbildung in der Textilindustrie hatte, weiß ich nicht. Jedenfalls fand er Arbeit bei der Firma Hermann und Rüdiger, einer Kammgarnspinnerei in Saupersdorf. Er muss schon sehr tüchtig gewesen sein. Die Besitzer des Betriebes wohnten nicht im Dorf, der Richard schmiss den ganzen technischen Betrieb, Herr Flemming war Geschäftsführer. Ich glaubte als Kind immer, die Fabrik gehöre meinem Großvater.

Sobald er Arbeit hatte, suchte er natürlich auch ein entsprechendes Mädchen.

Meine Großmutter Minna wurde am 2.Mai 1890 in Sauersack geboren und wuchs als jüngstes von sechs Kindern auf: Edwin, Ewald und Erwin und zwei Schwestern, Klara und Rosa. Trotz der zum Teil schwierigen Erreichbarkeit eines Erzgebirgsdorfes wie Saupersdorf blieb ihr auch nach der Heirat ein guter familiärer Kontakt. Tante Rosa und Onkel Ewald waren ständige Gäste bei uns, Onkel Erwin reiste mindestens einmal jährlich aus Leipzig an, es gab eine gute Bahnverbindung. Für Onkel Edwin aus Auerhammer war das schon schwieriger, obwohl er näher wohnte. Die Querverbindungen über die Erzgebirgsdörfer waren nur zu Fuß zu überwinden. Tante Klara wohnte am Geyersberg, sie kam wohl so oft, wie es ihre Arbeit mit Haus und Garten zuließ. Wir Kinder besuchten sie aber auch oft mit unserer Großmutter.

Meine Großeltern müssen sich sehr schnell verliebt haben. Meine Großmutter erzählte mir einmal, Richard hätte behauptet, den Militärdienst schon hinter sich zu haben. Dabei war er sogar noch ein Jahr jünger als sie. Sie heirateten 1912 (meine Mutter war die Ehestifterin) und wohnten in Saupersdorf im Hause Runge. Das war ein rotes Backsteinhaus am Berg unterhalb der Schule. Viel hat mir die Großmutter nicht erzählt, aber es muss eine harte Zeit gewesen sein. Der Großvater brachte immer alte, ölverschmierte Lappen aus der Fabrik mit, die Großmutter dann mit Schmierseife und Waschbrett schrubbte. Dann konnten sie wieder zum Putzen der Spinnmaschinen benutzt werden.

Großvater war einer der ersten, die 1914 zu Beginn des ersten Weltkrieges eingezogen wurden. Er hat die Schlacht an der Somme, Verdun und Sedan überstanden und kam offenbar gesund zurück. Uns Kindern hat er später tolle Geschichten erzählt: durch den Fluss sei er mit seinen Kameraden gewatet – ganz unter Wasser – und die ertrunkenen Franzosen seien ihnen aufrecht entgegen gekommen mit erhobenen, wippenden Händen. Der ganze Fluss sei rot gewesen von Blut.

Am 18.Juli 1918 wurde Sohn Rudolf geboren, am 22. September 1924 Sohn Karl.
    Gegen Ende der zwanziger Jahre wurden dann kurz hintereinander zwei Häuser gebaut bzw. umgebaut. Das Haus Nr. 13 B am Steig im Dorf wurde zusammen mit den Müllers von nebenan als Doppelhaushälfte neu gebaut. Soviel ich aber weiß, haben die Großeltern dort nie gewohnt. Es stand aber in einem engen zeitlichen Zusammenhang mit dem Kauf des Tröltzschen Hauses im Wald. Dieses Haus im Wald war irgendwann abgebrannt und wieder aufgebaut worden. Dann muss es aber den Eigentümern sehr schlecht ergangen sein. Das Haus sei in einem erbärmlichen Zustand gewesen, Fußböden, Fensterbänke waren als Brennmaterial verheizt worden. Das ganze Grundstück hatte keinen Zaun. Der Berg, den wir später als Hühnerhausberg bezeichneten, war völlig

von Wald, Gestrüpp und viel, viel Steinen bedeckt. Die Wasserzufuhr vom Forst war marode, Strom gab es nicht. Der Steinbruch auf dem Hof war unzugänglich, sumpfig und damit gefährlich. Der zweite Steinbruch, weiter oben auf dem Berg, diente den Dorfleuten zum Schuttabladen.

Ich kann mir heute vorstellen, dass der Großvater zwar ein Schnäppchen gemacht hatte, aber auch ungeheuren Mut und viel Kraft aufbringen musste, das Ganze zu stemmen. Immerhin versorgte er morgens erst das Vieh, fuhr mit einer Kuh den Berg hoch aufs Feld, mähte Klee mit der Sense, brachte alles in den Stall und ging dann zur Arbeit in die Fabrik. Ich sehe noch genau seine kleine Aktentasche mit der Thermoskanne für den Malzkaffee und der viereckigen „Bemmbüchs" aus Aluminium. Wenn er abends nach Hause kam, war da immer noch ein Stück Brot drin – meistens für mich. Den Geschmack kenne ich heute noch. Keine Delikatesse, aber Gold wert. Natürlich war sein Arbeitstag noch lange nicht zu Ende, das Viehzeug musste noch einmal versorgt werden. Es gab eine ziemlich strenge Arbeitsteilung zwischen Großmutter und Großvater. Für die beiden Kühe, Liese war eine Rotbunte, Lotte mehr gelb-weiß, war der Großvater zuständig, melken musste aber die Großmutter. Sie versorgte auch die Ziege, die Schweine und das ganze Kleinvieh, Enten, Gänse, die man für die Federbetten brauchte, und die Hühner.

Im Mai 1934 heirateten meine Eltern. Von Anfang an wohnten sie mit draußen im Waldhaus. Am 16. September wurde ich geboren, der Umstand der „Ehestifterin" setzte sich damit fort. Vati arbeite damals beim Möckels Gustav, seinem Großvater, der im Dorf als reicher Mann galt, besaß er doch ein gut funktionierendes Sägewerk mit eigenem Bahnanschluss. Vorteile hatte Vati dadurch ganz sicher nicht, hatte er doch die falsche Frau geheiratet. Vorgesehen war für ihn die Schäfers Dorle, einzige Tochter des zweiten Sägewerksbesitzers in Saupersdorf.

Klar, da sollten zwei Betriebe zu einem großen werden. Vati verdiente in der Woche 27 Mark, arbeitete immer im Sommer und studierte im Winter an der Bauschule. Mami erzählte manchmal, dass er abends beim Funzellicht der Petroleumlampe einschlief und dabei mit der Ziehfeder über das Pergament der Bauzeichnung rutschte. Die Arbeit von Stunden war verdorben.

Wir bewohnten die obere Etage. Nach oben führte eine dunkle Granittreppe. Auf halber Höhe gab es ein Fenster mit einem sehr breiten Fensterstock. Darauf konnte man nicht nur gut sitzen – später kletterten wir nur zu gerne am Blitzableiter runter auf den Hof, es war nicht besonders hoch. Genau gegenüber von Fenster stand neben der Treppe der Separator. Täglich separierte die Großmutter die frisch gemolkene Milch. Aus dem oberen ovalen Rohr floss die Sahne, aus dem unteren die Magermilch. Herrlich, den Finger unter die herauslaufende Sahne zu halten. Wenn ich allein war, schimpfte Großmutter nie mit mir, ich wusste aber auch, wann es genug war, übertreiben durfte man natürlich nicht.

Über dem Fenster befand sich ein durchgehendes Gesims. Darauf standen volle Weckgläser: Kirschen, Erdbeeren, Stachelbeeren, Kürbis. Wenn man die Treppe herunter kam, führte eine Tür mit Gittern und Verglasung auf die Veranda. Dort war früher mal der Eingang. Soweit ich denken kann, war das Großmutters Vorratsraum. Es gab dort sogar eine sehr interessante Maschine zum Verschließen von Konservendosen. Die Dosen wurden mit Fleisch oder Wurst nach dem Schlachtfest befüllt, dann kam ein mit einem schmalen Gummiring versehener Deckel darauf, den die Maschine fest mit der Dose verband. Abschließend mussten die Dosen im Kessel lange genug gekocht werden. Nach Verbrauch des Inhaltes wurde mit der gleichen Maschine der Rand abgeschnitten, die Dose war etwas kleiner geworden, man konnte sie aber recht oft gebrauchen.

Oftmals gab es dort auch einen großen Steinzeugtopf gefüllt mit herrlichem Pflaumenmus. Ich war auch dabei, als Großmutter eine tote Maus im Pflaumenmus entdeckte. Da wurde nicht etwa entsorgt, Pflaumenmus war viel zu kostbar. Die tote Maus wurde entfernt, die ganze Familie amüsierte sich darüber und aß mit Appetit weiter.

Käse wurde in dem winzigen Raum auch von unserer Großmutter hergestellt. Dazu wurde der zuvor in einem Leinensack abgetropfte Quark portionsweise auf Kompottschüsselchen verteilt, mit der Hand wie überdimensionale Linsen geformt und mit etwas Salz betreut. Mehrmals täglich wurden die „Quärkle" gewendet und das Wasser abgeschüttet. Waren die Quärkle trocken genug, wurden sie in einem Steintopf mit Kümmel, Pfeffer und anderen Gewürzen eingelegt. Nach Tagen waren sie fertig und schmeckten köstlich.

Zu meinen frühesten Erinnerungen im Zusammenhang mit dem Treppenhaus gehört aber etwas sehr Unangenehmes. Ich ging zwar zu gerne zu meiner Großmutter in die Küche, die Küchentür lag der untersten Stufe genau gegenüber, aber links davon war der dunkelgrüne Putz von der Wand gefallen, sodass ein großer heller Fleck schon von oben sichtbar war. Und eben dieser Fleck machte mir so viel Angst, dass ich um nichts in der Welt da alleine vorbei gegangen wäre. Dieser Fleck glotzte mich so an, dass ich stocksteif auf der Treppe stand und schrie. Irgendwann wurde das Übel erkannt und mit einem dunklen Stück Decke zugenagelt. Ähnliche Ängste löste übrigens ein bronziertes Ofenrohrknie in dem kleinen Schlafzimmer aus, in dem ich schlafen sollte. Ich wurde noch bei Tageslicht zu Bett gebracht, konnte nicht einschlafen und starrte auf das Rohr. Dazu hörte ich auch noch mein Herz klopfen. Ich schrie, nicht, weil ich nicht schlafen wollte, sondern weil meine Angst mich nicht zur Ruhe kommen ließ. Mein Vati löste das Problem mittels eines Handtuchs und ich fühlte mich verstanden.

Wir bewohnten die obere Wohnung und unser Haupt-
wohnraum war die Küche im mittleren Raum des Giebels
zum Gartentor hin. Zwischen den beiden Fenstern stand
der Küchentisch, links davon an der Wand ein Sofa, davor, auch an der Wand, der Aufwaschtisch. Direkt rechts
von der Eingangstür befand sie die metallene Gosse. Es
gab also fließendes Wasser, aber nur eiskaltes. Daneben
folgte der Ofen: schwarz auf vier Beinen, mit einer „Pfanne" für warmes Wasser, Kohlenkasten unter dem Ofen
und Holzkorb daneben. In der Kohlenkasten durfte später mein Bruder Rudi pinkeln, sobald er anfing zu laufen,
ein beneidenswertes Privileg. In der rechten Wand gab es
eine Tür zu einem kleinen Abstellraum mit schrägen
Wänden. Zwischen Tür und Fenster stand der Küchenschrank. Auf einem Unterschrank für Töpfe stand ein
Aufsatz, vorn gestützt durch zwei gedrechselte Säulen.
Das Oberteil hatte Glasfenster durch die man die spit-
zenbesetzten Einlegebretter sehen konnte. Die Bretter
wurden von Zeit zu Zeit mit frischem Schrankpapier ausgelegt. Dieser Schrank stand vor unserer Zeit unten bei
der Großmutter in der Küche. Der Onkel Karl war darauf
geklettert und mit dem ganzen wackligen Etwas umge-
kippt. Der gelenkige Junge konnte sich durch einen
Sprung auf die Ofenpfanne retten, das Geschirr war nicht
mehr zu gebrauchen. Die Geschichte wurde aber jahrelang zur Abschreckung erzählt. Ich wäre nie auf solche
Ideen gekommen.

Links von der Küche gab es noch eine weitere schräge
Dachkammer. Sie war aber nur von der Diele vor der
Küche aus zu erreichen. Dort gab es zwei Betten. In einem davon schlief ich mit meinem Bruder Rudi, nachdem meine Schwester Rosl 1938 geboren wurde. Sie bekam das Zimmerchen neben dem Elternschlafzimmer.
Die Zeit zwischen dem Beginn der 30er Jahre und dem
Frühjahr 1939 kann ich getrost als eine besondere Zeit
des Aufbaus bezeichnen – und das nicht nur aus heutiger

Sicht. Zudem gehörten diese Jahre wohl auch zu den schönsten meiner Kindheit.

Unser Vati muss in diesen Jahren wie besessen gebaut haben. Es entstand der gesamte zweistöckige Anbau der Veranda. Vor dem ursprünglichen Eingang sind heute noch zwei Stufen zu sehen, eine Tür gab es dort nicht mehr. Vermutlich wurde zum gleichen Zeitraum der „Schauer" errichtet, das war eine Überdachung vor dem seitlichen Eingang. Genau gegenüber der Haustür entstanden zwei Toiletten mit richtigen Porzellanbecken, aber ohne Spülung. Ich erinnere mich noch genau an das frühere Plumpsklo: eigentlich war es nur eine Bank mit einem runden Loch, das von einem Holzdeckel verschlossen werden konnte. Das nutzte nur nicht viel. Es stank immer entsetzlich, war doch das Plumpsklo direkt über der Jauchegrube. Im Sommer waren es die Fliegenschwärme, die uns den Ort verleideten, im Winter wuchs von unten ein Baumkuchen, der wegen des Frostes nicht von allein umfiel. Der Großvater musste immer mal mit der Mistgabel nachhelfen. Natürlich gab es kein Toilettenpapier. Zeitungspapier mit dem Messer in handgerechte Teile zu zerschneiden, gehörte schon in früher Kindheit zu meinen Aufgaben. Das machte auch Spaß, wurde es doch als sehr wichtig anerkannt. Zeitungspapier war aber oft knapp, wir brauchten es nämlich sehr nötig zum Verpacken der Eier. Dann musste manchmal sogar Notenpapier herhalten – schrecklich, es war viel zu dick und zu glatt. In der dunklen Jahreszeit gewannen die Nachttöpfe, die selbstverständlich zu jedem Schlafraum gehörten, an Bedeutung. Wer lange Beine hatte, benutzte auch schnell mal das Waschbecken.

Durch den „Schauer" konnte die Großmutter den Stall trockenen Fußes erreichen.
Ein ganz wichtiger Bau war das Hühnerhaus. Hinter der Scheune führte am Zaun entlang ziemlich steil ein schmaler Weg auf einen ebenen Absatz. Ganz links am

Zaun war der Misthaufen für den Hühnermist und rechts davon baute Vati das Hühnerhaus so, wie es heute noch da steht. Man betrat es über zwei oder drei große Granitstufen. Im ersten Raum befanden sich links Futterkisten, allerlei Gartengerät, ein wunderschönes Samenschränkchen und an der Wand gab es eine Knochenpresse. Im zweiten und dritten Raum waren links an der Wand die Nester, damit die Hühner ihre Eier ablegen konnten. Rechts querten mehrere Stangen den Raum, dort schliefen die Hühner auf der Stange. Ich begriff lange nicht, warum diese dabei nicht herunter fielen. Der vierte Raum war auffallend hell, dort wurden die jungen Küken aufgezogen.

Kleintiere und Kleinkinder

Ich weiß, dass wir zeitweise bis zu dreihundert Hühner hatten. Früh lernte ich alles über deren Aufzucht und Ernährung. Die jungen Küken wurden mit der Post geschickt. Es waren meist weiße Leghorn, seltener Barnevelder aus Holland. Lange blieb mir verborgen, wie der Versand bis zu uns überhaupt möglich war. Sie kamen in flachen Pappkartons mit Löchern an, in denen zwei etwa tellergroße Pappringe befestigt waren, die genauso hoch waren wie der Karton selbst. In jedem der Ringe hockten zehn bis fünfzehn winzige, flauschige und piepsende gelbe Knäuel. Selten war mal eines tot. Das wurde dann eben aussortiert.

Ihre erste Station war Großmutters Küche. Dort hatte man die Tierchen ständig im Auge und konnte sie auch bestens versorgen. Hartgekochte Eier, gehackte Brennnesseln mit zerdrückter Holzkohle vermengt waren ihre erste Nahrung. Und warm mussten sie es haben. Großmutter hatte das sicher im Gefühl. Sie verbannte Großvaters Filzpantoffeln aus dem Wärmefach im Küchenofen und öffnete rechts unten die Klappe. Erst wenn die Küken so die ersten Tage überstanden hatten, kamen sie ins Hühnerhaus. Das eigentliche Problem war wohl die fehlende Wärme – es gab schließlich keinen Strom. Ich bin sicher, dass Großmutter Angst hatte, dass sie nicht alle Küken durchbrachte, Großvater war eben sehr streng. Schlimm konnte es werden, wenn aus irgendeinem Grunde mal ein Huhn ausgebüchst war und Großmutter das nicht rechtzeitig bemerkt hatte. Wenn das Huhn dann in den frischen Beeten scharrte und die Neuanpflanzungen ruinierte, gab es ein riesiges Donnerwetter.

Auf halber Höhe zum Hühnerhaus hatte Großvater eine Reihe von Frühbeeten und ganz vorn sogar ein kleines Treibhaus angelegt. Im Treibhaus zog er Tomaten, in den Frühbeeten Salat und Schlangengurken. Davon war gar nicht so viel für den Eigenbedarf vorgesehen, das meiste wurde verkauft. Die Hühner liebten natürlich den jungen Salat, aber Großmutter bekam sofort die „fliegende Hitze", wenn sie einen Ausreißer ertappte. Ich lernte so frühzeitig, dass von freilaufenden Hühnern höchste Gefahr ausging. Noch schlimmer wurde das, wenn es auch noch ein Hahn war, denn die verbreiteten noch größeren Schrecken – ganz besonders bei mir.

Ich spielte oft am Scheunengiebel, Großmutter konnte mich dann auch vom Küchenfenster aus sehen. Es war noch recht früh am Morgen, die Sonne stand über dem Hühnerhaus und dadurch konnte ich in dieser Richtung nichts sehen. Der verdammte Gockel spazierte genau auf den Hof zu, als ich ihn entdeckte und schnitt mir dadurch den Weg zur Großmutter ab. Ich muss gebrüllt haben wie am Spieß: „Der Gickerhah, der Gickerhah!"
Natürlich rettete Großmutter mir das Leben.

Etwa an gleicher Stelle wieder Hilfegeschrei von mir: „Ein fremdes Tier ist auf unserm Hof, ein fremdes Tier!"
Damit hatte ich sogar Recht, die Katze Minka war rollig, was ich natürlich überhaupt nicht verstand. Das fremde Tier war der gelbe Kater vom Bauern Müller aus dem Dorf, er dürfte Vater mehrerer Generationen von Kätzchen gewesen sein.
Maikatzen wurden dabei in Grenzen akzeptiert, überzählige wurden beseitigt, aber davon erfuhr ich erst später.

Ich interessierte mich für alles Getier, welches auf dem Hof, auf dem Feld, im Garten und vor allem im Wald zu entdecken war. Ich hatte keine Scheu vor Mäusen oder Würmern, untersuchte alles und packte es auch manchmal irgendwo ein. Einmal kam ich mit einer lebendigen Maus in der Faust ins Haus, der Schwanz war an meinem kleinen Finger sichtbar. Ich brauche wohl nicht zu sagen, dass die Großmutter einer Ohnmacht nahe war. Mir machte das Tierchen nichts aus. Dasselbe wollte ich auch mit einer großen, schwarzen, behaarten Raupe machen. Aber die rächte sich bitter, hatte ich doch in meinem kleinen empfindlichen Kinderhändchen unzählige schwarze Stacheln und die taten furchtbar weh. Ich habe nie wieder eine behaarte Raupe angefasst.

Mit meinem Vati war ich einmal ganz allein am Waldrand jenseits der Straße unterwegs. Wohin wir wollten, weiß ich nicht mehr, jedenfalls nicht aufs Feld, das wäre die falsche Richtung gewesen. Aber dass da ein Weidenkorb stand, gefüllt mit Frühstücksbroten, sehe ich wie heute. Nun war das an sich noch nichts Besonderes, schließlich gab es mehrere Bauern in unserer Umgebung und Frühstück bekamen sie alle aufs Feld gebracht. Aber dass Vati ein Brotpäckchen öffnete und wir voller Appetit davon aßen, war unglaublich. Durfte man das denn? Was Vati machte, konnte aber nicht falsch sein. Außerdem schmeckte es köstlich. Ich habe jedenfalls nichts davon erzählt, auch nicht meiner Mutter.

Eine ganz besondere Freude war es, wenn jemand zu Besuch kam. Das war nicht etwa so, wie man das heute kennt. Wer zu uns kam, wurde in alles laufende Geschehen einbezogen, dafür gab es aber immer auch etwas zu essen. Frau Marie, Onkel Ewald, Tante Rosa gehörten auf diese Weise mehr oder weniger zur Familie. Bei allen Feldarbeiten waren es willkommene Helfer. Mistwagen beladen, den Berg hinauf schieben – die Kühe schafften das nicht allein, schon gar nicht, wenn eine trächtig war. Mist ausbreiten, Kartoffeln legen, säen, pflanzen, Unkraut jäten, Rüben hacken, Getreide mähen, Bänder legen, raffen, ernten. Kinder wurden wie selbstverständlich mit einbezogen, von Kinderarbeit redete niemand. Warum auch, die Kinder wuchsen ganz nebenher mit auf und in ihre Aufgaben hinein.

Der jüngste Bruder meiner Großmutter, Onkel Karle, war gerade mal zwölf Jahre älter als ich. Wenn seine Freunde kamen, nahmen sie mich manchmal mit zum

Mäusefangen unter den letzten Getreidepuppen. Ein leerer Marmeladeneimer für die Beute, ein Sack und eine Gießkanne voll Wasser waren wichtige Hilfsmittel. Ein Spaten durfte nicht fehlen. Damit wurden die letzten entsprungenen Tierchen gleich zweigeteilt. Grausam bin ich dadurch nicht geworden, aber Mitleid hatte ich keines, fraßen die Biester doch das weg, war wir zum Leben brauchten. Wenn der Marmeladeneimer mit den lebendigen Mäusen im Hühnerhaus in die Futterkrippe gekippt wurde, glaubten wir an einen Festschmaus für Katze Minka. Weit gefehlt. Die Katze geriet in Panik und musste gerettet werden.

Bei Erntearbeiten mussten alle verfügbaren Kräfte auf dem Feld konzentriert werden. Großmutter ging erst raus, wenn die Küche fertig war, der Abwasch musste vor allem anderen erledigt werden. Heißes Wasser wurde Sommer wie Winter in der „Pfanne" ganz nebenher gewonnen. Die Pfanne war ein rechteckiger Behälter, er war links an den Ofen angebaut und wurde mittels einer Rinne vom Wasserhahn gespeist. Großmutter hatte immer dafür zu sorgen, dass die Pfanne nie leer wurde. Warmes Wasser brauchte man schließlich immer. Am Kopfende hatte die Pfanne einen Hahn, man stellte einen Eimer oder hielt einen Topf darunter – nur musste man diesen auch festhalten können. So war die Entnahme heißen Wassers alleine den Erwachsenen vorbehalten. Freitags wurde die Zinkbadewanne einfach nur soweit herangeschoben wie möglich, man brauchte dann nur aufzudrehen. Es versteht sich wohl von selbst, dass zuerst kaltes Wasser in die Wanne kam. Für alle Fälle stand ein weiterer großer Topf in der Röhre bereit.

Doch zurück zum Mittagsabwasch.
Links von der Eingangstür stand der Aufwaschtisch. Seine Deckplatte ließ sich zweigeteilt aufklappen. Spülmittel gab es nicht, Großmutter verwendete Soda, welches das Wasser seltsam weich machte. Fettränder gab es

trotzdem. Großmutter vermied sie dadurch, dass sie noch am Mittagstisch alle Teller über dem Hundefuttertopf abspülte. So bekam der Hund Muck alle Reste und die Teller waren vorgespült.

Nach dem Spülen schleppte Großmutter das Spülwasser über den Hof und goss es an die Johannisbeersträucher. Nichts ging verloren.

Im Sommer nahm mich Großmutter dann mit aufs Feld, aber nicht auf direktem Weg, sondern links hinter der Scheune durch das Gartentörchen durch den Wald. Sie kannte jeden Fleck, auf dem man zur rechten Zeit Pilze finden musste. Meist war auch das Körbchen voll, wenn wir oben auf dem Feld ankamen. Ich durfte dann die Pilze putzen.

Großmutter hat mir eine ganze Menge kleiner Arbeiten bzw. den Umgang mit gefährlichem Handwerkszeug beigebracht. So setzte sie mich auf ein Kissen vor der Schlafzimmertür. Ein dickes Kissen kam unter den Schürzenlatz. Dann zeigte sie mir, wie ich das scharfe Küchenmesser an einem Holzscheit ansetzen musste, das ich gegen meine gepolsterte Brust drückte. Ich musste immer wie mit einem Wiegemesser auf und ab wippen, bis das Messer griff und ein flacher Span abgespaltet wurde. So stellte ich Späne zum Anheizen des Küchenofens her, ohne mich je dabei zu verletzen. Beim Feuermachen nahm die Großmutter ein Bündelchen in die Faust und zündete es an. Dann legte sie das brennende Bündelchen so in das Ofenloch, dass die brennenden Enden vorn an der Ofentür lagen – die Hand war dabei viel weiter innen. Natürlich musste sie rechtzeitig loslassen, um sich nicht zu verbrennen. Dafür habe ich sie oft bewundert, nachgemacht habe ich es erst Jahre später.

Es gibt ein Bild, wo ich unter dem Schauer auf einem Schemel sitze und eine Taube rupfe. Ich habe ein Kopftuch auf, man könnte mich für eine Mohammedanerin halten. An die Situation erinnere ich mich sogar recht genau. Onkel Bob müsste das Bild gemacht haben, vielleicht auch Vati. Großmutter sagt immer dazu: „meine kleine Mad" (gemeint ist eine kleine Magd), und ich war stolz darauf, die Magd meiner geliebten Großmutter zu sein. Sie verstand es, zu motivieren, erkannte jeden kleinen Erfolg und erzählte dabei auch noch Geschichten.

Es gibt ein weiteres Bild, auf dem ich eingemummelt in ein Dreiecktuch in der Ecke auf dem Sofa sitze. Ich hatte hohes Fieber und wie so oft eine Mittelohrentzündung.

Einmal war ich so schlimm krank, dass ich nach Zwickau zum Dr. Kias ins Krankenhaus kam. Dort wurden mir beide Trommelfelle durchstochen, damit der Eiter abfließen konnte. Für mich war das in der Erinnerung immer so, als ob sich das in unserer Waschküche abgespielt hätte. Ich weiß auch noch, dass ich in einem hohen Gitterbettchen saß und immer wieder sagte, dass ich eine „Wutt" müsste. Die Schwester fragte mich wiederholt, was für einen Wunsch ich denn hätte.

Wir verstanden uns eben einfach nicht. Ich machte ins Bett, es gab Ärger, aber ich fühlte mich schlecht behandelt, hatte ich es doch oft genug gesagt. Woher sollte die Schwester auch wissen was ein Wutt ist.

Als es mir besser ging, krabbelte ich mit anderen Kindern auf dem Boden herum und unter den Betten durch. Das verstand ich nun wieder überhaupt nicht, dass wir das durften, für mich war unter allen Betten, die ich kannte, immer viel Staub. Hier gab es offensichtlich keinen.

Als ich abgeholt werden sollte, zeigte mir eine Schwester beim Blick aus dem Fenster meine Eltern auf der Straße – ich hatte sie noch nicht mal gesehen, geschweige denn erkannt. Ich muss etwa zwischen drei und vier Jahren alt gewesen sein.

Einmal stand der Großvater mit meinem Bruder Rudi, den wir nur den Brüder nannten, am Fenster in der Küche der Großeltern. Brüder sprach damals noch kein Wort. Der Großvater hatte gerade seinen Besuch verabschiedet. Es war sein Chef Emil Rüdiger. Der Brüder sollte wohl winken. Großvater, wohl wissend, dass der Junge noch kein Wort sprechen konnte, flüsterte ihm ins Ohr „Emil". Prompt brüllte der Brüder los „Emmül". Emil Rüdiger hatte entweder Humor oder Sinn für kleine Kinder. Jedenfalls winkte er freundlich zurück. Großvater muss trotzdem sehr erschrocken sein.

1936 fuhren Mami und Vati zur Olympiade nach Berlin. Sie brachten mir ein kleines Negerpüppchen mit, das Jesse nach dem berühmten Hundertmeterläufer Jesse Owens genannt wurde.

Bei einem Besuch bei Familie Leistner im Dorf sah ich in der Weihnachtszeit einen selbstgebauten weißen Drehturm. Ich beobachtete fasziniert die Figuren, die sich immer so im Kreis bewegten. Bei den Heiligen Drei Königen war ein Schwarzer. Und ich war ganz erstaunt darüber, dass da mein Jesse mitsauste, und tat das natürlich auch entsprechend kund.

1938, ich war inzwischen vier Jahre alt, nahmen mich Mami und Vati mit zur Mette nach Schneeberg. Die Christmette begann morgens um 5.00 Uhr am ersten Weihnachtsfeiertag. Ich erinnere mich an den langen Weg durch den Wald, es lag Schnee, aber nicht zu viel. Von der Mette weiß ich nichts mehr, wohl aber von einer nicht enden wollenden Holztreppe. Rauf ging ja noch, aber runter wurde zum Problem. Da überwältigte mich wohl mal wieder schreckliche Angst – ich konnte keinen Schritt mehr tun, heulte, und Vati musste mich schließlich tragen. Was solche Ängste auslöste, habe ich nie ergründen können.

Das gesamte Leben im Haus im Wald war sehr eng mit den Tieren verbunden. Sie waren regelrecht Familienangehörige – sie mussten versorgt werden, sie bestimmten im weitesten Sinne sogar den gesamten Tagesablauf - undenkbar, dass jemand das Haus verließ, ohne vorher seine Pflichten gegenüber dem Viehzeug erfüllt zu haben. Es war auch ganz selbstverständlich, dass dabei jedes Familienmitglied entsprechend seinen Möglichkeiten zur Mithilfe herangezogen wurde. Solange wir klein waren fiel uns das Katzenfüttern zu: Brothäppchen in Würfel schneiden und mit Milch begießen. Vom Mittagessen gab es auch schon mal einen Rest, Fertigfutter kannte kein Mensch. Schließlich hatten wir die Katzen nicht als Spielzeug. Vielmehr hatten auch die Katzen ihre Aufgaben zu erfüllen, sie hatten Mäuse zu fangen. Und die gab es auch schon mal im Haus. Das Unangenehmste an ihrem Dasein war der Geruch des Katzendrecks. Ich habe ihn bis heute in der Nase. Die Mäuseverdauung verursacht einen fürchterlichen Gestank.

Nachts mussten die Katzen übrigens in die Scheune, dadurch roch ihr Fell auch immer sehr angenehm nach Heu.

Der Hund, in unserer Kindheit war das der Muck, irgendeine irische Rasse, langes Fell, ähnlich einem Schäferhund, aber etwas kleiner, lag den ganzen Tag an der Kette. Er bewohnte eine recht komfortable Hütte. Der Eingang war wie ein kleines Tor mit Natursteinen gemauert. Er befand sich in der Mauer des Stallgebäudes links vom Scheunentor. Die eigentliche Hütte war im hinteren Teil eines kleinen Ganges vor dem Stall. Der kleine Gang war überdacht, zum Hof hin in Brusthöhe aufgemauert. Über diesem Mäuerchen befand sich eine ziemlich große, fensterartige Öffnung. Wer in dem Gang etwas zu tun hatte, konnte also den ganzen Hof überblicken. Auch zur Stalltür hin war der Gang offen. Zeitweise waren an der Wand zum Stall die Karnickelställe unter-

gebracht. Ich erinnere mich auch, dass der Kartoffel-
dämpfer dort stand und direkt daneben ein Gerät zum
Zerdrücken der gekochten Kartoffeln.

Wenn der Muck nach unserem Mittagessen den Topf vor
seine Hütte gestellt bekam, durfte ihn keiner mehr stö-
ren. Dabei wussten wir nur zu genau, wie man ihn ärgern
konnte: es brauchte nur jemand zu sagen „meine" – mit
einem etwas knurrigen Ton – prompt begann er zu knur-
ren und die Zähne zu fletschen. Wenn dazu auch noch
eine Hand mit gekrümmten Fingern gezeigt wurde, war
es ganz aus. Es kam aber wirklich äußerst selten vor, dass
das einer von uns versuchte. Der Hund hatte seine Aufgabe und es wäre einfach unfair gewesen, ihn zu ärgern,
solange er sich nicht wehren konnte. Abends wurde er
freigelassen. Der Großvater schloss das Gartentor ab und
der Muck konnte nach Herzenslust durch das Gelände
toben – mit Ausnahme des Hühnerhausberges. Unterhalb des Hauses gab es zwei Drittel Birkenwald mit allem
was dazu gehört. Das Drittel zur Straße hin war zeitweise
kultiviert. Dort befand sich einige Zeit ein großes Erd-
beerbeet. Am Zaun entlang wuchsen Stachelbeer- und
Johannisbeersträucher. Auf Höhe des Hauses standen
Obstbäume und Beerensträucher. Im hinteren Teil zum
Berg hin befand sich der kleine, in meiner Kindheit total
verwilderte, sumpfige Steinbruch. Links führte ein
schmaler Steig über einer Mauer bis zum Hühnerhaus.
An dessen Anfang stand außerhalb des Zaunes die heute
riesige Weißbuche. Der Muck konnte ungehindert seine
Runden um Haus und Scheune drehen. Wir fühlten uns
stets sicher innerhalb des Zaunes.

Der für unsere Schweine abgemauerte Teil der Scheune
lag genau gegenüber der Stalltür, zeitweise meine ich
mich auch an zwei Schweineboxen zu erinnern. Die Fut-
terzubereitung bedeutete für die Großmutter Schwerstarbeit, besonders ihre Hände hatten dabei sehr zu leiden.
Wenn jemand den Stall zum Füttern betrat, gab es ein

ganz fürchterliches Gequietsche. Sobald das Futter in den Trog gegossen wurde, stürzten sich alle Schweine darauf, drängelten und schubsten sich gegenseitig. Schlagartig wurde dann das Quietschen durch lautes Schmatzen ersetzt, nur begleitet von zufriedenem Grunzen. Wenn der Stall ausgemistet werden musste, liefen die Tiere frei im Stall herum. Selbstverständlich musste die Stalltür dabei geschlossen bleiben. Falls das mal verpasst wurde, rasten die Viecher im sprichwörtlichen Schweinsgalopp über den Hof. Kaum zu glauben, wie schnell die sein konnten. Ihre Ohren flatterten und ihre Gesichter mit den kleinen Schweinsäugelchen sahen wirklich aus, als ob sie lachten.

Bei einem solchen Ausbruch sausten sie einmal wie angestochen in einer Linkskurve um die Scheune. Genau in dem Moment kam Tante Rosa, Großmutters Schwester, durch das hintere Gartentor aus dem Wald. Eins der Schweine kreuzte ihren Weg. Wer mehr erschrak, Tante Rosa oder das Schwein, ließ sich nie klären. Die Tante kam kreischend zu Fall. Fortan wurde die Geschichte als Tante Rosas Schweineritt immer mehr ausgeschmückt und die Rolle der Tante wurde immer kläglicher dabei. Verletzt wurde übrigens niemand, aber gelacht hat die ganze Familie noch jahrelang. Es war auch gar nicht leicht, die erschrockenen Tiere wieder einzufangen.

Rätselhaft und gruselig war für uns Kinder immer der Auftritt des Sauschneiders. Heute weiß ich, dass die jungen Ferkel kastriert wurden, aber es erklärte uns niemand und zugucken durften wir auch nicht. So bezogen wir neugierig, aber auch voller Mitleid, den Ausguck oben in der Veranda. Die kleinen Ferkel schrien in ihrer Todesangst ganz fürchterlich. Natürlich war der Sauschneider der Übeltäter. Nur warum er das tat, blieb sein Geheimnis, und die Großmutter meinte zu uns nur, das müsste ebenso sein.

Beim Schlachtfest wurde unser ganzes Mitleid von der Vorfreude auf Wellfleisch ausgelöscht. Es gab Bratwurstteig, Wurstsuppe und Leberwurst. Die arme Sau hatte auch nicht lange zu leiden. Sie musste zwar mit Gewalt aus dem Stall gezerrt werden, aber der Bolzenschuss direkt auf dem Kopf aufgesetzt war immer präzise, sie fiel einfach um. Da lag sie nun unter dem Schauer, genau über dem Abflussgitter. Wer zum Blutrühren bestellt war, stand mit einer flachen Emailleschüssel und einem selbst gemachten Quirl bereit. Die Sau bekam einen gezielten Stich am Hals und der Großvater ergriff eines der Vorderbeine, um damit das Blut aus dem Schweinekörper zu pumpen. Wer rühren musste, durfte sich bis zum letzten Tropfen keine Müdigkeit leisten. Schweineblut war kostbar, mit Speck und Zwiebeln gebraten gab es dieses gleich zum Abendessen.

Nach dem Ausbluten wurde die Sau in eine Holzwanne gewuchtet und mit kochendem Wasser übergossen. Mit einer Art Glocke aus Blech, faustgroß, kratzte man zu zweit alle Borsten von der Haut. Das war gleichzeitig eine Reinigung.

Nach dieser Prozedur zerrte man das Tier auf eine am Boden liegende Leiter und band es an den Vorderpfoten fest. Danach wurde die Leiter aufgerichtet und an die Stallmauer gelehnt. Dazu waren immer zwei Männer erforderlich, schließlich wog ein gut genährtes Tier etwa zwei Zentner. Was dann kam, fanden wir sehr spannend.

Der Bauch der Sau wurde aufgeschlitzt. Zuerst quollen unter einer dicken Fettschicht die bläulichen Därme hervor. Leicht glitten sie in bereitstehende Behälter. Ihr Inhalt wurde entfernt und die Därme umgestülpt und gründlich in heißem Wasser gereinigt. Das durften wir alles genau sehen, mir wurde dabei nicht einmal schlecht. Ich durfte sogar Blut rühren, eine verantwortungsvolle Aufgabe.

Wenn die Ziege „gebockt" hat, musste sie zum Ziegenbock geführt werden – natürlich war das Kinderaufgabe – ohne jede Erklärung, nur mit strengen Verhaltensregeln. Rudi und ich bekamen diese Aufgabe. Nie zuvor hatten wir den Stall des Ziegenbocks zu Gesicht bekommen, eine Wegbeschreibung musste reichen. Erst ging es ins Dorf, dann Richtung Kirchberg, den Kreuzhübel hinauf und von oben aus am „Schnappmessergässel", also an der Friedhofsmauer entlang. Das Haus war uns beschrieben worden. Wir sollten nur einfach sagen, dass wir die Ziege von Nicolls brächten, das war alles. Selbstverständlich hatten wir vor der Tür zu warten, bis uns die Ziege wieder übergeben wurde. Solche rätselhaften Aufträge waren gar nicht so selten, man gewöhnt sich als Kind daran, zu tun was einem aufgetragen wurde. Unterwegs machte das Tier keine Probleme, es ließ sich brav am Strick führen.

Als die Ziege später Junge bekam, hatten wir den Zusammenhang längst vergessen.

Der Umgang mit den jungen Zicklein gehört zu den schönsten Erlebnisse eines jeden Frühjahres. Ich erinnere mich ganz deutlich daran, dass ich, etwa im Frühjahr 1938, mit zwei jungen Ziegen auf der Wiese herumtollte. Das kleine Böckchen stieß mich wiederholt um und ich rief: „Net so sehr, net so sehr!"

Solange die Böckchen ganz klein waren, glich sich das Kräfteverhältnis eben aus, aber die Tiere wuchsen natürlich viel schneller als ich. Und genau darum standen sie bald auf dem Speiseplan.

Die Schlachterei fand hinten im Schuppen statt. Aus dem Dorf war ein Fleischer dabei. Die jungen Ziegen wurden abgestochen. Genau zusehen wollte ich nie, ich hielt mir auch die Ohren zu, wenn die Tiere schrien, weil sie auf den Sägebock gehoben wurden, aber weggeschickt wurde ich auch nicht. Es gehörte eben dazu, dass Tiere getötet werden mussten, weil sie zu unserer Ernährung gehalten worden waren. Gegessen habe ich alles mit großem Appetit. Bekamen bei uns vielleicht die Tiere, die man zum Essen großzog, schon deshalb keine Namen? Es wäre für mich unvorstellbar gewesen, den Hund oder die Katze zu verspeisen.

Umzug nach Schwaan

Dann kam das Frühjahr 1939. Auf dem Hof stand ein großes Auto, in dem alle unsere Habseligkeiten verschwanden. Zum Schluss stand noch ein viereckiger Kübel mit einer kleinen Palme darin, die auch noch mitmusste. Viel verstand ich von dem Geschehen sowieso nicht. Mein Vater hatte in dem 500 km entfernten Schwaan in der Nähe von Rostock eine besser bezahlte Arbeit gefunden.

Ich glaube, dass Vati mit dem Möbelwagen mitfuhr und wir mit der Bahn reisten.

Eine Situation im Zug ist mir sehr gegenwärtig. Der Zug hielt, meine Schwester Rosl war gerade mal ein Jahr alt, Rudi zwei. Mami hatte Rosl auf dem Arm und erklärte mir, dass ich schön auf Rudi aufpassen sollte, sie wolle nur das Fläschchen für Rosl wärmen lassen.

Als sich der Zug langsam in Bewegung setzte, war Mami immer noch nicht zurück. Die Angst war schrecklich, aber ich weinte nur ganz still vor mich hin, bis eine Mitreisende mich trösten wollte und fragte, warum ich den weine. Ich schluchzte nur, dass die Mami mit der Rosl ja jetzt weg wäre. Die Ratlosigkeit der Mitreisenden blieb mir aber nicht verborgen. Jedenfalls konnte ich noch lange nicht aufhören zu weinen als Mami längst wieder da war, schließlich hatte sie den Zug gar nicht verlassen, sondern nur im Speisewagen das Fläschchen gewärmt.

In Schwaan angekommen, saßen wir alle um einen großen Reisekorb herum. Eine freundliche Frau brachte uns eine Kanne mit Kaffee. Beim Ausgießen hatte sich ein Stopfen aus Kaffeesatz gebildet, als er sich löste, platschte der Kaffee über den Tassenrand, ich fand das reichlich komisch. Aber sonst ging es mir nicht gut. Ich vermisste meine Großmutter, den Wald, die Katze, den Hund, einfach alles.

Es dauerte auch gar nicht lange bis ich richtig krank wurde, hohes Fieber bekam und der Doktor geholt werden musste. Diagnose: zu viel Aufregung, Heimweh. Meine bis dahin heile Welt war zerrissen.

Das neue Haus war ganz anders. Vom Trampelpfad, der von der unbefestigten Straße bis zu unserem Haus führte, gab es eine kleine Treppe zum Grundstück. Über einen schmalen Plattenweg gelangte man zu einer weiteren Treppe mit zwei oder drei Stufen. Oben war dann an der Giebelseite die Haustür, hinter der sich ein winziger Flur verbarg. Von dort aus gelangte man nach rechts durch ein Vorsaaltür in unsere Wohnung oder nach oben in die Einliegerwohnung. Oben wohnte Familie Bünger mit Tochter Marianne, die im gleichen Alter wie mein Bruder Rudi war.

Von einem langen schmalen Flur aus waren alle Räume erreichbar. Am Ende befand sich das Kinderzimmer, rechts ging es ins Wohnzimmer, das mit dem Schlafzimmer durch eine zweiflügelige Glastür verbunden war. Links führte eine Tür in die Küche, eine andere in den Keller. Eine Toilette gab es nicht. Das Plumpsklo befand sich in einem Stallgebäude hinter dem Haus. Fließendes Wasser hatte das Haus auch nicht. Wasser musste an einer Pumpe etwa 100 m vom Haus entfernt mit Eimern geholt werden. Schwerstarbeit! Alteingesessene hatten dafür ein Holzgestell, das man über der Schulter trug. Für den Nacken war ein bogenförmiges Stück ausgespart. Rechts und links konnte je ein Eimer an einer Kette angehängt werden. Mami trug die Eimer einfach so.

In der Küche hatte Vati eine Holzbank gebaut, darauf standen die vollen Wassereimer, darunter der Matscheimer für das Abwasser. Wir durften sogar hineinpinkeln. Von der Küche aus gab es ein Fenster zum Garten, beziehungsweise auf den Hof. Vati benutze es oft als Abkürzung. Raus war das wohl kein Problem, aber von draußen nach drinnen konnte er nicht sehen, ob der Aufwaschtisch auch mal ausgezogen war. Einmal beförderte er schwungvoll allen Abwasch nach unten, aber Krach machte nur das Geschirr – Mami und Vati lachten schallend, für mich der Beweis, dass sich meine Eltern sehr gut verstanden haben. Bis auf die Tatsache, dass alles Geschirr zerbrochen war, war nichts Schlimmes passiert.

Das Gartengelände des Hauses stieg bis zum dahinter folgenden Wald an. Die rechte Gartenhälfte gehörte uns, die linke den Büngers. Auf unserer Hofhälfte hatte Vati uns eine Reckstange gebaut. Diese liebte ich heiß und innig und ich benutzte sie oft.

Gleich am Anfang des Gartens war eine flache Grube ausgegraben, die an drei Seiten einen erhöhten Rand hatte. Auf diesem Rand wurde Rhabarber angepflanzt. In die Grube wurde der Eimer aus dem Plumpsklo geleert und leicht mit Erde bedeckt.

Vati hatte Arbeit bei der Firma Gosselke gefunden, wohin er mich auch einige Male mitnahm. Ich erinnere mich aber nur noch an das viele Holz und an dessen Geruch und natürlich an das schöne Gefühl, dass mein Vati mir etwas zeigte. Während der Woche sahen wir ihn aber nicht allzu oft, umso schöner waren die Spaziergänge an den Wochenenden. Es gab viel Wald in Schwaans Umgebung, aber er war so ganz anders als der Wald im Erzgebirge und mein Heimweh wuchs und wuchs. Pilze fanden wir auch, aber Birkenpilze waren eben nicht dabei. Ganz in unserer Nähe gab es eine Sandgrube, dort konnten wir als Kinder herrlich graben, aber es war für uns verboten, weil es gefährlich war. Allein hätte ich mich da ohnehin nicht hin getraut.

In der Schwaaner Zeit hatten wir alle drei Mumps. Im Volksmund heißt das heute noch Ziegenpeter. Aus diesem Anlass schickte uns die Großmutter ein Päckchen mit einem Halswickel. Das war ein Tuch oder ein Wollschal, genau weiß ich das nicht mehr. Sehr wichtig war aber, dass dieses Tuch eine ganze Nacht lang den Hals unserer Ziege umspannt hatte. So waren eben damals die Hausmittel, das Ziegentuch sollte gegen den Ziegenpeter helfen.

Besonders gerne besuchten wir die Badeanstalt. Lieselotte, Vatis Schwester, war damals oft bei uns. Gemeinsam schwammen sie in der Warnow. Für das Wochenende am 1. September hatten sie sich mit weiteren Bekannten ein Wettschwimmen vorgenommen. Dieses fand jedoch nicht statt. Der Krieg war ausgebrochen.

Natürlich hatte ich keine Ahnung, was das zu bedeuten hatte, aber die ernsten Gesichter und die gedrückte Stimmung sprachen für sich.

Es dauerte nicht lange, bis mein Onkel Bob kam und mich zurückholte. Die Trennung von meiner Mutter und meinen Geschwistern war kein Problem für mich, sollte ich doch wieder zu meiner Großmutter in den Wald kommen. Mir fehlt jedoch jegliche Erinnerung an den Abschied, an die Reise oder an die Ankunft in Saupersdorf. Ich war eben einfach wieder da und meine Welt war wieder in Ordnung, wenigstens zu Anfang.

Im Waldhaus war zu der Zeit immer etwas los. Noch im Herbst kamen viele Fahrzeuge und Soldaten aus dem Dorf und machten ganz merkwürdige Dinge. Die Fahrzeuge fuhren nicht wie andere auf der schmalen Straße, sondern teilweise einfach durch den Wald. Die Soldaten hatten grüne Stahlhelme auf dem Kopf, trugen Rollen mit Draht und Stacheldraht. Durch die Rollen waren lange Stangen gesteckt deren Enden an jeder Seite von einem Soldaten getragen wurden. Sie schleppten die Rollen im Wald den Berg hinauf und rollten dabei den Draht ab. Dann schlossen sie Telefone an – ich hatte noch nie ein Telefon gesehen – aber Großvater erklärte mir, was das war. Und sie redeten durch den Draht. Irgendwann machten sie aber alles wieder kaputt. Diese Welt verstand ich nicht, aber es machte mich neugierig, Angst hatte ich nicht. Die kam erst, als Panzer den Berg hinauf rasselten, Großvater holte mich vom Tor weg.

Der ganze Spuk war verhältnismäßig schnell verschwunden. Von Nachrichten verstand ich sowieso nichts. Es mussten immer alle ganz still sein, wenn im Volksempfänger etwas gesprochen wurde, da dieser mit Batterie lief und im Laufe der Übertragung immer leiser wurde.

Zu Weihnachten kam wie immer der Weihnachtsmann. Großvater hatte mehrfach im Schlafzimmer zum Fenster hinausgesehen, ob er nicht endlich aus dem Dorf angestapft kam. Als es dann im Haus polterte, die Tür aufgerissen wurde und Walnüsse übers Küchenparkett kullerten, bemerkte ich natürlich nicht, dass der Großvater immer noch im Schlafzimmer war. Ich fand es nur schade, dass er den Weihnachtsmann verpasst hatte.

Ich bekam ein Paar Schneeschuhe, das Wort Skier war bei uns nicht in Gebrauch. Sie waren knapp einen Meter lang, hatten eine Bindung aus Lederriemen und hinter der Ferse einen kleinen gebogenen Klotz, der die Schuhe halten sollte.

Als es den ersten Schnee gab, stellten mich Großmutter und Großvater mit viel Geduld auf die rutschigen Dinger und machten die Bindung fest. Auf halbem Weg zum Gartentor kippte ich um und das Spiel begann von vorn. Natürlich konnte ich die Bindung nicht allein festmachen, aber Tränen gab es keine. Ich denke, dass einer von beiden begriff, dass es besser sei, mich erst mal ohne Bindung auf die Bretter zu stellen und mich einfach nur rutschen zu lassen. Tage später hatte ich wohl versucht, außerhalb des Gartentores weiter zu probieren. Da kam plötzlich eine Skifahrerin den Berg herunter gepprescht, erschreckte sich ob meines plötzlichen Auftauchens und stürzte. Ihrem Begleiter ging es nicht besser. Es gab ein

Riesenpalaver. Großvater verteidigte mich vehement und sehr laut. Ich erlebte zum ersten Mal in meinem Leben, dass ich an einem Malheur nicht schuld war. Das war ein ganz neues, aber wunderschönes Gefühl.

Der Winter von 1939 auf 1940 war extrem hart. Wir waren manchmal tagelang eingeschneit. Die Obstbäume an der Straße guckten nur mit den Kronen raus. Einmal schaufelten viele Männer die Straße frei, damit wir Brot holen konnten. Brot wurde merkwürdigerweise im Haus im Wald nie gebacken, aber die großen runden Sechspfünder reichten eine ganze Weile. Großvater musste auch in die Fabrik. Ich bekam von all dem nur wenig mit, nur Besuch war in dieser Zeit sehr selten.

Eines Tages kam ein Junge, etwa so alt wie ich. Er wurde von fremden Leuten gebracht, es war schon dunkel draußen. Er hieß Gernhold, setzte sich ganz vorn auf einen Stuhl neben dem Sofa in der Küche und schluchzte. Großmutter redete ihm gut zu, aber er reagierte überhaupt nicht. Als sie versuchte, ihm eine Apfelsine in den Schoß zu rollen, griff er noch nicht einmal danach. Die Kostbarkeit rollte durch die Küche. Das konnte ich überhaupt nicht verstehen. Eine Apfelsine, die es höchstens mal zu Weihnachten gab, ließ der einfach fallen – unfassbar!

Am nächsten Tag war Gernhold noch da und auch am übernächsten Tag. Mit jedem Besucher, der zu uns kam, wurde über ihn gesprochen. Auf der Wäscheleine hingen täglich Jungenhosen. Gernhold kackte nicht nur in die Hose, sondern auch ins Bett und sogar in die Badewanne. So dauerte es nicht lange, bis er wieder aus unserem Leben verschwand. Welche Rolle ihm zugedacht war, erfuhr ich nie. War er ein Waisenkind? Sollte ich vielleicht einen Spielgefährten bekommen? Wollten meine Großeltern ein Kind adoptieren?

Das Daumenlutschen begleitete mich von frühester Kindheit an. Es gab unzählige Versuche, mir das abzugewöhnen. Senf auf den Daumen gehörte zu den angenehmeren Experimenten. Pappmanschetten waren schon unangenehmer, sie scheuerten, und das tat weh. Die Ärmel des Nachthemdes vorne zubinden brachte nichts, sie zerrissen leicht an der Schulter. Die Däumlinge alter Handschuhe schmeckten scheußlich, außerdem färbten sie, und das tat der Bettwäsche gar nicht so gut. Großmutter setzte die Versuche nicht fort, sondern lies mich gewähren, ich bekam sogar eine Warze am linken Daumen. Die half mir frühzeitig, rechts und links zu unterscheiden. Ich brauchte nur zu fühlen, die Warze war links.

Großmutter kaufte mir den Struwwelpeter und las oft daraus vor. Es dauerte nicht lange, bis ich das ganze Buch auswendig kannte. Die abgeschnittenen Daumen störten mich nicht – das würde schon niemand mit mir machen. Auch die anderen Geschichten machten mir keine Angst, Großmutter benutzte sie auch nicht zum Angst machen. Wenn Besuch kam, sollte ich „vorlesen", dabei steckte ich den Kopf samt Buch ins Sofakissen und machte die Augen zu. Von Lesen also keine Spur.

Aber die Großmutter brachte mir auch allerlei Nützliches bei. Ich lernte Heilkräuter kennen, aus denen man Tee kochen konnte, wenn sie getrocknet wurden. Lindenblüten und Holunder gehörten zu denen, die besonders gut schmeckten. Arnika stand zwar unter Naturschutz, aber wir durften sie pflücken. In Spiritus aufgesetzt gab das eine Tinktur, die gegen allerlei Wehwehchen half.
Im Frühjahr holte die Großmutter Maispitzen. Das waren die frischen Austriebe von Fichten. Sie bereitete daraus einen wunderbaren Maispitzenhonig. Nur der Förster durfte davon nichts merken. Der Wald bot sowieso eine ganze Menge an Kostbarkeiten. Sehr früh kannte ich nicht nur alle Pilze, die die Großmutter nahm, konnte

Lamellenfutter von Röhrenfutter unterscheiden und kannte natürlich auch alle Stellen, an denen Pilze wuchsen. Großmutter glaubte fest daran, dass ein Pilz nicht mehr weiter wächst, wenn man ihn erst einmal gesehen hatte. Nur für Gelbschwämmchen galt das nicht. Wir besuchten einen bestimmten Fleck täglich und nahmen nur die größeren mit.

Heidelbeeren – wir nannten sie Schwarzbeeren – bildeten ein wichtiges Nahrungsmittel. Frisch gepflückt wurden sie mit der Gabel zerquetscht, mit Milch aufgefüllt und gezuckert. Dann wurde Brot in Würfel geschnitten und unter die kalte Suppe gemischt. Das Ganze stand in einer großen Schüssel mitten auf dem Tisch. Jeder löffelte daraus. Genauso wurde auch Grießbrei gegessen. Er wurde mit Zucker bestreut. Einzelne Butterflöckchen schmolzen auf dem heißen Brei. Aber jeder durfte nur dort löffeln wo er saß. Wenn man Glück hatte, lief etwas von der flüssigen Butter in das ausgelöffelte Loch vor einem.

Für den Winter wurden die Schwarzbeeren gekocht, heiß in Flaschen gefüllt und mit einem Leinenläppchen zugebunden. Sie hielten sich im Keller bis zur nächsten Ernte.

Eine Besonderheit bei der Großmutter waren ihre Röhrenkuchen. Ein ganz einfacher, fester Teig wurde ausgerollt und auf der heißen Herdplatte des Ofens trocken ausgebacken. Noch heiß kam Butter oder Margarine und Zucker drauf. Zusammengerollt aßen wir sie aus der Hand, eine Köstlichkeit. Mir läuft heute noch das Wasser im Mund zusammen, wenn ich nur daran denke. Das ist genauso wie bei einer Speckfettbemme. Das Speckfett machte die Großmutter ganz einfach aus ausgelassenem, geräuchertem Speck. Abgekühlt wurde er weiß und fest. Nichts, aber auch gar nichts wurde zugesetzt.

Ich schlief bei Großmutter und Großvater in der Kammer, das Wort Schlafzimmer existierte für mich nicht. Ich kann mich beim besten Willen nicht daran erinnern, dass ich bemerkte, wann die beiden schlafen gingen oder aufstanden. Man ging früh schlafen und stand eben auch ganz früh auf. Das war schon dadurch bedingt, dass es keinen Strom gab. Brennstoffe aller Art waren kostbar. Petroleumlampen und Sturmlaternen brauchten aber Petroleum. Sie brannten nicht gerade hell, konnten aber auch mit nach draußen oder in den Stall genommen werden. An vielen Stellen gab es Haken, an denen man die Lampen aufhängen konnte. Ständig mussten sie beobachtet werden, weil sie rußten, wenn der Docht zu lang war. In so einem Fall wurde er mittels einer Rändelschraube zurückgedreht. Dann wurde es aber auch ziemlich duster. Besseres Licht brachte da schon die fest an der Küchendecke aufgehängte Spirituslampe. Die hatte unter einem großen weißen oder auch bunt bemalten Porzellanschirm einen kleinen weißen Glühstrumpf. Ein sehr empfindliches Ding, das zumeist nur vom Großvater angezündet wurde. Gespeist wurde es aus einem mit Spiritus gefüllten verschraubten Behälter. Aber Spiritus gab es im Krieg nur auf Bezugschein. Allerdings roch er viel besser als Petroleum. Eine Karbidlampe hatten die Großeltern auch einmal, aber die stank so penetrant und brachte trotzdem kein besseres Licht. Kerzen konnte man auch nicht einfach kaufen, alte Vorräte waren schnell aufgebraucht. Aber Großvater organisierte später öfter eine große Platte Stearin und so machten wir die Kerzen eben selbst.

Mein Großvater war der eigentliche Mittelpunkt meiner Kindheit. Er war aber auch das Gesetz der Familie, es gab für mich nie den geringsten Zweifel, dass man ihm zu gehorchen hatte. Lange Begründungen für bestimmte Anordnungen gab es nicht. Trotzdem erklärte er mir manchmal, warum ich das eine oder andere ganz bestimmt nicht tun durfte. So erinnere ich mich noch sehr genau daran, wie er mir einmal verbot, auf die frisch aufgegangene Saat zu treten. Dazu erklärte er mir, dass die ganz feinen zarten Hälmchen an den Sohlen kleben bleiben und so ausgerissen würden und dann könnte eben kein Korn wachsen. Das leuchtete mir völlig ein. Ich wäre nie auf die Idee gekommen, etwa eine Abkürzung über ein Feld mit junger Saat zu nehmen. Dieses Gefühl hielt ein Leben lang an.

Ich war gerne dabei, wenn er in den Frühbeeten arbeitete. Um vorgetriebene Gurkenpflanzen in die selbstgebauten Kästen zu bringen, bereitete er die Pflanzlöcher besonders sorgsam vor: Er grub ein ziemlich großes Loch für jede einzelne Pflanze, das wurde erst einmal mit einer selbst hergestellten Spezialmischung befüllt. Und diese Mischung war in der Tat etwas ganz besonderes. Einen Zinkeimer (Plastikeimer gab es natürlich noch nicht) hatte er bis über die Hälfte mit Kuhfladen gefüllt. Darauf ließ er Wasser laufen und dann musste natürlich gerührt werden. Großvater trug dabei weder Gummihandschuhe noch benutzte er etwa einen Stock. Nein! Mit dem nackten Arm tauchte er tief in den Eimer und rührte und knetete, bis der Inhalt eine geschmeidige grüne Suppe war. Ich hatte noch nicht einmal den Eindruck, dass da etwas stank. Es roch eben bloß nach Kuhstall, und der gehörte zu unserem Alltag. Die dicke Suppe wurde sodann gleichmäßig auf alle Pflanzlöcher verteilt, mit Komposterde bedeckt und festgedrückt. Zuletzt setzte er die jungen Gurkenpflanzen in ganz genauen Abständen hinein und goss sie vorsichtig an. Die Beete wurden mit Glasfenstern abgedeckt, die mittels selbst erstellter Holzstücke in Form einer Fahne mit Griff in verschieden Höhen zur Belüftung angehoben werden konnten. Das war aber dann die tägliche Arbeit der Großmutter, der Großvater war ja tagsüber im Dorf in der Fabrik zur Arbeit.
In der Woche waren die Tagesabläufe genauestens festgelegt durch die Arbeit auf dem Feld, im Garten und vor allem durch den Umgang mit den Tieren. Auf unserem winzigen Bauernhof waren sie mit Sicherheit nicht artgerecht untergebracht, aber sie wurden mit Verantwortung

wie Familienmitglieder behandelt. Ihre Fütterung und Versorgung stand stets an erster Stelle. Als Kinder begriffen wir sehr schnell, dass die Tiere auf uns angewiesen waren. Wir hatten immer zwei Arbeitskühe, Schweine, Schafe, mindestens eine Ziege, sehr viele Hühner, Gänse, Enten, Karnickel, einen Hund und Katzen. Ein Pferd konnten sich die Großeltern nie leisten. Es kam aber vor, dass ein Pferd geliehen wurde. Alle Tiere wurden gehalten, weil sie einen bestimmten Zweck zu erfüllen hatten. Wir bekamen aber auch immer etwas von den Tieren zurück. Sie haben es schließlich auch ermöglicht, die Kriegsjahre und vor allem die Nachkriegszeit ohne allzu großen Hunger zu überstehen.

Einige Ereignisse machten mir dennoch ziemlich zu schaffen. Vor allem die Sache mit der jungen gelben Herbstkatze. Ich weiß noch genau, dass es ein Sonntag war, denn sonntags legte sich der Großvater auf das Sofa in der Küche. Er lag ausgestreckt auf dem Rücken und schnarchte. Zwischen seinen Füßen hatte sich eine noch ziemlich kleine Katze zusammengerollt und schlief ebenfalls. Plötzlich wachte sie auf, drehte sich ein paar Mal und machte so den Großvater wach. Er konnte aber nicht verhindern, dass sie genau zwischen seine Füße machte. Das Tierchen hatte Durchfall, es stank entsetzlich. Wortlos stand der Großvater auf, packte die Katze im Nackenfell und ging in den Flur vor der Küchentür. Auf der Steintreppe nach oben setzte er ihr das Luftgewehr ins Genick. Der Schuss war nicht schlimm, aber die hervor gequollenen Augen! Dabei sagte der Großvater nur: „Herbstkatzen taugen eben nicht!"

Keiner hatte mich weggeschickt. Mir tat das Tierchen entsetzlich leid, aber protestiert hätte ich niemals. Das Bild habe ich heute noch vor Augen, ich empfinde sogar ein unangenehmes Gefühl im Bauch, aber damals verfolgte es mich nicht allzu lange.

Ich schlief schon als Kind gerne lang und Großmutter ließ das auch zu. Sie guckte dann wohl auch hin und wieder durch die Glasscheibe der Tür und holte mich, wenn sie merkte, dass ich wach geworden war. Es gab also überhaupt keine Probleme deshalb. Eines Tages öffnete sie die Tür, rief ein ganz fröhliches „Guten Morgen" und warf mir ein frisch gekochtes Ei auf die Bettdecke. Das Ei rollte herunter, ich war nicht schnell genug gewesen, und – platsch – war es kaputt. Ich fing fürchterlich an zu heulen, aber nicht etwa wegen des zerbrochenen Eies, sondern weil meine gute Großmutter ja jetzt traurig sein musste, weil ihr das passiert war. Verstanden hat sie das sicher überhaupt nicht, ich konnte es ihr ja auch nicht erklären. Sie schrieb aber meiner Mutter, denn derartige Heulerei machte ihr offenbar öfter zu schaffen. Mami erzählte mir viel später davon. Den Grund für mein Geknatsche erkannte keiner, ich selbst wusste es auch nicht, aber klar war, dass ich zunehmend meine Geschwister und andere Spielgefährten vermisste. Ich entwickelte ganz einfach mehr und mehr Heimweh. Diesmal aber in umgekehrter Richtung.

Ostern 1941 sollte ich eingeschult werden, ich war im September 1940 sechs Jahre alt geworden. Ausgerechnet in dem Jahr war aber die Einschulung in Mecklenburg von Ostern auf September verlegt worden. So verlor ich ein Jahr. Einen Kindergarten hatte ich nie gesehen.

Inzwischen hatte ich ein Märchenbuch, aus dem ich auch eine ganze Reihe von Märchen so gut kannte, dass ich sie „vorlesen" konnte, ohne wirklich lesen zu können. Zu meinen Großeltern kam fast jeden Tag ein Laufjunge. Dieser war für allerlei kleine Hilfsarbeiten zuständig, brachte beispielsweise die Zeitung oder Brot mit und hackte auch manchmal Holz. Bei der Gelegenheit hatte ich mal wieder jemanden, dem ich vorlesen konnte. Ich saß also mit dem Märchenbuch im Ackerwagen hinten am Scheunengiebel und las dem Jungen vor. Plötzlich hörte ich eine Kinderstimme vom Tor her. „Die blöde

Hanne kriegt schon wieder Besuch" schoss es mir durch den Kopf. Dann erkannte ich, dass es Rosls helle Stimme war. Mami war mit Rudi und Rosl gekommen. Niemand hatte mir etwas davon gesagt.

Als Ergebnis dieser großen Überraschung bekam ich hohes Fieber.

Der Doktor wurde geholt und fragte, ob das Kind vielleicht etwas Außergewöhnliches erlebt hätte.

Es war ein seelischer Schock für mich. Meine Mutter war gekommen, um mich nach Schwaan zu holen. Ich sollte dort am 1. September eingeschult werden.

Der Ernst des Lebens

Vati war gleich zu Beginn des Krieges eingezogen worden. Wenn er auf Urlaub kam, trug er eine Uniform. Mir gefiel die ganz gut, ich wusste auch, dass er Obergefreiter war. Und er schickte tolle Sachen aus Frankreich. Mami bekam einmal ein schickes Kleid, das hatte innen ein kleines Schild auf dem stand „lavable". Mami sagte dann immer, das Kleid sei aus „Lavabel".

Ich bekam rosarote Schlüpfer, die hatten überhaupt keine Beine, Dadurch konnte man wunderbar durch die weit geschnittenen Beine pinkeln, ohne die Hosen auszuziehen. Das ging sogar, wenn ich auf den vor dem Haus gelagerten Telegrafenstangen saß. Erwischt hat mich nie jemand dabei, ich fand das aufregend. Einmal bekam ich ein Paar grüne Hausschuhe aus Plüsch. Die hatten zwar so kleine Leiterchen mit denen man sie schließen konnte, aber sie waren viel zu groß. Ich wollte sie aber unbedingt anziehen, als ich bei Bäcker Rosenkranz Kaffeekuchen holen sollte. Auf dem Weg musste ich über die Holzbrücke, die die Gleise vor dem Bahnhof überspannte. Die Brücke – es gibt sie heute nicht mehr – hatte eine ziemlich hohe Stahlkonstruktion, die die Fahrbahn vom Fußweg trennte. Daneben gab es parallel einen zweiten Steg, der aber nur für Bahnpersonal zugänglich war, weil er beidseitig durch hohe Drahtgitter gesichert war. Am Ende der Brücke stand halb am Hang ein Bahnwärterhäuschen. Sein Dach guckte so gerade über den Fußweg. Ich war schon auf dem Rückweg, als ich anfing, im Paradeschritt zu marschieren. Das war eine extrem kurze, aber sehr schwungvolle Übung. Mein rechter Schuh flog in hohem Bogen über beide Gitterzäune und ward nicht mehr gesehen. Da war guter Rat teuer. Nach Hause? Völlig undenkbar. So fing ich fürchterlich an zu heulen und rührte mich nicht mehr von der Stelle.
Mein Rettungsengel in Gestalt der Zeitungsfrau ließ nicht lange auf sich warten. Erst tröstete sie mich, dann erzählte ich schluchzend von meinem Unglück. Sie wusste doch

tatsächlich, was man machen konnte. Sie ging bis zum Bahnwärterhäuschen, kletterte über das Geländer und die Böschung hinunter. Dann sah ich sie erst wieder, als sie mit meinem Schuh in der Hand den Hang herauf krabbelte. Der Wärter hatte ihr erlaubt, die Gleise zu betreten! Ich war fassungslos, aber überglücklich. Ob ich zu Hause gleich davon erzählte, weiß ich wirklich nicht mehr, aber die übliche Haue blieb aus.

Im Sommer war Vati auf Urlaub und die ganze Familie ging in die Badeanstalt, in der ein großes Fest stattfand. Es gab allerhand Leckereien, aber das Wichtigste war, dass ich bei einer Tombola ein Los gewonnen hatte. Was ich bekommen sollte, wusste natürlich keiner. Meine Eltern schoben mich ganz allein vor die entsprechende Bude und ich gab mein Los ab. Ich war gerade groß genug, um sehen zu können, was man mir hinlegte. Es war ein Füller. Aber bevor ich ihn an mich nahm, fragte jemand, ob ich denn schon zur Schule ginge. Wahrheitsgemäß verneinte ich. Und die gleiche Person nahm das tolle Stück an sich und schob mir stattdessen einen Lutscher zu. Ich wagte nicht zu heulen. Ich glaube, meine Eltern hatten das gar nicht mitgekriegt, aber die Enttäuschung saß sehr tief.

Dann kam der Einschulungstag. Meine Mutter hatte erfahren, dass es in Schwaan den Brauch, einem neuen Schulkind eine Zuckertüte zu schenken, nicht gab. Zum Glück bekam ich trotzdem eine solche Tüte, aber sie blieb zu Hause. Einen Ranzen gab es auch nicht, in Schwaan nannte man diesen Tornister. Aber ich hatte eine nagelneue schwarze Schiefertafel, einen Griffelkasten, ein Lesebuch und – ganz wichtig – Schwämmchen und Trockenlappen baumelten an der Seite. Noch Tage zuvor machte ich mir große Sorgen, wie ich denn auf dem langen Schulweg behalten sollte, was ich an Schularbeiten zu machen hätte. Diese Sorgen vergingen aber überraschend schnell.

Natürlich freute ich mich riesig über meine herrliche Zuckertüte, auch wenn sie nicht allzu groß war. Mit dem Inhalt ging ich sehr sorgsam um, es war nicht meine Art, gleich alles aufzuessen. Aber ich schlief schon als Kind gerne länger als die anderen. Als ich am nächsten Morgen noch im Nachthemd erwartungsvoll zu meiner Tüte schlich, war sie leer. Rosl und Brüder hatten schon im Morgengrauen alles aufgefressen.

Im Wohnzimmer hatte Mami mir gleich rechts von der Tür eine Ecke ganz für mich alleine eingerichtet. Da stand ein kleiner Tisch mit einem Korbsessel davor und an der Wand ein kleines Regal. Dort konnte ich ganz ungestört meine Schularbeiten erledigen. Schwierigkeiten hatte ich damit nicht. Nur als die 2 geübt werden sollte, machte ich immer noch eine zusätzliche Schleife dran — da floss manche Träne. Ich konnte einfach nach der ersten Schleife nicht aufhören.

Unsere Lehrerin hieß Fräulein Frädtland, ich mochte sie vom ersten Tag an sehr. Fremd fühlte ich mich nicht, ich hatte den mecklenburgischen Dialekt sehr schnell raus, rollte das „R" wie die Einheimischen, sodass meine eigene Mutter mich nicht mehr verstand.

Einmal lernten wir das Lied „Lütt Matten de Haas" – den Text zu lernen war unsere Hausaufgabe. Ich sang und sang, bis Vati, dann doch genervt, mich barsch fragte, ob ich das eigentlich immerzu singen müsste. Das war das einzige Mal in meinem Leben, dass er mich zurechtwies.

Schwierigkeiten mit dem Lernen hatte ich keine. Mir machte eigentlich alles Spaß. Schreiben lernten wir nach der deutschen Sütterlinschrift. Geschrieben wurde mit dem harten Griffel auf der Schiefertafel. Ich schrieb meistens die ganze Tafel voll. Als wir gerade das kleine „h" gelernt hatten, war ich einen Tag krank. Am Tag danach sollten wir wieder ein „h" schreiben und zur Kontrolle mussten wir die Tafel hochhalten. Ich fiel natürlich mit meinem kleinen h auf — die anderen hatten alle schon das große gelernt. Das war aber kein Problem, ich sah ja, was meine Nachbarn geschrieben hatten und machte das einfach nach.

Später sollte ich einmal das Wort Geländer an die große Tafel schreiben. Ich schrieb aber „Gelender". Alle Kinder brüllten: „Mit ä!". Nun klingt aber das plattdeutsche „R" auch wie „Ähh", also schrieb ich „Gelernder" das Gebrüll war grausam, ich war völlig von der Rolle. Niemand hatte verstanden, warum ich so falsch schrieb und Verständnis für den sächsischen Dialekt gegenüber dem plattdeutschen gab es auch keines. In meinem späteren Beruf habe ich noch oft an diesen Vorfall gedacht, solche Missverständnisse wollte ich immer von meinen Kindern fernhalten.

Als das „ß" im Lesebuch gelernt wurde, war ich wieder mal krank. So las ich die neue Seite in der Fibel zu Hause allein. Da stand: „Hans schoß hoch, Peter schoß höher". Das verstand ich nun aber überhaupt nicht. Mir hatte ja auch niemand gesagt, dass vor dem ß ein kurzes o stand. Ich las also: Hans schooß hoch, Peter schooß höher. Ich stellte mir zwei Jungen vor, die auf einer Bank sitzen. So konnte der Schoß von Hans hoch, der von Peter höher sein. Aber dann stimmte natürlich der ganze Satz nicht mehr. Es war zum Verzweifeln, ich musste Mami fragen. Sie löste das Problem.

Schade, dass die Fibel nicht mehr existiert, es wäre interessant zu erfahren, wie Erstklässler in der Kriegszeit so nebenher beeinflusst wurden, lernten wir doch auch Liedtexte, deren Sprache wir überhaupt nicht verstanden. Zum Beispiel: „SS-Kameraden, hängt die Juden, stellt die Pfaffen an die Wand."
Immerhin konnte ich mit dem Wort Juden etwas anfangen.

Auf dem Schulweg sah ich manchmal Frauen mit einem gelben Stern auf der Kleidung. Die Erwachsenen sprachen über diese Leute, aber irgendwie hinter vorgehaltener Hand. Da war etwas, das ich nicht verstand, aber es schien mir gefährlich, man sollte wohl besser nichts damit zu tun haben.

Im Rechenunterricht lösten wir zumeist mehrere „Päckchen" auf der Schiefertafel. Wenn die Stunde zu Ende war, wurde die Tafel abgewischt und zur Kontrolle hochgehalten. Dann bekamen wir die gleichen Aufgaben als Schularbeit auf. Ich hatte irgendwann entdeckt, dass die Tafel dunkel und nass aussah, wenn ich sie kräftig anhauchte – von den Rechenpäckchen war dann nichts mehr zu sehen. Schnell, aber vorsichtig in den Ranzen gesteckt war zu Hause alles wieder getrocknet und meine fertigen Aufgaben waren wieder darauf.
Ich wurde nie erwischt und war mir keiner Schuld bewusst.

An Strafen im Unterricht erinnere ich mich nur in einem Fall. Obwohl wir eine reine Mädchenklasse waren, gab es Stockhiebe. Ein Mädchen wurde über die vordere Bank gelegt, mit dem Hinterteil zur Lehrerin, musste den Rock hochschlagen und bekam dann mit dem Stock mehrere Schläge aufs Gesäß. Warum weiß ich nicht, aber ich war davon überzeugt, dass sie etwas Schlimmes getan haben musste.

Schon im ersten Schuljahr hatten wir Handarbeit. Dazu musste Mami mit mir in ein Textilgeschäft gehen und ein Stück hellen, grob gewebten Stoff kaufen. Der Lappen war so groß wie eine kleine Serviette. Dazu gab es eine Nadel ohne Spitze und ein paar bunte Fäden. Für den Stoff musste Mami einen Punkt von der Kleiderkarte abgeben. Textilien einfach kaufen? Weit gefehlt, es war ja schließlich Krieg. Aber ich lernte meine ersten Zierstiche und darauf war ich stolz.
Noch während des ersten Schuljahres rückte der Krieg näher. In der Schule wurde Alarm geübt. Größere Kinder kamen in unsere Klasse und legten uns Verbände an.

Dann wurden wir in die „Butze" geführt. Das war ein fensterloser Raum zwischen den Klassenzimmern, der normalerweise als Garderobe diente. Immer mehr Kinder wurden hineingestopft. Es war eng, stickig und beängstigend. Ich war froh, als wir wieder raus konnten. Zum Schluss der Übung wurde uns erklärt, dass wir bei Alarm so schnell wie möglich nach Hause laufen sollten, immer an den Häusern entlang, schnell und geduckt. Wie sollte das gehen, mein Zuhause lag weit weg an der Tannenbergstraße? Ich machte mir furchtbare Sorgen, aber ich erlebte nie einen Alarm in der Schule.

Aber eine andere Übung auf dem Gelände des Bahnhofs war auch als Übung schon schrecklich genug.

Frauen und Kinder mussten in ein Bahnwärterhäuschen zwischen den Gleisen gehen. Allein der Ort war schon unheimlich. Dann mussten alle Gasmasken anlegen. Das sah ganz schrecklich aus mit den riesigen Augen und dem Rüssel davor. Rosl schrie wie am Spieß und ein Soldat ging raus mit ihr. Soldaten in Uniform erklärten uns, dass jetzt ein Gas eingelassen würde, und wir sollten alle singen, damit die Dichtigkeit der Masken geprüft werden könne. Natürlich hatte ich Angst, aber ich wusste auch, dass das alles ganz wichtig sei, wenn Fliegeralarm käme. Ich sang aus vollem Hals.

Der Spuk war bald vorbei, aber der erste richtige Alarm ließ nicht lange auf sich warten. Anfangs stand der Blockwart schräg gegenüber am Tannenbergdenkmal und betätigte eine Handsirene, später heulte die Sirene aus dem Zentrum von Schwaan. In den Keller gingen wir nur sehr selten. Mami meinte, der Keller sei wie eine Falle, wenn das Haus getroffen würde, kämen wir aus dem Sandloch nicht wieder heraus. Meistens hörten wir die Flugzeuge über uns, später wurde der Himmel vom Feuerschein der brennenden Häuser in Rostock ganz rot. Wenn Entwarnung gegeben wurde, redeten die Nachbarn noch zwischen den Häusern miteinander. Herrlich, wenn dabei noch beobachtet werden konnte, dass ein Flugzeug abgeschossen wurde. Der Tommy, der Feind. Mit diesem Bild wuchsen wir auf.

Bevor die Angriffe auf Rostock geflogen wurden, war Mami mit mir oder auch mit Nachbarn oder mit Vati, wenn er auf Urlaub war, nach Rostock ins Theater gefahren. Ich erinnere mich sehr deutlich an meine erste Oper: Hänsel und Gretel. Den Inhalt kannte ich ja und vom Geschehen auf der Bühne bekam ich sehr viel mit. Ich sah deutlich, wie die Hexe in den Backofen geschoben wurde. Die Bestrafung des Bösen, da war doch die Welt in Ordnung.

Schlimm war allerdings, wenn Mami mit den Nachbarn wegfuhr und wir alleine bleiben mussten.
  Sie wollte eben auch einfach mal ihren Feierabend genießen, und dann musste ich schon mit den Kleinen ins Bett, auch wenn die Nachbarskinder noch draußen spielten. Ich protestierte nicht, da mir das sowieso nichts genutzt hätte.

An diesem Abend fuhr sie schon weg, als es noch taghell war. Plötzlich bekam ich schreckliche Angst, ohne zu wissen wovor. Es war einfach eine ganz furchtbare Angst, sie tat regelrecht weh, und ich stand lange am Fenster, sah hinaus, fühlte mich allein und versuchte, die Angst zu bekämpfen.
  Eine Erklärung dafür fand ich nicht. Diese Angstattacken tauchten noch einige Male später auf, aber ich sprach nicht darüber, denn ich konnte mit keiner Erklärung aufwarten.

Dadurch, dass ich zur Schule ging, verstärkten sich die Kontakte zu anderen Kindern in der Nachbarschaft, obwohl keine Klassenkameraden dabei waren. Meine beste Freundin war Gertrud Ehlers, ihr Bruder Fritzi war mit Brüder befreundet. Sie hatten einen Opa, der saß meistens in einem kleinen Anbau hinter ihrem Haus und machte Holzschuhe. Opa Molt reparierte auch immer unsere Holzsandalen. Jeder von uns trug damals Holzsandalen, wenn wir nicht gerade barfuß gehen konnten.

An einem Herbsttag hatte ich wieder bei Gertrud gespielt und es war früh dunkel geworden, als ich nach Hause musste. Zu Hause war aber nur der Brüder. Es war etwas mit Rosl passiert. Wir beide rätselten über den Hergang, ein paar Blutstropfen im Wohnzimmer heizten unsere Phantasie an. Brüder meinte, sie könnte wohl mit dem ausgestreckten Finger gegen die Glastür gelaufen sein. Aber das Glas in der Tür war doch ganz! Dann kam die Mami ganz verheult und erklärte uns alles. Als es dunkel geworden war, wollte sie die Verdunklung im Schlafzimmer herunterlassen, dabei hatte sie die Tür offen gelassen. Rosl wollte ihr nachgehen, aber im Schlafzimmer war es dunkel, und Mami hatte gesagt, dass sie draußen bleiben sollte. Mit der linken Hand griff sie in das Türscharnier, um sich festzuhalten. Mami hatte das nicht gesehen und wollte die Tür schnell schließen, weil es im Schlafzimmer kalt war. Sie spürte zwar einen Widerstand, zog aber noch mal mit mehr Kraft nach. Rosl wollte im gleichen Moment den Finger rausziehen. Vor lauter Schreck schrie sie wahrscheinlich auch nicht sofort. Die Fingerkuppe hing nur noch an einem Stückchen Haut, sie blutete stark. Mami wickelte ihr ein Handtuch um die Hand und trug das zitternde Bündel zum Nachbarn Castenow. Inzwischen war Fliegeralarm. Herr Castenow rannte mit Rosl auf dem Arm zu Dr. Bonnes. Der hatte seine Praxis mitten in Schwaan. Rosl soll auf der Treppe noch schlotternd gesagt haben: „Hebt mir aber ja meine Bratkartoffeln auf!" Sie mussten ziemlich lange warten, weil der Doktor wegen des Fliegeralarms erst nach der Entwarnung aus Rostock herauskam.

Die Fingerkuppe wurde mit Erfolg angenäht, aber der Nagel blieb für immer gespalten.

Außergewöhnlich schön war im Sommer ein Aufenthalt in einer Ferienwohnung in Rerik. Das war ein ganz besonderes Privileg, Vati war nämlich in der Zeit in Rerik stationiert. Mami sagte immer, er sei bei der Heeresbauleitung.

Das Ferienhaus stand auf einer schmalen Landzunge zwischen Bodden und Ostsee. Zur Boddenseite gab es einen Vorgarten mit Rasen und Blumeneinfassung, davor verlief nur noch die Straße. Wir konnten immer die Schiffe auf dem Bodden beobachten. Ich lernte schnell, was ein Kreuzer oder ein Geleitzug war. An der Seeseite hatten wir viel Platz zum Spielen. Wir besaßen sogar kleine Schaufeln, Siebe, Eimer und Sandförmchen. Weil der Strand nicht öffentlich zugänglich war, waren wir fast allein. Morgens exerzierten manchmal Soldaten am Strand, das war ein ganz amüsantes Schauspiel für uns.

Es gab da auch noch einen kleinen Jungen, der exerzierte manchmal am Ende der Reihe mit. Selbstverständlich kannten wir bald alle Kommandos. Der letzte Soldat muss einmal ein Kommando nicht verstanden haben, er marschierte rechtwinklig in die falsche Richtung, der Junge immer mit ihm. Das sah wirklich lustig aus.

Nach ein paar Tagen hatte ich einen höllischen Sonnenbrand auf den Schultern und es bildeten sich schmerzhafte Blasen. In Strandnähe lag ein kleiner Holzkahn, ich sollte mich immer in seinem Schatten aufhalten. Es stank dort schrecklich, weil die Männer immer in den Kahn pinkelten. Ich hatte also praktisch nur die Wahl zwischen Gestank und noch mehr Schmerzen. Salbe oder gar ärztliche Hilfe? Das gab es nicht, irgendwann wurde es von selbst besser.

An einem Regentag waren nahe am Strand unendlich viele Quallen im Wasser. Brüder hatte eine tolle Idee. Wir sammelten unsere Eimer voll und schütteten sie um die Wäschepfähle hinter dem Haus. Die Wirtin sollte sich vor der glitschigen Masse ekeln. Wir schöpften sie mit den bloßen Händen aus dem Wasser. Ich sehe noch, wie der Brüder ein ganz besonders großes Exemplar vor dem Bauch hatte. Wir ekelten uns nicht, aber so sehr wir auch arbeiteten, die Quallen zerfielen allzu schnell im Sand, die Wirtin bemerkte nichts davon und Wäsche hängte sie bei dem trüben Regenwetter natürlich auch nicht auf.

Manchmal übten auch Flak und Flugzeuge über der See. Als Ziel für die Flak hatten die Flugzeuge einen Luftsack im Schlepp. So ein Luftsack wurde einmal direkt hinter dem Haus angespült. Natürlich wussten die Erwachsenen, dass die Dinger nicht nur wunderschön rot aussahen, die waren aus reiner Seide. Was konnte man da nicht alles draus machen! Der Sack wurde also aus dem Wasser gezogen und auf dem Rasen im Vorgarten zum Trocknen ausgelegt. Kurze Zeit danach sah Mami nur noch, wie ein Soldat mit einem Fahrrad samt Luftsack davon sauste. Aus der Traum vom roten Seidenkleid.

Auch wenn in Rerik unser Vater nicht ständig bei uns war, diese Tage gehörten zu den schönsten in diesem Sommer, viel zu schnell begann der Schulunterricht wieder.

Erinnerungen aus dieser Zeit gibt es einige: Einmal hatte ich eine unwahrscheinlich dicke eitrige Blase unter einem Zeh. Schuhe anziehen war unmöglich, gehen konnte ich damit auch nicht. Also setzte mich Mami kurzerhand in Rosls Sportwagen und fuhr mit mir zum Doktor. Der nahm nur eine kleine Schere und schnitt das Ding einfach auf – es tat überhaupt nicht weh, aber der Eiter spritze. Das war also nichts Schlimmes. Aber dass mich unterwegs Kinder auslachten, weil ich als Schulkind erkennbar immer noch in einem Sportwagen saß, war viel, viel schlimmer.

Mein Schulweg führte über die Warnowbrücke. Wenn ein Schiff passieren wollte, wurde getutet. Aus dem naheliegenden Haushaltswarengeschäft Lange musste ein Angestellter auf die Brücke. Er kurbelte den Mittelteil hoch. Die Straße war natürlich währenddessen an beiden Seiten gesperrt. Danach konnte das Schiff durchfahren. Ich befürchtete immer, das könnte mal auf meinem Schulweg passieren und ich würde mitsamt der Brücke hochgedreht. Der Mittelteil hatte ein Gitter mit senkrechten Stäben zum Fluss hin, aber die hochgekurbelte Straßenseite war völlig offen. Vor der Technik hatte ich mächtig Respekt.

An einem Nachmittag durfte ich Rosl zum ersten Mal mitnehmen bis in die Stadt, das hatte es vorher nie gegeben. Beide bekamen wir eingeschärft, wie wir uns zu verhalten hatten. Ich hatte Rosl noch nie so in meiner Verantwortung erlebt. Dass sie ein Wildfang war, wusste aber jeder.

Es ging alles gut bis zur Brücke. Natürlich wollten wir alle beide ins Wasser gucken. Das wäre ja auch kein Problem gewesen, wenn Rosl nicht noch so klein gewesen wäre. Ich konnte über das Geländer gucken, sie aber steckte ihren Kopf durch die Gitterstäbe. Das ging offensichtlich ganz ohne Probleme, nur rückwärts waren die Ohren im Weg. Begreiflicherweise geriet sie in Panik, fing an zu schreien und ich schrie vor Angst gleich mit.

Unterhalb der Brücke gab es einen Waschplatz, dort spülten oft mehrere Frauen ihre Wäsche, zum Glück auch an diesem Tag. Eine der Frauen lief so schnell sie konnte herauf und es gelang ihr tatsächlich, den Kopf des schreienden Bündels wieder rückwärts durch die Stäbe zu zwängen. Wir sollten warten und sie holte für jeden eine Möhre. Ein wunderbarer Trost für uns beide. Ganz sicher gingen wir Hand in Hand nach Hause.

Unsere Mami kannte ich nicht anders als mit einem dicken Kropf, eine in Sachsen weitverbreitete Schilddrüsenerkrankung, die durch den Jodmangel im Wasser kam.

Im Laufe der Zeit mehrten sich ihre Beschwerden. Sie suchte deshalb einen Spezialarzt in Rostock auf und ich durfte mit. Im Wartezimmer musste ich natürlich warten. Das war aber nicht schlimm, ich war ja immerhin schon ein Schulkind. Als sie wieder heraus kam, erzählte sie mir sogar, was der Doktor gesagt hatte. Sie sollte operiert werden. Die Sprache hatte ihre Herkunft aus Sachsen verraten und der Doktor meinte, in Zwickau gäbe es dafür Spezialisten. Deshalb sollte sie sich am besten dort operieren lassen.

Unsere Mami war zu der Zeit Anfang Dreißig, hatte drei kleine Kinder, lebte im ihr fremden Mecklenburg und unser Vati war inzwischen nach Pillau in Ostpreußen als Seenotfunker versetzt worden. Die Entscheidung, die Operation in Zwickau machen zu lassen, fiel ihr nicht schwer, schließlich lebten ihre Eltern dort. Dass diese Entscheidung schicksalhaft war, stellte sich erst später heraus.

Rückkehr nach Saupersdorf

Wir verließen also Schwaan mit Gepäck für einen zweiwöchigen Aufenthalt in dem Glauben, nach der Operation zurückzukommen.

In unserer Wohnung lebte zu der Zeit eine Familie Guth. Sie waren aus Hamburg evakuiert worden. Mit den Nachbarn Castenow und Falck auf der linken und Frau Justin auf der rechten Seite hatten wir freundschaftlichen Kontakt, außerdem mit Zillmers und Frau Fries, die etwas weiter weg wohnten.

Bei Frau Justin wohnte zudem Frau Umland. Sie war Filialleiterin bei Thams und Garfs. Sonntags gingen wir Frau Umland immer besuchen, sie lag noch im Bett, wartete aber auf uns, weil sie für uns immer Bonbons mitgebracht hatte.

Als wir einmal Besuch aus Saupersdorf hatten, es war der Günthers Walter, ein Freund beider Eltern, fragte Frau Umland, wo er denn schliefe. Rosl antwortete wahrheitsgemäß: „Bei meiner Mami im Bett."

Dass meine Mutter währenddessen bei uns im Kinderzimmer schlief, war wohl unwichtig. Es wurde oft darüber gelacht. Und das war sicher auch ganz wichtig, denn zu Spekulationen konnte es recht leicht kommen, hatten wir doch auch öfter mal Einquartierungen. Es war durchaus üblich, dass deutsche Soldaten in Familien wohnten, wenn sie in der Nähe stationiert waren. Zu diesen Zeiten schliefen wir alle vorn im Schlafzimmer, das Kinderzimmer war dann eben belegt. Ich weiß noch recht gut, dass Mami sich beschwerte, weil einer der Soldaten so schreckliche Schweißfüße hatte. Frau Schröder, eine Nachbarin gegenüber, nahm mich mal beim Bettenmachen mit und ließ mich fühlen, wie warm das Bett von ihrem Soldaten noch war.

Auch an Zillmers habe ich noch eine Menge Erinnerungen. Die Tochter Frau Fries erwartete ein Baby. Ich hatte davon natürlich keine Ahnung, spielte aber oft und gerne dort, weil Frau Vries uns Kinder mit kleinen Zauberkunststückchen begeisterte. Als das Baby geboren war, hing der ganze Hof voller Wäsche. Ich erzählte Mami davon, hatte aber fast vergessen, dass ich das mit dem Baby sagen sollte. Ich nahm das nicht so wichtig – ja, ein Junge wäre es, aber wie er heißt?

Ich wurde noch einmal geschickt, um das zu erfragen. Söhnker, Carsten Söhnker Fries. Zu Hause angekommen sagte ich dann, ich hätte es nicht richtig verstanden, Schenker oder Lenker oder so ähnlich. Mami gab's auf.

Der Sohn von Zillmers, Theo, war oft bei uns wie ein Babysitter. Er las uns immer Grimms Märchen vor. Mit achtzehn wurde er eingezogen und fiel bei Rimini. Er war der erste Gefallene im Freundeskreis.

Dass die Familie Guth in unserer Wohnung lebte, war kein Problem. Mami erzählte auch immer ganz stolz, dass Frau Guth die Jugendfreundin von Hermann Löns war. Wir besaßen auch ein Buch vom Heidedichter, seine Tiergeschichten las ich immer gern. Mami hatte für mich schon eine ganze Reihe von Büchern angeschafft, sie standen links unten im Schreibtisch.

Im Sommer 1943 fuhren wir also alle zusammen zur bevorstehenden Operation nach Saupersdorf zu den Großeltern im Wald. Wir Kinder wurden, wie schon einige Male vorher, verteilt. Rosl blieb bei Tante Else in Kirchberg, der Brüder und ich bei Großmutter und Großvater im Wald.

Ich erinnere mich ganz genau an ein Stück Weg in Kirchberg. Über den Kreuzhübel, vorbei am Friedhof, kamen wir von oben runter, am Brunnen vorbei zum Haus von Tante Else und Onkel Max auf dem Neumarkt. Onkel Max betrieb dort ein Malergeschäft. Mit im Haus wohnte Familie Schwedler, die hatten einen Frisörladen im Erdgeschoss.

Unterwegs machte ich mir wohl Gedanken um die bevorstehende Operation, so betrachtete ich ganz bewusst meine Mami. Sie trug einen dunklen, braun-violetten Hut mit breiter Krempe und ihre wunderschönen Kreolen. Beides wies auf die Wichtigkeit des für mich sehr beängstigenden Ereignisses hin, hatte ich doch meine Mutter noch nie in lebensbedrohlichem Zusammenhang erlebt. Ich glaube, ich hatte große Angst um sie.

Ungewöhnlich auch, dass der Großvater dabei war. Er begleitete sie bis nach Zwickau ins Heinrich-Braun-Krankenhaus. Am nächsten oder übernächsten Tag nahm er mich mit zur Besuchszeit nach Zwickau. Das war zur damaligen Zeit immerhin eine Tagesreise. Mami saß im Bett, sie durfte immer noch nicht liegen, und erzählte den Hergang der Operation. Keine Narkose, nur örtliche Betäubung und auch noch dauernd reden müssen, weil die Stimmbänder beobachtet werden mussten. Zum Schluss hätte ihr der Doktor auch noch die Instrumente auf den Bauch geknallt, das wäre besonders schmerzhaft gewesen.

Großvater hatte zum Trost eine grüne Schlangengurke aus dem Frühbeet mitgebracht.

Als sie wieder nach Hause kam, entstand ein Foto im Garten hinten beim einzigen Birnbaum. Unser Kriegsgefangener Marius und der Laufjunge Roland Meyer sind mit darauf, Mami trägt noch das Pflaster. Aber die Feldarbeit musste gemacht werden, also konnte auf Heilungsprozesse keine Rücksicht genommen werden.

Marius Bergogne, ein gefangener Franzose, war uns zur Arbeit zugeteilt worden.

Die Gefangenen waren im Baumanns Gasthof in Saupersdorf untergebracht. Sie arbeiteten unter strengen Regeln auf den kleinen Bauernhöfen im Dorf, nachts mussten sie ins „Lager" zurück. Verpflegt wurden sie tagsüber bei dem Bauern, bei dem sie auch arbeiteten, aber sie durften keinesfalls mit am Tisch essen.

Wir wussten, dass das auch kontrolliert wurde, aber kein Mensch hätte ungesehen unseren Hof, geschweige denn die Küche erreicht, und damit konnten wir uns über diese Anordnung hinwegsetzen.

Ich hörte einmal ein Gespräch der Großeltern zu diesem Thema. Der Großvater sagte: „Wer bei mir arbeitet, soll auch anständig bei mir essen!"

Marius hatte seinen festen Platz am Tisch, an der hinteren Querseite auf der Bank. Stets saß die Katze Minka neben ihm und bekam auch immer etwas zugesteckt. Wenn es ihr zu lange dauerte, legte sie ganz sanft ihr Pfötchen auf seine rechte Hand. Erst, wenn er nicht reagierte, zeigte sie schon mal vorsichtig die Krallen. Die beiden wurden bald unzertrennliche Freunde. Morgens, wenn er aus dem Dorf kam, wartete die Katze schon auf halbem Wege bei einer großen Birke, abends begleitete sie ihn bis zu der gleichen Stelle und kam dann wieder nach Hause.

Marius war siebenundzwanzig Jahre alt und hatte vor dem Krieg in Toulouse Schreiner gelernt. Bei Regenwetter arbeitete er oben in der Scheune. Dort war allerhand Werkzeug und auch eine große Werkbank vorhanden. Einmal überraschte er die Großmutter mit einer ganzen Schachtel voller geschnitzter hölzerner Wäscheklammern. In jede Klammer war ein „M" für „Minna" eingeritzt. Mami bekam etwas später auch welche, sie trugen ein „H" für „Hanni".

Ich habe niemals erlebt, dass er unfreundlich behandelt oder herumkommandiert wurde. Er sprach auch mit der Zeit recht gut deutsch. Für uns alle war er ein richtiges Familienmitglied. Nicht zuletzt äußerte sich das dadurch, dass er am wöchentlichen Baderitual teilnehmen durfte. Dazu wurde die Zinkbadewanne auf dem Rücken eines

Familienmitgliedes aus dem Keller heraufgewuchtet, nicht selten machte ich das schon als Zehnjährige. Sehr schwer war die Wanne nicht, aber auf der engen Kellertreppe fiel dabei so manches Stück Putz von den Wänden.

In der Küche platzierte man dann die Wanne so vor dem Ofen, dass das heiße Wasser direkt aus dem Wasserhahn der Ofenpfanne eingelassen werden konnte. Für das kalte Wasser aus dem Wasserhahn über der Gosse benutzte man eine kleine Metallrinne, die mit einem Draht an den Wasserhahn gehängt wurde. Zusätzlich musste aber immer noch heißes Wasser in der Ofenröhre bereitstehen.

Damit war klar, dass nicht jeder seine eigene Füllung bekommen konnte. Für gewöhnlich blieb das erste Wasser dem Großvater vorbehalten, dann war die Großmutter dran, danach die Kinder. Es gab aber Ausnahmen. So hatte die Großmutter einmal den Brüder zuerst gebadet. Als sie damit gerade fertig war, betrat Marius die Küche, weil er sich die Hände waschen wollte.

Großmutter sagte: „Du kannst deine Hände gleich in der Badewanne waschen."

Marius lehnte ab: „Wo Sie gewaschen Arsch von Brüder, ich waschen nicht meine Ände!"

Damit war auch sonnenklar, dass er niemals als zweiter in die Wanne gestiegen wäre. Er bekam seine eigene Füllung. Selbstverständlich mussten für ihn auch die Rollläden am Küchenfenster heruntergelassen werden. Damit stieg für uns Kinder die Spannung. Mehrmals versuchten wir, von außen durch die Spalten der Rollos einen Blick zu erhaschen. Allerdings ahnten wir nicht im Entferntesten, dass Marius unsere Schatten schon lange, bevor wir unsere Nasen plattgedrückt hatten, bemerkte. Er schrie und fluchte dann und wir nahmen Reißaus.

Fluchen konnte er ganz fürchterlich, obwohl er katholisch war. Ich hatte zwar keine Ahnung, was das bedeutete, aber er sprach oft von regelmäßigen Kirchgängen, machte sogar einschlägige Witze: „Ein Mann hatte sonntags verschlafen, schaute auf die Uhr und rief: Gottverdammich, ich muss in die Kirche."

Den Witz verstand ich sogar. Fluchen gehörte auf den Bauernhöfen zum Alltag, aber Kirchgänge kannten wir kaum.

Eines Tages rutschte Marius auf der Holztreppe in der Scheune aus und fiel hin.

Großmutter hörte das Gepolter und Marius' heftiges Fluchen. Besorgt half sie ihm auf die Beine und meinte vorwurfsvoll: „Warum fluchst du denn so, das darf man doch nicht, das hört doch der liebe Gott!"

Prompt antwortete er: „Meine französische Gott verstehn keine Deutsch!"

Bis heute hat sich dieser Satz in der ganzen Familie erhalten. Schlagfertig war er, der Marius, und Sinn für Humor hatte er auch.

Beim Mittagessen war die Feldarbeit für den Nachmittag besprochen worden, es musste Mist ausgebreitet werden, Marius sollte die Mistgabeln aus dem Stall holen. Beim Aufstehen vom Mittagstisch bat Mami: „Marius, such mir eine kleine Gabel raus, die großen sind mir zu schwer."

Wortlos zog Marius die Tischschublade auf, darin lagen die Bestecke. Er deutete auf die Gabeln: „Ist Gabel klein genug?"

Für eine Begebenheit aber schämte ich mich.

Ich hatte mal wieder irgendetwas ausgefressen, ich weiß aber beim besten Willen nicht mehr, worum es ging. Mami, Großmutter, Marius und ich standen in der Küche und alle redeten auf mich ein. Ich fühlte mich ungerecht behandelt und fand besonders schlimm, dass Marius auch gegen mich redete. Ich gab ihm eine Ohrfeige.

Marius erstarrte, wehren durfte er sich nicht, er war immerhin Kriegsgefangener. Ich begann zu heulen. Ich wusste genau, dass ich etwas Ungeheuerliches getan hatte, aber ich konnte es nicht mehr ungeschehen machen.

Gefangene waren Feinde. Aber es gab nie einen Anlass, Marius als Feind zu betrachten. Mutter und Großmutter veranlassten mich auch nicht, mich zu entschuldigen.

Ich schämte mich, und ich schäme mich bis heute.

Immer, wenn Marius abends zu einer bestimmten Zeit ins Dorf zurück musste, drehte er sich an der Tür mit einer leichten Verbeugung um und sagte: „Donke, gute Nacht!" Dabei trug er immer die gleichen oliv-grünen bräunlichen Sachen. In der kalten Jahreszeit trug er darüber ein langes unten weit ausladendes Cape, das mich an ein Räuchermännchen erinnerte. Auf dem Kopf hatte er stets ein Käppi mit vorn und hinten hochgebogenen Spitzen, keck zur Seite gedreht. Mit flotten Schritten verließ er den Hof ohne sich umzudrehen, die Katze wie immer neben ihm.

Wann das Lager der Kriegsgefangenen geräumt wurde, weiß ich nicht mehr.
Wir schliefen im Dorf gegenüber vom Sägewerk, verbrachten aber viel Zeit im Wald. Ich erfuhr an einem wunderschönen sonnigen Nachmittag im Wald, dass Marius noch einmal gekommen war, um sich zu verabschieden. Er hätte sehr geweint und gesagt, er wolle auch noch zu Mami ins Dorf gehen. Er sei in großer Eile gewesen.

Mami war zu Hause, aber er tauchte dort nicht mehr auf. Wochen später fanden die Großeltern sein kleines rotes Notizbuch auf dem hohen Fensterstock neben der Haustür. Vielleicht wusste er noch nicht einmal unsere Adresse.

Wir hörten nie mehr von ihm. Obwohl es viele Gefangene bei den Bauern im Dorf gab, bekam auch von diesen keiner ein Lebenszeichen. Noch lange wurde darüber gerätselt, wer die Gefangenen weggebracht hatte und vor allem, ob sie wohlbehalten nach Frankreich gekommen wären. Die Erwachsenen wussten nur zu genau, worüber sie sprachen.

Rudi sagte als Kind auf die Frage, wie er sich sein späteres Leben vorstellen würde, immer, dass er niemals heiraten würde, aber auf einem Bauernhof leben wollte. Und wer sollte denn auf einem Bauernhof die ganze Arbeit machen?

Dazu nähme er sich eine „Maat" – damit war eine Magd gemeint. Und wer sollte die schwere Arbeit auf dem Feld machen?

„Na, dann fang ich mir eben einen Franzos', " war Rudis plausible Antwort. Er hatte die Vorstellung, unser Großvater hätte uns den Marius im Wald gefangen.

Vati schrieb uns einen Brief, in dem er vor der Rückreise nach Schwaan wegen der sich häufenden Bombenangriffe auf Berlin und Leipzig warnte. Wir sollten das Kriegsende lieber im sicheren Waldhaus abwarten. Aber es war verdammt eng geworden da draußen. Hanne Bachmann mit Sohn Manfred wohnte oben in unserer früheren Wohnung. In der Mitte lebte Emmi aus Wienerneustadt, die erste Frau von Onkel Bob, Mamis Bruder. Ihre Tochter Marika wurde gegen Ende des Winters 1944 geboren.

So wurde also notgedrungen nach einer Wohnung gesucht. Die fand sich auch bald beim Urgroßvater Gustav Möckel in Saupersdorf.

Wir wohnten ganz oben, hatten eine kleine Küche mit weitem Blick bis auf das Sägewerk und den dazugehörigen Holzplatz. Direkt unter uns befand sich der Garten. Darunter ein kleines Bauerngut, dort lebten die Häberers. Frau Häberer war eine nette Frau, den Bauern sahen wir selten, die beiden Jungen Gottfried und Joachim passten genau zu unserem Alter. Außerdem besaßen sie eine Spielzeug - Dampfmaschine. Sie konnte mittels Spiritus beheizt werden und der Dampf trieb über kleine Treibriemen allerlei Geräte an. Wunderbar, wenn wir mitspielen durften, war doch unser ganzes Spielzeug in Schwaan geblieben.

Morgens, wenn Mami die Rollos hochzog, sahen wir oft die Jungen noch nicht angezogen aus der Haustür kommen. Sie hoben die langen Nachthemden hoch und pinkelten vor die Tür. Offensichtlich hatten sie keinen Nachttopf.

Links neben der Küche gab es eine kleine Dachkammer mit einem winzigen Fenster zum „Möckelsberg" hin und eine Dachluke in der Schräge.

Beim Einzug beteiligten sich viele Verwandte und Bekannte mit nützlichen Geschenken, selbstverständlich stammten diese alle aus den eigenen Haushalten, denn kaufen konnte man zu dieser Zeit kaum noch etwas. Makaber fand ich allerdings einen Nachttopf, in den jemand ein mit Bier begossenes Knackwürstchen gelegt hatte. Die Erwachsenen hatten viel zu lachen während ich mich ekelte.

In der Dachkammer hatten gerade mal drei Betten, ein Reisekorb und ein kleiner Schrank Platz. Der Brüder war aber oft draußen im Wald. Wenn Vati auf Urlaub kam, machte es ihm nichts aus, dass er kein eigenes Bett hatte. An der linken Seite gab es eine Tür zu einer ebenso kleinen Wohnung in der eine kleine alte, menschenscheue Frau hauste. Sie ließ sich nie blicken, verschwand stets wieder hinter ihrer Tür zum Flur, wenn sie jemanden kommen hörte. Aber manchmal fragte Mami, ob wir für sie etwas besorgen könnten. Irgendwann gewann sie wohl doch mehr Zutrauen. Ich war sogar mehrmals in ihrer winzigen Kammer. Gegen Kriegsende war das Vertrauen so groß geworden, dass die Frauen für den Fall, dass man sich verstecken musste, einen Plan entwickelten: Von der Seite der Nachbarin sollte die Tür aufgeschlossen werden. In dem Schrank auf unserer Seite – er verdeckte gerade die Tür – sollte die Rückwand entfernt werden. Das wäre dann ein Fluchtweg für Mami und mich gewesen, wenn die Russen kämen. Warum, blieb mir verborgen, ausgeführt wurde der Plan nicht.

Wie jedes Jahr lag ich einmal mit hohem Fieber und schmerzhafter Angina im Bett ganz hinten am Fenster. Frau Berthold, die gegenüber wohnte, hatte mir ein Buch geliehen. Neben meinem Bett stand ein Porzellaneimer zum Pinkeln ohne Deckel. Im Schlaf hatte ich mich herumgewälzt, der Buchumschlag rutschte in den Eimer und dieser war noch nicht geleert worden! Der Umschlag stank und mich packte pure Verzweiflung. Frau Berthold aber hatte ein Einsehen und nahm das Buch auch ohne Umschlag zurück.

In der Küche gab es in der Ecke ein eisernes Waschbecken. Wenn wir Glück hatten, lief auch ein spärliches Wässerchen, aber oft reichte der Druck nicht aus. So mussten wir eben warten. Damit man nicht ständig probieren musste, blieb der Hahn einfach offen, man konnte das Wasser ja hören, wenn man zu Hause war.

Im Sommer 1943 war Vati auf Urlaub. Es war Sonntag, und alle freuten sich auf einen größeren Ausflug. Zum großen Hirschenstein sollte es gehen. Unterwegs kamen wir an einer Art kleiner Sandgrube vorbei. Natürlich wollten wir da rein und durften das auch. Aber dass Rosl das Uniformkäppi von Vati auf ihre roten Locken gesetzt bekam und am Rand der Kuhle damit fotografiert wurde gab mir mal wieder einen argen Stich, ich war wohl nicht attraktiv genug für ein solches Bild. Und wieder kam ein Steinchen auf den Haufen meiner Eifersucht.

Auf einer Lichtung nahe dem Hirschenstein erlebten wir einen Regenbogen zum Greifen nahe. Er hätte mal gerade ein Zimmer überspannt, fassen konnten wir ihn natürlich nicht, aber ich war begeistert. Wir hüpften wie wild herum.

Nach Stunden kehrten wir in unser Adlernest zurück. Schon an der Tür war das Plätschern in der Küche zu hören. Das Wasser hatte Druck bekommen, nachdem alle zu Mittag gespült hatten und im Becken hatte ein Waschlappen den Abfluss verstopft. Auf dem Fußboden war erstaunlich wenig Wasser, nur in einer Ecke. Noch mal Glück gehabt? Leider nicht.

Im Zimmer unter uns hatte der Gustav ein Fass mit Mehl gelagert. Eiserner Vorrat. Wahrscheinlich hatte er es von einem Müller, dem er Holz besorgt hatte. Genau in dieses Fass hatte es getropft. Mami entfernte die oberste matschige Schicht und streute alles bei uns vorhandene Mehl hinein. Noch eine Etage tiefer befand sich das Kontor. Dort arbeitete normalerweise der Buchhalter, aber es war ja Sonntag. Die Decke des Kontors hatte einen riesigen Wasserfleck, und die Schreibmaschine hatte auch schon einiges abgekriegt. Nun muss man wissen, dass alle außer Vati einen Heidenrespekt vor dem Jähzorn und den Flüchen des Urgroßvaters hatten. Vati war sein Lieblingsenkel und der legte ein gutes Wort für alle ein. Wir waren gerettet.

Der Krieg kommt näher

Mein Bruder wurde am 1. September 1943 eingeschult. Ich war damals bei Herrn Herold in der dritten Klasse. Eine Zeitlang waren wir mit drei Jahrgängen in einer Klasse, auch nachmittags war Unterricht. So kam es, dass ich schon ganz hinten, mein kleiner Bruder aber ganz vorne in der ersten Bankreihe saß.

Herr Herold saß als gestrenger Herrscher hinter seinem Katheder. So mancher musste die drei Stufen zu ihm hinaufsteigen, um sich seine Strafe in Gestalt eines oder mehrerer Schläge mit dem Stock oder einem langen Lineal abzuholen.

Mich hatte es nur einmal in der Pause erwischt, weil ein Mädchen mir einen Birnenstiel vorn ins Kleid gesteckt hatte. Klar, dass ich kreischte. Prompt kriegte ich eins mit dem Lineal auf die Finger. Es tat verdammt weh, und ungerecht war es obendrein. Aber von Aufbegehren keine Spur. Respekt? Eher pure Angst.

Trotzdem ging ich immer noch gern zur Schule. Ich sehe den Herold noch, wie er an einem Nachmittag wie eine Schleichkatze sein Pult verließ, sich bis zur hinter uns befindlichen Tür mit dem Stock in der Hand schlich und diese mit einem kräftigen Ruck aufstieß. Jemand hatte von außen leise die Tür einen Spalt breit geöffnet und hineingelauert, den wollte er treffen. Wer das war und ob demjenigen etwas passiert ist, erfuhren wir nie, aber ich begriff, dass der Lehrer gefährlich war.

Der Brüder saß von mir aus gesehen ganz vorne rechts. Wieder einmal verließ Herold sein Pult, diesmal genau auf den Brüder zu. Und dann schlug er ihn mehrmals rechts und links mit dem Lineal ins Gesicht. Das war zu viel. Ich schrie wie am Spieß, verstummte aber, sobald er sich wieder in Richtung Pult bewegte. Ich glaube nicht, dass wir den Vorfall zu Hause erzählten. Der Brüder hatte etwas Verbotenes getan – er hatte in der Nase gebohrt.

Natürlich durfte man nicht in der Nase bohren, auch zu Hause gab es darum strenge Tadel, aber niemals Schläge. Meine Abneigung gegen den ungerechten Lehrer wuchs.

Meine Erinnerungen an diese beiden Schuljahre sind geprägt von kleineren Episoden. Vom Krieg bekamen wir noch nicht viel mit, Fliegeralarm gab es zumindest am Anfang auch nicht. Unsere Welt war noch in Ordnung, aber wir begannen, uns Gedanken zu machen, ob der Krieg nach Saupersdorf kommt.

Bis kurz vor Kriegsende besuchten wir die Schule auf dem Schulhausberg in Saupersdorf, Rosl wurde 1944 eingeschult.

Im vierten Schuljahr bekamen wir einen neuen Lehrer, Karl Gessinger. Er war ganz anders als der ungerechte Herr Herold. Ich lebte auf, begann wieder mit Begeisterung zu lernen. Gessinger war der Freund von „Tante Mary", einer Freundin meiner Mami. Obwohl er mehr Offizier als Lehrer war, kam ich gut mit ihm zurecht, meine Leistungen verbesserten sich und ich fand Anerkennung. Wir lernten, das „Eiserne Kreuz" genau nach Millimeterangaben zu zeichnen, und das machte mir Spaß.

Dass wir im Schönschreibunterricht Namen wie Dnjepr, Smolensk oder Dnjepropetrowsk schreiben mussten, machte mir nichts aus. Ich kannte sie aus dem Heeresbericht und konnte sie auch richtig aussprechen. Im Lesebuch standen tolle Geschichten vom Heldentum deuscher Soldaten, die bis zum letzten Atemzug ihre Geschütze einsetzten. „Natürlich ein Deutscher" war eine Überschrift einer Geschichte. Ich hatte keine Ahnung davon, was ein Heldentod bedeutete, aber ich entwickelte Stolz darauf.

Wir machten „Meldung" und standen alle stramm wie exerzierende Soldaten, wenn der Lehrer das Klassenzimmer betrat. Ich ließ sogar die Klasse beim Verlassen der Schule antreten und führte sie den Schulberg hinunter in einer geschlossenen Gruppe. Sie hörten tatsächlich auf mich. Herr Gessinger hatte mich dazu ausgewählt und ich war stolz darauf. In dieser Zeit entstand sicher der Wunsch, einmal auf die „Adolf - Hitler - Schule" nach Dresden zu kommen.

Im vierten Schuljahr machten wir eine dementsprechende Prüfung. Karl Heinz Lange und ich hatten die besten Ergebnisse. Alle Matheaufgaben richtig, auch die mit der Anzahl der Zaunpfähle um einen rechteckigen Garten. Was ich nicht wusste, war die Tatsache, dass auf der Adolf - Hitler - Schule nur Jungen genommen wurden.

Ich wartete auch fieberhaft darauf, dass ich endlich zum BDM kommen sollte, dann hätte ich sonntags „Dienst" gehabt. Heute weiß ich, dass es ein großes Glück war, noch viel zu jung dafür zu sein. Aber es machte mir später auch klar, wie penetrant erfolgreich die Nazipropaganda auf uns wirkte, denn von meiner Mutter oder von meinen Großeltern wurde ich nie in dieser Richtung beeinflusst. Vati war weit weg und wirkte eher in entgegen gesetzter Richtung. Hatte doch in Schwaan die Büngersche meine Eltern beim Blockwart angezeigt: mein Vater hätte die Internationale gepfiffen und wir Kinder seien dazu um den Tisch marschiert. Mami konnte das im Brustton der Überzeugung ableugnen, aber Vati erzählte ihr beim nächsten Urlaub, dass es stimmte. Glück gehabt!

Einmal saßen wir in Saupersdorf am Vormittag im Unterricht, als der Lehrer mit entsetzten Blicken zum Fenster schaute. Wir spürten sofort, dass etwas nicht stimmte. Wir brauchten auch nur unsere Köpfe zu drehen, dicke Qualmwolken stiegen in unmittelbarer Nähe auf. Unterhalb der Brücke, fast genau gegenüber von unserem Haus, brannte eine Fabrik. Natürlich stürmten alle zu den Fenstern, da konnte der Lehrer brüllen wie er wollte. Aber nur einer durfte die Schule verlassen. Es war Horst Glass. Seine große Familie wohnte oben in der Fabrik. Alle konnten das brennende Gebäude rechtzeitig verlassen, aber ihre ganze Habe verbrannte. Das, was sie aus den Fenstern geworfen hatten, war auch hin. Später wurde alles Mögliche an Hausrat für sie gesammelt und die Familie kam in einem Bauernhaus an der Schneeberger Straße unter. Dort lernte ich bei Frau Glass das Klöppeln. Einige Jahre nach dem Krieg wohnten sie in der oberen Wohnung draußen bei uns im Wald.

Weil wir 1943 -1945 bei Gustav wohnten, hatte ich mich mit Lisa Bär angefreundet. Sie war ein Jahr älter als ich und wohnte ganz unten im ersten Haus. Sie besaß eine herrliche Puppenstube. Manchmal spielten wir damit Familie. Dabei steckten wir zwei Puppen ins Bett, wickelten sie ein und „fanden" dann später eine kleine Babypuppe. Genaue Zusammenhänge blieben uns aber doch verborgen, umso wacher entwickelten wir Phantasien, obwohl andere Dinge, die sich beispielsweise ums Essen drehten, wichtiger waren.

Unten von der Bachbrücke konnten wir unsere Küchenfenster gut erkennen. Ich war mal wieder bei Lisa vor dem Gartentor, wir wollten zusammen spielen.

Mami hatte einen Topf mit Pellkartoffeln zum Abkühlen außen auf den Fensterstock gestellt, der dampfte noch. Da sagte Lisa: „Habt ihr wieder den Specknapf rausgestellt?"

Ich ärgerte mich fürchterlich. Nicht nur, dass ich wusste, dass es nur Kartoffeln waren. Lisa sagte das in so einem hässlichen Tonfall, dass beinahe unsere Freundschaft aus war. Es tat mir weh, dass sie dachte, wir hätten mehr als andere, weil unsere Großeltern die kleine Landwirtschaft hatten. Dabei bekamen wir ja noch nicht einmal Lebensmittelkarten, denn wir galten als „Selbstversorger". Aber es war eben auch eine Zeiterscheinung, dass die Menschen neidisch waren.

Ich konnte damals schon ganz gut stricken, aber Garn gab es nur, wenn ein alter Pullover aufgetrennt wurde. Jedes Restchen war kostbar. Mit Lisa entdeckten wir einen Abfallhaufen in der Spinnerei hinter dem damaligen Bauerngut von Häberer.

Dort lagen alte Pappspulen. Manchmal befanden sich noch Garnreste dran, die aber dünn wie Nähgarn waren. Trotzdem wickelten wir sie sorgfältig zu kleinen Knäueln ab. Dann wurden vier kleine Knäuel zu einem dickeren Faden zusammen gewickelt. Es war aber sehr mühsam, mit dem vierfädigen, unverzwirnten Garn zu stricken. Ich hab oft vor Wut geheult, weil ständig alles verfitzt war. Trotzdem schaffte ich es, mehrere graue und rote Rechtecke und Quadrate zu einem Kissen zusammenzusetzen.

Da Stricken und Häkeln allein weniger Spaß macht — es sollte ja auch nicht jeder sehen, was wir da fabrizierten — fuhren wir mit der Bimmelbahn nach Kirchberg. Das Material hatte ich ordentlich in ein kleines Köfferchen gepackt. Damit marschierten wir bis zum Lutherplatz, setzten uns auf eine Bank und arbeiteten, bis es Zeit war für die Rückfahrt. Für uns waren es die ersten winzigen Schritte fürs Reisen in die große weite Welt. Fahrgeld hatten wir natürlich ordnungsgemäß bezahlt, es dürften zwanzig Pfennige gewesen sein. Auch wenn es noch kein Taschengeld gab, ein paar Groschen waren immer in meiner Tasche. Zu kaufen gab es ja nichts.

Die beiden Winter im Möckelshaus brachten uns aber auch eine Menge sehr schöner Kindheitserlebnisse. Der ganze Möckelsberg wurde in eine Rodelbahn verwandelt, die Schnittgerinne — schräg über die Straße laufende Rinnen zum Wasserabfluss — waren herrliche Sprungschanzen. Niemand streute, wir Kinder durften bis in die Dunkelheit hinein „ruscheln". Nur unten am Ende hieß es aufpassen. Da war das Brückengeländer, nach der Brücke die Schienen der Bimmelbahn und dann kam die Straße.

Wer geschickt genug war, bog vorher beim Häberer rechts ab und fuhr noch ein Stück den Steig runter. Das ging aber nur, wenn man nicht zu schnell war. Auf der Brücke war genug Platz zum Bremsen, aber aufpassen 7musste man schon. Streng verboten war für uns „Baucherle" zu fahren. Das schaffte mehr Geschwindigkeit und damit die Notwendigkeit, mit den Schuhspitzen zu bremsen, machte aber die Schuhe allzu schnell kaputt.

Ich hielt mich an Mamis Verbot, Rosl blieb gar nichts anderes übrig, nur der Brüder war recht mutig. Ein paar Mal ging es auch gut, er kriegte die Kurve beim Häberer. Dann wurde die Bahn schneller. Ob er nun die Schuhspitzen schonen wollte oder schlicht und einfach die Kurve nicht packte, wusste er wahrscheinlich selbst nicht so genau. Jedenfalls schoss er auf dem Bauch liegend durch das Geländer und war erstmal weg. Zum Glück hatten die Sägewerksarbeiter die Einfahrt zur Schneidmühle vom Schnee frei geräumt und die Schneemassen in den Bach gekippt. Weil wenig Wasser im Bach war, hatte sich der Schnee aufgetürmt und wohl auch das Wasser etwas gestaut. Rudi landete also auf dem Schneehaufen und rutschte dann langsam ins eiskalte Bachwasser. Jetzt war guter Rat teuer. Natürlich musste er schnell in trockene Tücher. Mami war aber nicht da. Bertholds Günther half. Gemeinsam brachten wir das schlotternde, triefende Bündel nach oben und mit Bettzeug in die Küche aufs Sofa. Günther heizte den Küchenherd an – das hätte ich mich nie getraut! Vom Rudi sah man kaum noch die Nasenspitze, und auch die verschwand, als Mami kam. Ich weiß noch, dass ich sagte: „Du brauchst uns nicht zu hauen, der Günther hat das Feuer angemacht und der Brüder ist schon wieder trocken."

Fliegeralarm

Auf dem Weg vom Dorf bis zum Waldhaus gab es früher außer zu den heute noch teilweise vorhandenen Apfelbäumen an der Senke in der Nähe des Kreuzweges eine wunderschöne doppelstämmige Birke. Dort fanden wir manchmal Birkenpilze mit dicken Stielen und dunkelbraunen Kappen. Herrlich! Direkt unterhalb unseres Grundstückes standen zwei sehr große Linden. Bei einer war durch den strengen Frost der ganze Stamm aufgerissen. Mami erzählte immer, sie hätte einen lauten Knall gehört, als das passierte. Der Baum überlebte es um etliche Jahre, aber der breite Riss wurde immer dunkler.

Der Linde auf der Nordseite der Straße hatte man beim Bau der Gasleitung 1944 viele Wurzeln abgehackt. Der Baum kränkelte schon bald nach dieser unterirdischen Verstümmelung.

Unmittelbar unterhalb des Zaunes stand eine große Eberesche. Wie ich an ein Taschenmesser gekommen bin, weiß ich nicht mehr, wahrscheinlich entdeckte ich es in irgendeiner Schublade und nahm es einfach mit. Die Eberesche war der einzige Baum, der es zuließ, beschnitzt zu werden. Seine Rinde war weicher als die der anderen Bäume. Mit Hingabe ritzte ich mein Monogramm tief hinein, so dass es jeder sehen konnte. Ich war stolz auf mein Werk.

Als abends der Großvater von der Arbeit kam, war es noch hell draußen, und so blieb ihm das Monogramm auch nicht verborgen. Beiläufig erzählte er mir etwas vom „Polizeier", von Strafe und vom Baum, der jetzt sterben müsste.

Ich muss wohl sehr rot geworden sein und gab auch schnell zu, dass ich das getan hatte. Ich wunderte mich aber noch lange, wieso der Großvater das so schnell rausgekriegt hatte. Kunststück – mit meinem eigenen Monogramm!

Aber die Art und Weise wie er mich zu dem schnellen Geständnis gebracht hatte, vergrößerten meine Achtung und meinen Respekt. Ich liebte ihn, er war der wichtigste Mensch, der an Stelle meines Vatis stand.

Im Sommer 44 hatte der Urgroßvater Gustav vor den Eingang in den Keller im Garten einen Splitterschutz bauen lassen. Dicke Balken waren schräg gegen das Haus wie Stützen angebracht. Darauf lagen ebenso dicke Balken waagerecht vom Boden bis zur Spitze der Stützbalken. Holz hatte die Firma Zimmerlieb ja schließlich genug und Zimmerleute auch.

An einem strahlend hellen Tag in der Mittagszeit gab es plötzlich Alarm. Frau Leistner aus der Wohnung im ersten Stock hatte den Garten voll Wäsche gehängt. Alle Bewohner flüchteten in die Waschküche hinter dem Splitterschutz. Mami war aber unterwegs. Zwischen zwei Anflügen von Tiefliegern erreichte sie das Gartentor und auch noch die wenigen Schritte zum Splitterschutz. Der Urgroßvater stand unter dem Türstock zu den hinteren Kellerräumen, zog den Brüder zu sich heran und hielt ihn fest mit den Worten: „Komm, Gung, dos is de beste Stell!"

Beim nächsten Anflug schossen die Tiefflieger mit Bordwaffen. Es prasselte entsetzlich und Frau Leistner schrie: „Mei Wäsch, mei Wäsch!" worauf die Mami zurückschrie, dass sie mit dem Gejammere um die Scheißwäsch aufhören soll.

So plötzlich wie alles gekommen war, wurde es auch wieder still, aber es dauerte eine ganze Weile, bevor wir uns raustrauten. Der Wäsche war nichts passiert, aber im Dach vom Sägewerk gab es eine ganze Menge Einschüsse, immer in einer langen Reihe, wie aufgeschlitzt. Die Flieger kamen an dem Tag nicht mehr wieder.

Später erlebte ich noch einmal Tiefflieger auf dem Weg zur Großmutter am Wald. Ich hatte Deckung an einer Böschung in der Nähe vom Weg gesucht. Die Angst war furchtbar, obwohl alles nur Sekunden dauerte. Geschos-

sen wurde da auch nicht, aber von Fliegern hatte ich oft
Albträume.

Seit 1944 spitzten sich auch bei uns die Ereignisse im
Zusammenhang mit dem Krieg zu. Plauen wurde bom-
bardiert. Unsere Großeltern väterlicherseits wurden aus-
gebombt. Rammlers Vater – das war für uns ein steheder
Begriff – kam mit seiner zweiten Frau Tante Marthale zu
uns ins Waldhaus. Er war Beamter im Plauener Gefäng-
nis. Das Markanteste an ihm war seine spiegelblanke
Glatze. Die leibliche Mutter unseres Vaters war bei einem
Autounfall in Thoßfell im Vogtland schon vor meiner
Geburt ums Leben gekommen.

Das Verhältnis zum Schwiegervater war seitens unserer
Mami nicht besonders gut. Ich war noch sehr klein, als
sie mir beibrachten, wie ein Beamter geht: Hände auf
dem Rücken, Kopf hoch und langsam gemessenen Schrit-
tes durch die Küche marschieren. Er war geizig, nie
brachte er etwas mit, aber immer deutete er an, wenn er
einmal in der Lotterie gewinnen sollte, würden wir auch
etwas bekommen.

Er verwöhnte uns nicht, gewann aber auch nie in der
Lotterie.

Aber er spielte siebzehn Instrumente. Gelernt hätte er als
erstes, die große Trommel in Dresden in einer Militärka-
pelle zu spielen. Er erzählte uns, dass er täglich neben der
spielenden Kapelle her gelaufen wäre. Als der Trommler
ausfiel, habe er die Trommel übernommen, wäre aber
noch zu klein gewesen, um darüber zu gucken, deshalb
hätte er sich immer an den Spielern rechts und links neben sich orientiert. Die Geschichte imponierte mir, ob
dabei auch die Phantasie des Erzählers eine Rolle spielte,
weiß ich nicht.

Zur Hochzeit schenkte er meinen Eltern zwei Aquarelle,
die ein Gefangener gemalt hatte. Sie hingen noch nach
dem Krieg im Haus am Steig in Saupersdorf über den

Nachtschränkchen. Mir gefielen sie gut, sie zeigten Landschaften mit Birken, aber als Hochzeitsgeschenk waren sie keineswegs zeitgemäß. Von den Eltern bekam man zu der Zeit eher ein Schlafzimmer oder eine Küche.

Das Studium unseres Vaters hatten seine Eltern offensichtlich auch nicht unterstützt, musste er sich doch das nötige Geld fürs Wintersemester im Sommer in der Schneidmühle verdienen. Die Baumeisterprüfung machte Vati vor dem Krieg im Waldhaus zwischen schreienden Kindern im Licht der Petroleumlampe. Aber da seine Eltern ausgebombt waren, wohnten sie eben jetzt bei uns.

Der erste Bombenangriff auf Plauen erfolgte am 12.September 1944. Es gab so viele Angriffe auf die Stadt, dass am Ende des Krieges Plauen zerstörter war als Dresden. Es war also kein Wunder, dass die Großeltern im Waldhaus blieben.

Auch wenn wir von den Bombenangriffen nicht direkt betroffen waren, wuchs die Angst mit jedem Bomberverband, der unser Gebiet überflog. Immer häufiger kamen sie am helllichten Tag. Sehr oft wurden lange Silberstreifen abgeworfen, über deren Funktion eifrig spekuliert wurde. Wir sammelten sie ganz gerne zum Spielen auf. Aber wir wurden auch immer wieder gewarnt vor vergifteten oder explosiven kleinen Gegenständen, die besonders bei Kindern beliebt waren und von amerikanischen Flugzeugen abgeworfen wurden.

Mami hörte im Dorf ständig einen verbotenen Sender aus dem Alpengebiet, „Sendegruppe Rot-Weiß-Rot" nannte er sich. Auch das Zeichen des Londoner Rundfunks hatte ich lange in den Ohren. Ich wusste genau, dass das verboten war, aber dort erfuhr man immer, wohin die Bomberverbände im Anflug waren.

Manchmal sahen wir sie auch ganz hoch am Himmel in der Sonne blitzen. Das Gewummere ließ die Luft erzittern. Es machte schreckliche Angst, obwohl wir wussten, dass die ganz hoch fliegenden Bomber uns nichts anhaben würden.

Sehr oft flüchteten wir dann ein Stück in den Wald in einen winzigen Steinbruch. Dort hatten wir uns schon richtige Sitzgelegenheiten auf Steinen zurecht gemacht. Dort trafen wir auch meistens den Bertholds Paul. Er hatte an der Front ein Bein verloren. Trotz seiner hölzernen Krücken, die bis unter die Achseln reichten, kam er in den Wald, weil er sich dort sicherer fühlte. Wenn die Bomber über uns dröhnten, fing sein Beinstumpf ganz schrecklich an zu zittern. Ich ahnte, dass er Schreckliches erlebt haben musste.

Manchmal stellten wir uns vor, dass eine Bombe direkt in unseren Steinbruch fallen könnte, dass eine Leuchtspur vor uns runter käme und ihr den Weg zeigte. Auch wenn das natürlich nicht geschah, war auch nicht zu übersehen, dass die Bomben immer näher kamen. Die Erwachsenen machten sich ständig Sorgen um die Ziele der Umgebung, es gab Brücken genug: die Elstertalbrücke, die Götzschtalbrücke, die Autobahnbrücke in Wilkau-Haßlau. Jeder wusste, dass die Werke von Audi und Horch in Zwickau als Ziele in Frage kamen. Wir fühlten uns am sichersten im Wald.

Dann kam der Abend des 13. Februar 1945. Es lag wenig Schnee, aber es war sehr kalt. Waren es die Nachrichten aus dem Radio oder das Geschehen am nächtlichen Himmel? Immer mehr Leute kamen den Möckelsberg herauf. Ich war mit Mami und anderen Hausbewohnern ebenfalls den Berg hinauf gelaufen, bis rechts das freie Feld begann. Dabei wurde es immer heller.

Über uns standen unzählige Leuchtkerzen, Christbäume genannt. Scheinwerfer der Flak tasteten den Himmel ab. Die ganze Umgebung dröhnte. Einzelne Flugzeuge blitzten in den Bomberschwärmen auf, manchmal auch an der Kreuzung zweier Scheinwerferstrahlen. Dann freuten wir uns, hatte die Flak doch einen erwischt. Geschossen wurde nicht, denn dafür flogen die Bomber viel zu hoch.

Es dauerte ziemlich lange, bis sie über dem Forst im Dunkeln verschwanden. Genau dort zeigte sich über den schwarzen Baumwipfeln wenig später ein rot-gelber Lichtschein. Es sah aus, als würde bald die Sonne aufgehen. Der Lichtschein vergrößerte sich rasch, stieg weiter in den Himmel auf und wurde breiter und breiter.

Die Leute fingen an zu rätseln, wo es denn brennen würde. Der Wald konnte es nicht sein, hatten wir doch keine Explosionen gehört. Einige meinten, es müsste Chemnitz sein, andere widersprachen, der Ort liege viel weiter links. Jemand sprach von Dresden. Unmöglich. Dresden war fast hundert Kilometer von uns entfernt. Niemand konnte sich vorstellen, woher dieser riesige Feuerschein kam.

Wir standen wie versteinert, starrten angstvoll in den Himmel und flüsterten nur noch. Von Westen her wummerten neue Schwärme von Bombern heran. Dass sie so langsam flogen, steigerte unsere Angst nur noch mehr.

Lange Zeit spürten wir die Kälte nicht. Fliegeralarm hatte es keinen gegeben. Eng aneinandergeklammert und zitternd gingen wir mit eisigen Füßen das kurze Stück zum Haus zurück.

In den folgenden Tagen gab es überall nur noch ein Thema: Dresden. Was würde noch auf uns zukommen? Die Angst wuchs und wuchs, nicht nur bei mir.

Wann Vatis letzter Urlaub war, weiß ich nicht mehr genau, aber an den Abschied erinnere ich mich gut. Wir saßen alle fünf in der Küche auf dem Möckelsberg. Die Stimmung war mehr als gedrückt. Die Eltern machten Andeutungen, dass der Krieg nicht mehr lange dauern könnte. Rudi und ich wollten aber etwas tun. So schlugen wir vor, den Vater an das Tischbein zu binden, damit er bleiben müsste. Einen Strick hätten wir schon gehabt, aber wir erkannten trotzdem, dass unser Unterfangen nicht auf Dauer erfolgreich bleiben konnte.

Mami brachte unseren Vati noch zur Bimmelbahnhaltestelle. Es war schon dunkel, wir mussten zu Hause bleiben.

Über die letzten Kriegstage weiß ich noch, dass in Lisas Haus eine weiße Fahne gehisst wurde, das war vermutlich der 17. April. Die Fahne verschwand aber wieder, da mit Erschießungen gedroht wurde. An den Zufahrtsstraßen nach Kirchberg wurden tagelang Panzersperren errichtet, doch davon hatte ich nichts mitbekommen.

Am 18. April lief ich mit Lisa nach Kirchberg. Den Grund weiß ich nicht mehr, aber es war wohl Neugier. Wir befanden uns etwa am Lutherplatz, der immer ein beliebtes Ziel war, als die Sirenen losheulten. Panzeralarm. Er hörte sich ganz anders an als Fliegeralarm. Uns saß die blanke Angst im Nacken und wir rannten und rannten so schnell wir nur konnten.

Auf der Straße passierte nichts. Die Sirene war schlimm genug. Total außer Atem keuchte ich den Berg hinauf. Im Haus im Dorf war niemand zu Hause! Ich konnte das einfach nicht fassen, fühlte mich im Stich gelassen und schrecklich allein. Also weiter. Noch ein Stück bergauf, dann am Park entlang. Da konnte ich wieder rennen. Ich glaubte in Richtung Sauersack am Waldrand einen Panzer zu sehen, aber das lag nicht in meiner Richtung. Ich konnte unser Haus im Wald gut sehen, das gab mir Kraft. Die Birken unterhalb des Hauses zeigten erstes zartes Grün, die Sonne schien und so konnte ich die roten Klinker mit den gelben Randsteinen deutlich erkennen. Dort würde ich sicher sein, dort waren die anderen.

Nach meiner Ankunft sprach übrigens keiner über meine Ängste, ich hatte auch gar nicht das Bedürfnis, es war erstmal alles gut.

Abends stand Mami mit Großvater am kleinen Fenster im Schlafzimmer. Sie fragte ihn, was sie denn nun machen sollte, aber er konnte ihr auch keinen Rat geben. Etwa fünfhundert Meter unterhalb des Hauses am Kreuzweg sahen wir ein kleines Feuer nach der Explosion einer Granate. Das war der Anfang eines zwanzig Tage dauernden Beschusses.

In aller Eile wurde Bettzeug in den Keller gebracht und ein Lager für uns alle hergerichtet. Wir schliefen voll angezogen, ich hatte sogar ein Paar ganz neue Schuhe an, die hatte Mami für mich beim Schuster in Hartmannsdorf ergattert. Nur der Großvater schlief weiterhin oben in seinem Bett. Es war wohl sein Verantwortungsgefühl für die ganze Familie, er wollte die Übersicht behalten.

Der Artilleriebeschuss erfolgte nicht ununterbrochen, es gab Pausen. Wir lernten, die Geräusche der Granaten zu unterscheiden. Der Abschuss klang ganz anders als der Einschlag. Dazwischen war ein orgelndes Pfeifen. Wenn wir dieses Pfeifen hörten, dann wussten wir, dass die uns nicht mehr treffen konnten, sie flogen über uns hinweg.

Zeitweise wimmelte es nur so von Soldaten auf dem ganzen Gelände. Einige Offiziere hatten Großmutters gute Stube zu ihrem Befehlsstand gemacht. Wir durften sie nicht mehr betreten.

Eines Tages kamen zwei Soldaten mit einem geschossenen Rehbock aus dem Wald. Er wurde unter dem „Schauer" zwischen Wohnhaus und Stall auf der Leiter aufgehängt und ausgenommen. Die Soldaten waren sich nicht gleich einig, wer ihn essen durfte. Einer rief „einer für alle", ein anderer widersprach, es müsste doch heißen „alle für einen". Gemeint war in diesem Fall, ob die Soldaten wohl die Offiziere mit vom Braten partizipieren lassen würden. Ich ahnte, dass dieser Streit sehr ernst gemeint war.

Mami erbot sich, Reis zu kochen, unten im Keller im großen Waschkessel. Reis hatte es bei einer Verteilaktion einige Tage vorher im Dorf in größeren Mengen gegeben, so war genug vorhanden. Wir bekamen sogar ausreichend vom wunderbaren Fleischreis ab. Mami konnte eben gut kochen.

Den Soldaten dürfte er auch gut geschmeckt haben, denn schon bald versuchten sie, wieder zu jagen, diesmal aber vom Misthaufen aus. Von dort konnte man auf eine mit Gras bewachsene Lichtung am Waldrand sehen. Auf diese Lichtung kamen gegen Abend immer mehrere Rehe mit ihren Kitzen. Ich konnte sie vom Abortfenster aus beobachten. Ich stand auf dem Plumpsklo, das Fenster war offen. Die Rehe grasten ruhig wie immer. Ein Soldat legte an. Ich stand wie gelähmt, wollte eigentlich schreien, aber die Angst schnürte mir die Kehle zu. Als der Schuss knallte, rasten die Tiere ein-, zweimal in einem engen Kreis herum und verschwanden dann im Wald. Ich war unendlich erleichtert, dass der Soldat danebengeschossen hatte, obwohl die Tiere zum Greifen nahe standen. Meine geliebten Rehe waren gerettet.

Tagsüber bewegten wir uns, vorausgesetzt es war ruhig, ganz normal auf dem großen Grundstück, aber bis ins Dorf traute sich nur Mami, wahrscheinlich, um zwischendurch nach dem Rechten zu schauen. Wir hatten keine Ahnung, was inzwischen in Saupersdorf oder in Kirchberg passiert war. Die Soldaten waren auch nicht immer da.

Einmal hörten wir wieder Einschüsse, die aus Richtung Hartmannsdorf immer näher kamen. Ein einzelner Soldat versuchte, unser Haus und damit den schützenden Waldrand zu erreichen. Er schaffte es auch, indem er wie ein Hase immer im Zickzack lief und sich zwischendurch hinwarf.

Großvater sprach dann umgehend mit einem der Offiziere, er machte sich Sorgen, dass die Amis das Haus direkt unter Beschuss nähmen, wenn sie erst wüssten, dass dort Militär läge. Hinzu kam, dass an manchen Tagen die „lahme Ente" sehr niedrig über uns hinweg flog. Das war ein Aufklärungsflugzeug. Immer, wenn es auftauchte, wurde danach der Beschuss stärker. So arbeiteten wir wie besessen, weil einmal nachts infolge des Granatbeschusses mehrere Bäume direkt vor dem Tor auf die Straße gestürzt waren. Ast um Ast wurde hastig abgesägt und in den Wald gezogen. Mami sagte: „Wenn die das sehen, denken sie es ist eine Panzersperre und ballern uns kaputt!"

In der Nacht zum 2. Mai, ich weiß das so genau, weil Großmutter an dem Tag Geburtstag hatte, ging Großvater zum ersten Mal mit zum Schlafen in den Keller.

Ich wurde durch einen furchtbar dröhnenden Einschlag wach. Ich hatte das Gefühl, das ganze Haus sei durch ein riesiges, fauchendes Ungeheuer hochgehoben worden. Gleich darauf folgte ein zweiter, genau so heftiger Schlag.

Am nächsten Morgen sahen wir die ganze Bescherung. Zwei Granaten waren genau vor dem unteren Zaun eingeschlagen und hatten zwei große Trichter im Acker hinterlassen. Ich schätzte ihren Durchmesser auf zwei bis drei Meter. Ein Splitter hatte den Rollladen neben Großvaters Bett durchschlagen, den Bettpfosten gestreift und oben in der Wand zur Küche klaffte ein faustgroßes Loch. Wir waren sicher, dass der Großvater nicht überlebt hätte, wenn der Splitter von der zweiten Granate stammte. Nach dem ersten Einschlag wäre er mit Sicherheit aufgestanden und hätte in der Schusslinie auf der Bettkante gesessen.

Ob den Splitter jemals jemand entfernt hat, weiß ich nicht, aber ich glaube eher, dass er dort bis heute steckt.
Am 1. Mai zerstörten amerikanische Panzergranaten den Borbergturm von der Niedercrinitzer Str. aus, am 2.Mai

fiel der Schießhausbergturm und der Turm der Carolawarte in Burkersdorf.

Flucht in den Steinbruch

In diesen Tagen kamen immer mehr Leute aus dem Dorf und aus Kirchberg, die in der Scheune Schutz suchten. Großvater zählte über fünfzig. Sie schliefen im Heu und auf den Strohballen. Großvater hatte mit Wasser gefüllte Zinkeimer in der Tenne aufgestellt und die Leute förmlich angebettelt, keine Streichhölzer anzuzünden. In der Tenne waren bis zur Decke Panzerfäuste gestapelt.

Die Angst vor einem Treffer wurde immer größer, und nach der letzten Nacht fühlte sich Mami auch im Keller nicht mehr sicher. Sie hatte am späten Nachmittag Paul Berthold mit seinen Krücken gesehen, als er vom Park her auf eine Scheune zuhinkte, die etwa zweihundert Meter vor dem Waldrand stand. Im Wald selbst gab es einen größeren Steinbruch mit einem ganz schmalen Zugang wie ein Hohlweg zwischen Felsen hindurch.

Mami sprach noch einmal mit Großvater. Nicht auszudenken, was im Falle eines Treffers oder eines Brandes durch die vielen Panzerfäuste passieren würde. Alles könnte in die Luft fliegen. Aber der Wald war auch nicht sicher, da sie nicht wussten, wie weit die Soldaten entfernt waren. Mami hoffte wohl, Paul zu treffen, dann wären wir nicht so allein gewesen, denn Großvater wollte das Haus nicht verlassen.

Sie wartete, bis es dunkel wurde, dann machten wir uns auf den Weg. Ich kann mich nicht erinnern, dass wir etwas mitgenommen hätten. Etwa zweihundert Meter vom Haus entfernt gab es eine Stelle, dort zog sich der Birkenwald in einem Dreieck den Hang herunter. An seiner Spitze hatte der Bauer Steine und Quecken aufgeschüttet. Von dort aus konnte man eine zweite Waldspitze sehen, die sich aber mehr als doppelt so tief den Hang herunter zog. Dieser Wald bestand aus relativ jungen Fichten und war sehr dicht und dunkel, aber man konnte hineingehen, da die unteren Äste vertrocknet waren. Irgendwo dahinter sollte der Steinbruch sein. Zwischen beiden Waldspitzen war ein Kleefeld auf dem recht steilen Hang.

Wir hatten gerade die Birkenwaldspitze erreicht, als von schräg oben mehrere Gestalten auf uns zukamen. Es waren drei Männer in merkwürdig gestreifter Kleidung. Sie fuchtelten mit den Armen und sprachen eine uns unbekannte Sprache. Mami rief uns zu: „Rennt, rennt so schnell ihr könnt in den Wald, unten an der Spitze." Jeder rannte für sich allein. Ich war die Erste, aber es war furchtbar, den stockdunklen Wald zu betreten. Rosl, Rudi und Mami waren dicht hinter mir. Einer nach dem anderen wurde von der Dunkelheit des Waldes verschluckt. Mami hielt uns erst mal fest umschlungen und beruhigte uns. Nur nicht reden, ganz still bleiben! Keiner von uns weinte, die Angst war viel zu groß. Weil wir recht dicht am Rand standen, konnten wir auch noch ausmachen, dass die Gestalten uns nicht gefolgt waren. Aber der Weg zurück zum Haus war abgeschnitten.

Leise tasteten wir uns vorwärts. Dann waren wir auf dem Weg, der zum Eingang des Steinbruches führte. Es war etwas heller, hier gab es nur niedriges Gestrüpp, da der Weg nicht mehr benutzt wurde. Mami wurde immer aufgeregter, ging ein paar Mal hin und her und sagte ganz verzweifelt: „Hier muss es doch sein, hier muss es sein."

Plötzlich hörten wir einen Mann vor uns im Gebüsch: „Wo wollen sie denn hin?"

„Wir kommen vom Nicolls Haus, das ist voller Panzerfäuste und wir wollen in den Steinbruch."

Er zog uns an abgeschnittenen Birkenstämmen vorbei in den Hohlweg. Dort steckte ein gut getarnter Treckwagen, die Pferde waren noch angespannt und wieherten leise. Der Flüchtlingsbauer Ulbrich war mit seiner ganzen Familie in den Hohlweg gefahren und hatte den Eingang mit abgeschlagenen Birken verbarrikadiert.

Der Wagen war voll Getreidesäcke, das konnte ich fühlen, sehen konnte ich nichts. Der Bauer wies jedem von uns einen Platz zu. Decken gab es genug, aber ich traute mich nicht, mich auch nur einmal umzudrehen.

Die ganze Nacht über dauerte schwerer Beschuss an. Abschuss – Heulen – Einschlag. Alles war entsetzlich nahe, an Schlafen war kaum zu denken. Bei der kleinsten Bewegung stöhnte jemand und von vorn kam sofort: „Pssssst".

Manchmal hörte ich, dass Mami mit dem Bauern leise flüsterte, verstehen konnte ich nichts.

Mami befürchtete, dass das Haus getroffen worden wäre. Herr Ulbrich erbot sich, in der Morgendämmerung nachzusehen. Er fragte, ob sie mit einem Revolver umgehen könne, was sie verneinte. Er erklärte es und übergab ihr die Waffe. Jetzt war sie verantwortlich für den Treckwagen.

Sie saß auf dem Kutschbock, die Pistole fest umklammert auf ihrem Schoß. Schon nach kurzer Zeit raschelte es neben dem Treckwagen. Neben Mamis Füßen tauchte ein Kopf mit einer Sträflingsmütze auf. Der Mann stammelte „Kamerade, wo ist?" Mami hatte schreckliche Angst, dass er den Revolver entdecken könnte. Sie versuchte ihn neben sich zu verbergen und zeigte zum Ausgang. „Da, Kamerade!" Und der Mann verschwand tatsächlich.

Schon bald danach kam Ulbrich zurück.

„Ich habe eine schlechte Nachricht, alles scheint kaputt zu sein, aber ich war nicht weit genug dran, habe nicht alles genau gesehen, wir müssen abwarten bis es richtig hell ist."

Für Mami muss es eine Ewigkeit gedauert haben, bis sie sich selbst auf den Weg machen konnte. Wir waren inzwischen vom Wagen geklettert und weiter in den Steinbruch hinein gekrochen. Erst jetzt konnten wir sehen, dass sehr viele Menschen hierher geflüchtet waren. Manche waren sogar schon länger da und hatten sich richtige Lagerplätze angelegt.

Endlich kam auch Mami zurück. Das Haus stand noch. Es war beschädigt, die Fensterscheiben zersplittert und unterhalb des Hauses herrschte ein chaotisches Durcheinander von teilweise umgestürzten Birken, aber Menschen waren nicht verletzt oder gar getötet worden. Der Beschuss hatte aufgehört, es herrschte wunderbares warmes Wetter.

Trotzdem blieben wir noch den ganzen Tag im Steinbruch. Neben uns lagerte eine Familie aus dem Dorf, wir kannten sie nicht, die Frau sprach schlesischen oder ostpreußischen Dialekt. Sie wollte ins Dorf gehen und Essen holen, sie hätte doch so schönen Spiergel gekocht. Mami verstand „Spargel" und fragte, woher sie den denn jetzt schon hätte. Das Missverständnis – gemeint war mit Spiergel Schweinebauch – wurde geklärt und die Frauen lachten.

Am Nachmittag kam Großvater und holte uns nach Hause. Die vielen Panzerfäuste aus der Tenne waren mitsamt den Soldaten verschwunden. Aber jetzt konnten wir auch sehen, warum unser Haus den nächtlichen Beschuss so glimpflich überstanden hatte. Nahezu alle Birken unterhalb des Hauses lagen kreuz und quer durcheinander. Wir zählten um die dreißig. Es mussten mehrere Panzergranaten darin explodiert sein.

Rudi und ich suchten eifrig nach Splittern. Bizarr gezackte, messerscharfe Kanten ließen uns erahnen, was diese anrichten konnten. Manche fühlten sich sehr warm an. Natürlich meinten wir, das käme noch von der Explosion, dass es die Sonne war, erschien uns viel zu banal.

Am Queckenhaufen, an dem uns in der Nacht zuvor die furchterregenden Gestalten begegnet waren, machte jemand eine grausige Entdeckung. Ein Fuß mit einem Holzschuh dran ragte aus dem Haufen hervor.

Einer der herumirrenden Gefangenen (wie wir später erfuhren, war bei Zwickau ein Lager mit russischen Gefangenen geöffnet worden) war offenbar in der Nacht verhungert und dort verscharrt worden.

Mehrere Männer begruben ihn in dem Birkenwäldchen. Niemand erfuhr davon.

Wir Kinder gingen aber noch oft zu dieser Stelle und entdeckten dabei, dass der Fuchs gegraben hatte. Manchmal nahmen wir sogar Freunde mit und erzählten von unserem Geheimnis. Einer der Freunde nagelte ein Birkenkreuz zusammen und setzte es auf das Grab, das schon bald überwuchert wurde, sodass es nach kurzer Zeit nicht mehr zu sehen war.

Großvater durchstreifte mehrfach den uns an drei Seiten umgebenden Wald, aber wir Kinder durften das nicht mehr. Es lag haufenweise Munition herum, viele Menschen irrten umher, der Krieg war ja noch nicht zu Ende.

Auf einem der Streifzüge traf er auf zwei halbverhungerte Menschen. Der Mann in Zivil sprach etwas deutsch, er war Belgier. Die Frau schien seine Mutter zu sein, sie war Spanierin und sprach kaum Deutsch. Großvater nahm sie erst mal mit nach Hause. Die beiden hießen Jacques und Mercedes und bekamen die Kammer oben links neben unserer früheren Küche. Sie konnten sich erst einmal in der Waschküche im Keller richtig waschen. Großmutter machte ihnen zwei Betten zurecht und sie bekamen zu essen. Noch am gleichen Tag fertigte sich Mercedes aus aufgeweichtem Zeitungspapier Lockenwickler, es schien ihr im Moment das Wichtigste auf der Welt zu sein.

Fortan gehörten die beiden zu unserer Familie. So legten unsere Großeltern den Grundstein für unser Verhalten zu Fremdem: Ängste konnten sich erst gar nicht entwickeln.

Schon unser „Kriegsgefangener" Marius war stets wie ein Familienmitglied behandelt worden. Es stellte sich bald heraus, dass Jacques Schneider von Beruf war. Die Fabrik, in der Großvater während des Krieges verantwortlich tätig war (ich glaubte lange, sie gehöre uns) war angefüllt mit Stoffen für Uniformen, Fliegerstiefeln und seltsamerweise auch mit Musikinstrumenten.

In den Tagen des schlimmsten Beschusses war Großvater nicht im Dorf. Zu der Zeit wurde die Fabrik geplündert. Sogar von Schneeberg kamen die Leute und holten, was sie erwischen konnten. Aber Futterstoff in grau und blau hatten wir aus verschiedenen Verteilaktionen der Textilfabriken im Dorf in Hülle und Fülle.

Zum Glück gab es auch eine Nähmaschine im Haus. So begann Jacques aus Dankbarkeit unsere ganze Familie einzukleiden.

Mami bekam eine Kittelschürze mit einer Tasche auf der Brust. Auf der Tasche prangte ein mit der Maschine gekurbeltes großes „A". Jacques konnte das „H" von Hanni nicht aussprechen, er sagte „Anni". Es wurde viel gelacht. Jacques schönster Satz war: „Anni, isch machen für sie eine Altenbüster."

Er meinte natürlich einen Büstenhalter. Die Anfertigung eines solchen intimen Kleidungsstücks war für mich ein eindrucksvoller Vertrauensbeweis.

Nach unserer Rückkehr vom Steinbruch ins Haus hatte der Beschuss merklich nachgelassen, aber Aufregung gab es trotzdem immer noch genug.

Einmal erschien der Ortsgruppenleiter Wolf mit noch einem anderen Mann. Sie führten ein erregtes Gespräch in der Küche. Noch bevor die beiden wieder verschwanden, trug Mami ein langes, in Ölpapier eingewickeltes Paket auf den Hühnerhausberg. Ich konnte mir denken, dass es ein Gewehr war. Sollte sie es für den Wolf verstecken? War das Verstecken dieses Gegenstandes vielleicht nur ein Kompromiss, weil die Männer etwas verlangten, was Großvater nicht erfüllen wollte? Über solche Dinge wurde einfach nicht gesprochen.

Es wurde stattdessen viel darüber gesponnen, was wir tun wollten, wenn der Krieg zu Ende wäre. Ein Schwein zu schlachten war nur ein Beispiel.

Als es dann endlich soweit war und der Krieg zu Ende war, dachte niemand mehr daran. Wir waren alle wie gelähmt, Angst und Ungewissheit blieben.

Von unserem Vati hatte es schon lange keine Nachricht mehr gegeben und von den beiden Brüdern meiner Mutter auch nicht.

Die französischen Gefangenen wurden bald nach dem Waffenstillstand am 8.Mai 1945 abberufen. Marius kam noch einmal, um sich zu verabschieden. Er weinte dabei sehr und wollte auch noch einmal zu uns auf den Möckelsberg gehen, aber das schaffte er wohl nicht mehr. Sein kleines Notizbuch fanden wir später auf dem kleinen hohen Fensterstock unter dem Schauer links von der Haustür. Wir hörten nie wieder etwas von ihm.

Wir waren wieder ins Dorf gezogen, aber das Waldhaus blieb unser wichtigster Anlaufpunkt. Fast täglich lief ich zur meiner Großmutter. Rudi schlief ganz oft tagelang bei den Großeltern. Wir waren Niemandsland geworden.

Verloren

Wichtige Mitteilungen wurden an einer großen Anschlagtafel im Dorf ausgehängt. Die Schule war und blieb geschlossen. Der besatzungsfreie Zustand blieb bis zum 8.Juli 1945.

Während dieser Zeit hatten die Amerikaner am Ortsausgang Kirchbergs eine Sperre errichtet. Es sprach sich bald herum, dass Kinder dort von den amerikanischen Soldaten manchmal Schokolade bekamen.

Ich ging nicht hin. Ich war zwar nicht feige und sehr neugierig, aber betteln beim Feind? Nein, das wollte ich nicht.

Ich war aber mit Rosl dabei, als ein amerikanischer Lastwagen auf der Brücke am Gemeindeamt stand. Zum ersten Mal sah ich amerikanische Soldaten mit ihren komischen runden Helmen. Sie sahen eher lustig aus, auch „Neger" waren dabei.

Sie alle aßen dicke Scheiben Weißbrot und warfen die angebissenen Stücke in den Bach. Dieser führte nicht viel Wasser und etliche Kinder sprangen hinunter, um sich das schöne Weißbrot herauszufischen. Auch Rosl wollte das tun. Ich wurde sehr wütend und fauchte sie an, sie sollte das ja nicht tun, sonst könnte sie etwas erleben.

Hunger hatten wir in der Zeit immer. Weißbrot war für uns ein unerreichbarer Luxus, Bachwasser war eklig, aber vor allem diese Art und Weise fand ich zutiefst demütigend. Ich bekomme heute noch Bauchschmerzen, wenn ich daran denke.

Die Amis holten Fotoapparate, Ferngläser und Feuerwaffen ab, welche von der Zivilbevölkerung, von Flüchtlingen und vom Militär auf Befehl abgegeben worden waren.

Wir waren nicht davon betroffen, weil wir derartiges nicht besaßen. Aber unser großes Radio versteckte meine Mutter im Bett. Es musste immer damit gerechnet werden, dass irgendwelche Sachen abgeliefert werden mussten oder einfach weggenommen wurden.

Bis zum 8.Juli gehörte das Gebiet von Schwarzenberg bis Cunersdorf bei Kirchberg dem von Besatzungsmächten freien Gebiet Deutschlands an.

Jacques und Mercedes lebten also etwa zwei Monate bei uns, als plötzlich mitten in der Nacht Scheinwerfer auf das Waldhaus gerichtet waren.

„Aufmachen, amerikanische Polizei!" hallte es durch die Nacht.

Großvater stand auf und ging zur Haustür, als Mercedes von oben gerannt kam und sich an Großvater klammerte. „Bitte, bitte nicht aufmachen, sie holen meine Jacques" jammerte sie.

Noch während Großvater sie zu beruhigen suchte, donnerten Faustschläge gegen die Tür, die Situation wirkte sehr bedrohlich. Großvater erklärte der zitternden Frau, dass er öffnen müsse, weil sie sonst die Tür einschlagen und schießen würden.

Er öffnete also. Dann beruhigte sich die Situation und die beiden konnten sich anziehen. Mercedes weinte laut und fiel Großvater zum Abschied um den Hals.

Ich war am nächsten Tag dabei, als der Jeep mit den amerikanischen Polizisten wiederkam. Sie holten zwei kleine Koffer ab, die Jacques und Mercedes gehörten, sie selbst waren aber nicht mehr dabei. Großvaters Fragen wurden nicht beantwortet, sie sagten nur, es ginge ihnen gut.

Natürlich wurde viel gerätselt, was das alles zu bedeuten hatte, wussten wir doch nie, wer die beiden waren, woher sie gekommen waren und wohin sie wollten. Wir vermuteten, dass sie etwas mit Spionage oder Kollaboration zu tun hatten. Wir hörten nie wieder von ihnen.

Nach dem 08. Juli 1945 gehörten wir zur sowjetischen Besatzungszone.

Begegnungen mit Russen hatten wir im Waldhaus mehrfach. Meistens kamen sie in kleinen Gruppen vom Forst her und verschwanden auch wieder in derselben Richtung. Wenn Großvater zu Hause war, hatten wir auch keine Angst. Sie verhielten sich sehr unterschiedlich. Natürlich hatten wir keine Ahnung, dass ihre Versorgung auch nicht gerade gut war.

Als die erste Gruppe kam, verwehrte ihnen vor lauter Angst niemand den Zutritt ins Haus. So gelangten sie auch nach oben in das kleine Kämmerchen neben der Küche. Dort saßen aber gerade einige Frauen beim Federnschließen, dem Entfernen der Kiele aus den Gänsefedern. Beim Eintreten der Uniformierten fingen die Frauen lauthals an zu kreischen. Die Federn stoben durch den kleinen Raum, es muss ausgesehen haben wie bei Frau Holle. Die Situation war so unglaublich kurios, dass darüber alle lachen mussten und die Russen machten die Tür wieder zu und verschwanden.

Ein andermal kamen zwei Offiziere in die Küche und radebrechten mit Großvater, einer konnte etwas deutsch. Er wollte eine Hose von ihm kaufen, aber Großvater hatte keine passende. Dann drehte sich das Gespräch um Überfälle und Plünderung und unsere Ängste. Der Offizier beriet Großvater über richtiges Verhalten: nur nicht jammern und betteln, sondern sehr energisch abwehren, Russen seien an Befehle gewöhnt. Außerdem sollte man ihnen, falls sie sich nicht benähmen, nach Möglichkeit die Mütze abnehmen, darin stünde ihr Name, oder ihnen Tinte oder etwas Ähnliches auf die Uniform schütten, um sie später zu identifizieren. Plündern war nämlich streng verboten und wurde auch hart bestraft.

Rudi und ich hatten das Gespräch aufmerksam verfolgt. Einer der Offiziere zog vier Scheine deutsches Geld aus der Tasche und schenkte es uns. Es waren drei Fünfmark- und ein Zweimarkschein. Wir bekamen uns aber gleich in die Wolle, weil wir uns über die Aufteilung nicht einig wurden. Der Offizier nahm uns die Scheine wieder weg, wartete einen Augenblick und grinste in unsere langen Gesichter. Dann gab er jedem zwei Scheine und wir hielten wohlweislich unsere Klappe.

Ich weiß aber nicht mehr, wer denn nun zehn und wer sieben Mark bekommen hatte.

Im Herbst war Mami einmal ganz allein im Garten, als mehrere Russen auf Pferden kamen. Direkt vom Pferd aus sprangen sie über das Tor. Einer pflückte sofort einen Apfel vom Baum. Mami schrie ihn an, er solle gefälligst die Äpfel vom Boden aufheben, die anderen wären noch gar nicht richtig reif. Natürlich verstanden sie Mami nicht, aber der Ton reichte. Sie sammelten die Äpfel auf. Dann verlangten sie Birnen. Aber der Birnbaum war sehr hoch und runtergefallen waren auch noch keine. Mit Erfolg wurde auch dieses Ansinnen abgewiesen.

Schließlich sollte sie das Tor öffnen. Unsere mutige Mami sagte: „Du bist rein übers Tor gesprungen, kannst du auch wieder raus springen."

Dann drehte sie sich um und ließ die beiden klettern.

Das große Zittern kam hinterher, aber die Russen waren wieder weg.

Zu der Jahreszeit, als Kartoffeln in die Erde gelegt werden mussten, gab es davon viel zu wenig. Aus diesem Grund wurden die Kartoffeln vor dem Einsetzen einmal in der Mitte geteilt. Das Zerschneiden machten aber nur die Erwachsenen, weil genau darauf geachtet werden musste, dass jedes Teil noch mehrere „Augen" zum Keimen hatte. Die Kartoffeln lagen zu diesem Zweck unter dem „Schauer" vor der Haustür, als mehrere Russen kamen. Ausnahmsweise hatten sie gleich den richtigen Eingang entdeckt. Die meisten Fremden standen nämlich erst mal vor dem Küchenfenster.

Sie betraten das Haus ruhig und besetzten strategisch die Küche. Einer setzte sich auf die Fußbank unter der Kaffeemühle neben der Tür, genau gegenüber dem Kachelofen und starrte diesen unentwegt an. Er hielt ein Gewehr zwischen den Knien. Die anderen verteilten sich in der kleinen Küche, es waren etwa fünf oder sechs. Ich hockte auf dem Sofa, Großvater war zur Arbeit, damit war kein Mann im Haus. Großmutter war irgendwo draußen und meine Mutter war mit den Russen allein.

Einer sprach etwas deutsch. Er sagte „Frau, Kartoffeln, Essen."

„Ich habe keine Kartoffeln", sagte Mami mutig. Dabei lag doch der Haufen vor der Tür. „Das ist Samen für die nächste Ernte, die brauchen wir."

„Du holen. Kochen."

Der Ton war eindeutig, und Mami tat, was er verlangte. Mir schien eine Ewigkeit zu vergehen, ehe die Kartoffeln gar waren, aber alles blieb ruhig, der Bewacher mit dem Gewehr rührte sich nicht von der Stelle.

Als die Kartoffeln gar waren, kippte Mami die heißen Kartoffeln wortlos auf den Küchentisch. Ein Russe sagte: „Nu, bitte, Speck."

„Wir haben keinen Speck mehr, alles weg, alles."

Ruhig sagte der Russe: „Ich sagen bitte – du nix Speck?" Barsch und laut: „Ich Pistol auf Tisch – und du Speck!"

„Und wenn du Pistol auf den Tisch, ich Telefon und rufen Offizier und du? Ab – Sibirien!"

Woher hatte Mami nur so schlagfertige Antworten und so viel Mut? Wir hatten doch noch nicht mal Strom, geschweige denn Telefon. Kleinlaut kam prompt die Antwort mit einem breiten Grinsen. „Nix Telefon, machen Spaaaß." Und sie ließen sich die Kartoffeln auch ohne

Speck schmecken. Es war klar, die Kerle hatten schlicht und einfach Hunger.

Den Tag, als die Zeit des Niemandslandes vorbei war, erlebten wir wieder in der Wohnung im Dorf. Vom Küchenfenster aus lag die Hauptstraße mit der Brücke über den Rödelbach direkt unter uns. Parallel zur Straße verliefen die schmalen Schienen der Bimmelbahn. Jenseits der Brücke liegt heute noch der Eingang zum Sägewerk mit eigenem Anschlussgleis. Alle wichtigen Ereignisse in dieser Zeit spielten sich also direkt vor unseren Augen ab.

So stand ich auch mit Mami am Fenster, als die ersten Russen offiziell einzogen. Sie kamen auf Panjewagen, bespannt mit kleinen flinken Pferden. Genau an der Brücke blieben einige stehen. Die Russen kletterten von den Wagen, rutschten mehr oder weniger die Böschung des Baches hinunter und tranken aus dem Bach. Unfassbar! Das Bachwasser war zwar zu dieser Zeit nicht rot oder blau verfärbt, weil die Textilfabriken noch nicht wieder arbeiteten, aber es war schrecklich schmutzig, liefen doch alle Abwässer hinein. Es gab im Dorf noch keinerlei Kanalisation. Ein erbärmlicher Anblick. Aber niemand wäre auf den Gedanken gekommen, den Russen Trinkwasser anzubieten. Es waren immer noch die Feinde, vor denen alle Angst hatten. Mami fing an zu weinen und sagte: „Und gegen so was haben wir den Krieg verloren."

Wir pendelten beinahe täglich zwischen dem Waldhaus und dem Dorfhaus am Möckelsberg. Draußen im Wald gab es immer zu essen und natürlich auch viel Arbeit. In der kleinen Wohnung im Dorf hatte Mami kaum etwas zu tun, aber es gab dort Strom und wir hatten Radio. Das Wichtigste war, dass wir auf Nachricht von unserem Vati warteten.

Allmählich funktionierte auch die Post wieder. Wir stürmten immer dem Briefträger entgegen, aber immer vergeblich. Rosl sah ihn angeblich vom Fenster aus, sauste runter in die Veranda vor dem Haus und kam erst nach langer Zeit zitternd vor Kälte wieder zurück. Sie konnte sehr schlecht sehen, aber es gab nichts Wichtigeres als neue Nachrichten.

In den ersten Tagen kurz nach Kriegsende erschienen täglich versprengte deutsche Soldaten vor unserem Küchenfenster draußen im Waldhaus. Es waren hunderte, meistens war ihr Zustand katastrophal: die Uniform verdreckt, manche mit Verletzungen, offensichtlich todmüde und viele halbverhungert.

Es wurde aber niemand ohne etwas zu Essen weggeschickt, obwohl Lebensmittel auch bei uns knapp wurden. Es gab kaum Brot. Kartoffeln und Getreide wurden knapp. Zum Frühstück gab es fast immer eine Suppe aus geschrotetem Weizen, aber zum Glück in Milch gekocht, manchmal auch mit braunem Zucker.

Als auch der Weizen aufgebraucht war, gab es geschrotetes Korn, das ziemlich bitter schmeckte.

Wenn Großmutter Butter selbst gemacht hatte, war das immer ein Fest.

In dieser Zeit lernte ich ihre selbstgemachten Nudeln lieben. Sonntags gab es dazu sogar Huhn oder Karnickel, und so lange noch genug Kartoffeln da waren, sogar Klöße.

Wenn wieder ein Soldat kam, dachte wohl jeder von uns daran, dass es auch unser Vati oder einer von Mamis Brüdern hätte sein können. Eines hatten sie alle gemeinsam: sie wollten den Russen entkommen, deshalb verschwanden sie auch möglichst schnell wieder in westlicher Richtung. Ich war stets neugierig und lauschte oft, was da so gesprochen wurde. Ein Soldat erzählte Großvater, dass er jemanden wüsste, der „das" unter den Achseln wegmachen könnte. Dass es sich dabei um die eintätowierte Blutgruppe der SS handelte, erfuhr ich erst später.

Ein anderer sagte, wenn er nichts zu essen bekäme, sollten wir ihm doch gleich sein Grab schaufeln.

Es gab aber auch regelrechten Missbrauch. Ein Soldat, der gar nicht so abgerissen aussah, sprach davon, dass drüben in Müllers Wald noch einige Kameraden seien, die auch Hunger hätten. Großvater gab ihm einen kleinen Schinken mit. Dann wurde er aber doch misstrauisch und beobachtete ihn, wie er im Wald verschwand. Dabei entdeckte er ein junges Mädchen, das er kannte. Mit diesem Mädchen verzehrte der Soldat den Schinken. Wer das Mädchen war, wusste Großvater, sie wurde fortan von ihm und von Großmutter nur die „Schinkenchrista" genannt. Aber die Geschichte blieb in der Familie und wurde nicht weitergetratscht.

Schulunterricht

In der Zeit, in der wir Niemandsland waren, fand natürlich kein Schulunterricht statt. Wir Kinder fanden das nicht besonders schlimm, aber Mami machte sich Sorgen, besonders um mich. Ich war immerhin schon im vierten Schuljahr.

Sie heuerte kurzerhand eine Lehrerin an. Das war zwar nicht erlaubt, aber was im Waldhaus passierte, bekam so schnell keiner mit.

Frau Schrad kam zu uns, unterrichtete mich und die Tochter von Mamis bester Freundin in Großmutters guter Stube. Wir lernten fleißig das Einmaleins, Grammatik und Gedichte. Die Zeit verging immer sehr schnell. Schularbeiten gab es keine. Frau Schrad konnte dann bei uns mit essen. Aber wir waren zu strengstem Schweigen verurteilt. Auch als die offizielle Schule im Herbst wieder begann und Frau Schrad unsere Klassenlehrerin wurde, verlor ich kein Wort, aber ich mochte die Lehrerin sehr gerne und war entsprechend fleißig.

Gleich zu Beginn hatten wir einige Wochen Russischunterricht bei Herrn Zwerenz. „Mui idjom f schkolje" war einer unserer ersten Sätze. „Wir gehen in die Schule."

Paul Müller sagte immer: „fischgolje". Ich war längst in Willich, als der Schriftsteller Gerhard Zwerenz in Kempen las. Ich fuhr natürlich hin. In seiner Biografie hatte ich gelesen, dass er nach dem Kriege in einem kleinen Ort im Kreis Zwickau Russisch unterrichtet hatte. Aber er konnte sich nicht mehr an uns erinnern.

Bei Frau Schrad war der Unterricht ganz toll, wir liebten sie alle und lernten mit Begeisterung. In bester Erinnerung sind mir Balladen. „John Maynard" sollte ich in voller Länge auf dem Elternabend vortragen, prompt wurde ich vor Aufregung krank.
In dieser Zeit fing ich aber auch an, übermütig und frech zu werden. Da ich in der letzten Reihe saß, setzte ich

mich öfter einfach auf die Rückenlehne, schnippte mit den Fingern und wollte ständig drankommen. Frau Schrad nahm davon keine Notiz, aber dem neuen Russischlehrer Zinner gefiel das gar nicht.

Da er mich einmal nicht gleich dran nahm, knurrte ich „Blöder Hund" – und er hatte es gehört. Er sagte etwas von schlechtem Benehmen und großer Enttäuschung, das war schlimmer für mich, als ob er mich bestraft hätte.

Am Ende der Stunde ging ich sehr kleinlaut zu ihm und entschuldigte mich, aber unser Verhältnis blieb kühl.

Noch im fünften Schuljahr kamen wir dann nach Kirchberg. Unser Klassenlehrer war Herr Geyer. Wir wurden mit einigen Kirchbergern zusammengelegt. Ich erinnere mich besonders an ein Diktat, in dem ich einen blöden Fehler machte. Statt Aphrodite schrieb ich Apfrodidite. Mit der Schrift hatte ich immer noch Probleme, aber Fehler machte ich eigentlich selten.

Der Aufsatz von einer Kirchberger Schülerin wurde vorgelesen, weil er so gut war. Er handelt vom Sammeln von Altpapier. In ihrem Aufsatz kam das Wort „Rohproduktenhändler" vor. Weil ich das Wort noch nie gehört hatte, war ich überzeugt, dass sie den Aufsatz bestimmt nicht allein geschrieben hatte.

Offensichtlich hatte ich in der Zwischenzeit einen gewaltigen Ehrgeiz entwickelt.

Meine Mutter verfügte über ein bemerkenswertes Organisationstalent. Es stand noch ein Schmalfilmprojektor, der Bob gehörte, in der Dachkammer, und unser Klassenlehrer Geyer hatte in der Schule Zugang zu Filmen. So kam es, dass ich mehrmals einen Stoffbeutel zur Schule mitbekam, und Herr Geyer packte mir Filmrollen hinein. Ich durfte sogar bei der Auswahl mitreden. Ich erinnere mich sehr genau daran, dass wir einen Film über Islands Vogelwelt sahen. Zum Schluss ließen wir ihn rückwärts laufen. Wir lachten uns halb tot, als die Kinder am Ende die Eier mit dem Löffel aus dem Mund nahmen.

Da wir im Winter 45/46 immer noch draußen im Wald wohnten, war mein Schulweg besonders lang. Mami hatte, weil sie immer guten Kontakt zu unseren Lehrern pflegte, auch Herrn Geyer eingeladen. Er hatte uns auch im Waldhaus besucht, deshalb kannte er meine Probleme hinsichtlich des langen Schulwegs genau.

Es wurde vereinbart, dass ich immer erst nach dem Hellwerden mit meinen Skiern losfahren musste, solange der Schnee bis ins Dorf reichte. Im Haus am Steig stellte ich sie dann in den Stall und ging zu Fuß bis nach Kirchberg weiter. Damit kam ich dann zu spät. Ich ging stets leise rein und setzte mich an meinen Platz, es wussten ja alle Bescheid.

Aber einmal stand eine Vertretungslehrerin vor der Klasse. Das Donnerwetter konnte sich sehen und noch deutlicher hören lassen. Zu spät kommen und sich noch nicht mal entschuldigen! Das ging entschieden zu weit. Kleinlaut schlich ich nach einer gestammelten Erklärung an meinen Platz. Ich lernte an diesem Tag nichts.

Wir waren eigentlich alle froh, dass 1946 das sechste Schuljahr wieder in Saupersdorf begann. Es hatte sich sehr viel geändert. Die neue Schulleiterin hieß Frau Schiffer. Sie war in den letzten Kriegstagen aus Köln evakuiert worden, ihre Tochter Inge war etwa so alt wie ich, besuchte meine Klasse und saß eine Reihe schräg zum Fenster hin vor mir. So bewunderte ich immer ihr Profil, es sah aus wie ein halbes Herz, so einen schönen runden Hinterkopf hatte sie, mit schönen blonden Zöpfen. Aber ihre Mutter hatte meine Achtung verloren, als sie das Wort direkt mit ck an die Tafel schrieb. Als wir sie darauf aufmerksam machten, sagte sie, wir sollten nicht so kleinlich sein. Ich zweifelte an ihren Fähigkeiten.

Ein weiterer neuer Lehrer war Herr Babucke. Er war Flüchtling aus Oberschlesien, schon über siebzig Jahre alt, kaute Tabak und hatte eine sehr feuchte Aussprache. Seine Mundwinkel hatten einen bräunlichen Belag. Der ganze Kerl roch auch noch schlecht. Wir ekelten uns vor ihm. Mehrmals ließ er sich besonders von den Bauernkindern das Frühstücksbrot aufgeklappt zeigen, vermutlich einfach, weil er Hunger hatte. Weil er dabei redete, behaupteten wir, er hätte drauf gespuckt.

Der Sommer 46 war extrem heiß. Wir gingen alle barfuß zur Schule. Ich hatte nur eine dünne Bluse und schwarze Turnhosen an und auf den Schultern und auf dem Rücken einen schmerzhaften Sonnenbrand. Wir schrieben ein Diktat. Herr Babucke marschierte beim Diktieren immer an Mittelgang auf und ab. Er diktierte: „Der Geisberg ist höher als der Borberg.“

Das war nicht auszuhalten. Ich meldete mich und sagte: „Das stimmt nicht, Herr Babucke. Der Berg heißt Geyersberg, und außerdem ist der Borberg höher.“

Klatsch, hatte ich einen Schlag auf dem Rücken. „Schreib, was ich sage!“

Ich schrie nicht, weil ich einfach Angst vor ihm hatte, aber ich bettelte: „Ich hab' so einen Sonnenbrand, der tut so weh.“

Bei seiner nächsten Runde blieb er neben mir stehen und stieß mich wieder in den Rücken. „Du sollst schneller schreiben.“

Das war zu viel. „Wenn ich ordentlich schreiben soll, kann ich nicht schneller.“

Ich sprang auf, legte meinen Federhalter in die Rille auf dem schrägen Pult neben das Tintenfass und lief zur Tür. Alle meine Sachen blieben liegen, sogar der kostbare Atlas meines Onkels, den ich zufällig an dem Tag mit in der Schule hatte.

Sobald ich die Tür hinter mir zugeknallt hatte, fing ich laut an zu heulen und rannte Richtung Waldhaus. An einem Busch hockte ich mich an den Wegrand, heulte mich aus und überlegte, was ich denn nun machen sollte. In die Schule zurück war ausgeschlossen, aber zur Mami war auch nicht gerade leicht.

Als ich nach Hause kam, war ich aber doch überrascht, dass sie mir Häufchen Elend zuhörte. Dabei erklärte ich ihr aber auch sehr bestimmt, dass ich in diese Schule nicht mehr zurückginge. Sie könnte mich zwar jeden Tag hinschicken, aber ich würde dann am Busch warten, bis die Schule aus wäre.

Mami nahm das ernst. Zwei Tage vorher erst hatte mich der Babucke mit dem Zeigestock derart in die linke Brust gestochen, dass es noch immer dick geschwollen war. Ich hatte nichts davon erzählt, aber jetzt zeigte ich ihr das.

Das genügte. Mami lief mit mir in die Schule zu Frau Schiffer und klagte ihr mein Leid. Ich durfte die ganze Zeit das Gespräch mit anhören. Eine Parallelklasse gab es an unserer Schule nicht und das siebte und achte Schuljahr wurden von Herrn Eichhorn geführt, da wäre ich nach Ansicht von Frau Schiffer auch nicht besser dran gewesen.

Nach den Sommerferien sollten wir sowieso wieder nach Kirchberg kommen. Bis dahin bekam ich Urlaub. Meine Freude darüber hielt sich in Grenzen. Ich lernte nämlich wirklich gerne.

Einen Tag später sah ich Babucke vom Dorf her auf unserer schmalen Straße kommen. Die Angst schnürte mir buchstäblich die Kehle zu. Verstecken? Aber wohin? Ich hoffte, dass er am Tor vorbeigehen würde.

Als ich ihn durchs Gartentor stapfen sah, war alles zu spät. Ich blieb mit klopfendem Herzen in der kleinen Kammer neben der Küche. Von dort aus konnte ich alles hören, was in der Küche gesprochen wurde, obwohl ich das weiß Gott nicht wollte, aber es gab auch keinen Ausweg mehr.

Erst blieb das Gespräch recht ruhig, aber dann fing er an zu weinen und bettelte Mami an, sie solle ihn doch bitte, bitte nicht anzeigen. Das war so schrecklich jämmerlich, ich hätte mir am liebsten die Ohren zugehalten und wäre im Erdboden verschwunden. Das Gemisch aus Mitleid und die Angst, beim Lauschen entdeckt zu werden, brachten mich völlig durcheinander.

Er erklärte auch noch, dass sich die Brust manchmal einseitig entwickeln würde. Der, ausgerechnet der, sprach über meine Brust! Als er dann auch noch jammerte, dass er seine Existenz verlieren würde, er hätte doch schon alles verloren, bekam ich sogar noch Mitleid.

Mami sagte ihm, dass sie keine Anzeige erstatten würde, und ich brauche ja auch vor den Ferien nicht mehr in die Schule zu gehen. Damit wäre die ganze Sache ausgestanden. Er bedankte sich umständlich und verschwand.

Versorgungslage

Auch wenn die Ernährung in der Zeit nach dem Kriege viele Wünsche offen ließ, richtig Hunger leiden mussten wir dank unserer Großeltern nicht.

Großvater weigerte sich erfolgreich, die Milch von unseren beiden Arbeitskühen Liese und Lotte abzugeben. Wir hätten zumindest einen Teil davon ins Dorf bringen müssen. Dort gab es hölzerne Rampen, auf denen die Bauern ihre Milchkannen abstellten. Sie wurden dann von einem Milchauto abgeholt. Großvater gab immer an, dass die Kühe Kälbchen hatten oder dass zumindest eine tragend war. Sie gaben ja auch nur täglich ein paar Liter, weil sie eben Arbeitskühe waren und keine Milchkühe. Ich lernte melken, da Großmutter immer mehr Schwierigkeiten mit den Händen bekam. Die Finger waren oft dick geschwollen und schmerzten. Sie hatte entweder Rheuma oder Gicht oder sogar beides. Kein Wunder bei der harten Arbeit.

Morgens vor der Schule melkte ich also eine Kuh. Der Melkeimer wurde meistens nicht ganz voll. Großmutter band den Kuhschwanz fest, damit ich ihn nicht dauernd um den Kopf gewedelt bekam. Ich hatte zwar meine Zöpfe mit einem Kopftuch zugebunden, aber ich muss ganz schön nach Kuhstall gerochen haben, eine Dusche gab es bei uns noch nicht. Dass ich nie darauf angesprochen wurde, verdanke ich wohl der Tatsache, dass mein Schulweg mich lange genug frischer Luft aussetzte.

Die frisch gemolkene Milch wurde durch ein Seihtuch in einen anderen Eimer geschüttet, dann wurde sie separiert. Der Separator stand an der Steintreppe. Die Milch wurde in einen großen, schüsselartigen Aluminiumbehälter gegossen, der mit zwei darunter befindlichen kleineren, übereinander stehenden Trommeln verbunden war. Jede der Trommeln hatte ein flaches Abflussrohr. In diese Trommeln floss die Milch langsam hinein. Sie wurden mittels einer Handkurbel horizontal bewegt. Dadurch entstand eine Schleuderbewegung, durch die die Sahne von der Milch getrennt wurde. Unter jedem der beiden Abflussrohre standen Auffangbehälter, ein kleiner für die Sahne und ein großer für die Magermilch. Herrlich für mich, mit dem Zeigefinger durch den Sahnestrahl zu huschen. Wenn ich das nicht zu oft machte, hatte Großmutter auch nichts dagegen.

Natürlich wurde alles weiterverarbeitet. In einem winzigen Raum gleich links neben der Haustür befand sich ein mit Wasser gefüllter gemauerter Bottich. Darin schwamm eine große Emailschüssel, in der Sahne gesammelt wurde. Selbst bei großer Wärme war es in dem kleinen Raum immer sehr kühl, denn er hatte dicke Mauern und nur ein winziges Fenster. Strom gab es schließlich bei uns nicht.

Die Magermilch verbrauchten wir zum Teil sofort. Bei Bedarf stellte die Großmutter auch Quark oder Käse her. Dazu ließ sie die Milch sauer werden. Wenn die saure Milch dick genug gestockt war, wurde sie in einen Siebleinensack gefüllt, der Sack zugebunden und aufgehängt. Unter den tropfenden Sack musste ein Gefäß zum Auffangen der Molke gestellt werden. Den Quark konnten wir nach ein bis zwei Tagen verzehren, die Molke kam ins Schweinefutter. Nichts ging verloren.

Den Quark verarbeitete Großmutter auch manchmal weiter zu Käse. Dazu vermischte sie ihn mit Salz und Käselab. Anschließend formte sie kleine flache Klößchen daraus und legt sie in Kompottschüsselchen. Darin sammelte sich noch immer eine Flüssigkeit, die abgeschüttet werden musste, dabei wurden die Klößchen mehrmals am Tag gewendet. Sobald sie trocken blieben, wurden sie mit Kümmel gewürzt und in einen Steintopf gelegt. Zugedeckt mussten sie einige Tage reifen. Die „Quärkle" schmeckten recht gut, je nach Gewürz auch immer ein wenig anders.

Spannend war das „Buttern". Großmutter machte es fast immer am Freitag, wenn die Küche gescheuert und gebohnert war. Das Butterfass stand auf einem Stuhl am Fenster zum Hof, Großmutter saß auf einem Stuhl davor und drehte langsam und gleichmäßig die Kurbel. Das Klatschen der hölzernen Welle im Inneren des Fasses habe ich noch genau im Ohr. Die inzwischen saure Sahne musste eine genaue Höhe im Fass haben, sodass die Welle mit den vier Flügeln halb in die Sahne eintauchte. „Platsch, platsch, platsch, platsch" klatschten die von der Kurbel bewegten Flügel auf die Sahne. Dabei spritze die Sahne von innen an den geschlossenen Holzdeckel. Von Zeit zu Zeit hob ihn Großmutter hoch, um nachzusehen. Tropfen an Tropfen hing der ganze Deckel voll köstlicher saurer Sahne. Das war wieder unser schönster Augenblick, wir durften lecken! Dann wurde der Deckel abgestreift und Großmutter drehte weiter. Sie merkte am Widerstand, wenn die Butter zu klumpen begann. Jetzt wurde nur noch ganz vorsichtig gedreht. Schließlich hatten sich genügend große Butterklumpen gebildet. Großmutter hob vorsichtig die Welle samt der Butter heraus und legte alles in eine mit kaltem Wasser gefüllte große Schüssel. Die hatte sie auf dem Küchentisch schon vorbereitet. Die Butter musste gewaschen werden. Dazu knetete sie diese so lange, bis der Klumpen fest wurde und sich keine Milchreste mehr ausdrücken ließen. Das Wasser wurde abgeschüttet, die Butter noch leicht gesalzen und in Form gebracht. Mitunter verwendete sie dazu eine hölzerne Butterform. Ich war bei all diesen Arbeiten nur aufmerksamer Zuschauer, lernte viel und brauchte nur Handlangerdienste zu tun. Die Arbeiten mussten mit viel Gefühl und präzise ausgeführt werden, Fehler durfte sich Großmutter nicht leisten, ganz besonders nicht bei der Reinigung der Gerätschaften, also machte sie alles selbst.

Bei der Nascherei hütete ich mich, Grenzen zu überschreiten. Einmal war ein Mädchen aus dem Dorf zu Besuch, Helmtrude Planitzer. Sie war in meinem Alter. Wir hockten wie immer um das Butterfass herum, durften auch mal lecken. Helmtrude – schon den Namen fand ich grässlich – konnte aber nicht genug kriegen und bettelte mit Nachdruck. Großmutter blieb standhaft und kurbelte gleichmäßig weiter. Das Butterfass hatte ganz unten einen hölzernen Stöpsel, dort wurde am Ende die Buttermilch abgelassen. Helmtrude drohte: „Wenns de miesch itze net lacken lässt, zieh isch dohiere dann Steppel raus!" Ob so viel Frechheit war ich total platt, das hätte keiner von uns je gewagt. Ich bewunderte die Gelassenheit unserer Großmutter, sie blieb einfach ruhig. Helmtrude aber hatte es bei allen verschissen, ich kann mich auch nicht erinnern, dass sie noch einmal bei uns aufgetaucht wäre.

Dabei war es immer wunderbar, wenn gleichaltrige Kinder kamen. Besonders spannend war es, wenn die Reißmanns Käthe, das war die Schwiegertochter von Großmutters Schwester Tante Rosa, mit ihren beiden Söhnen Werner und Hans Christian aus Meerane kamen.

Werner war etwas älter als ich. Einmal sollten wir in der Scheune oben Getreide mahlen. Die Handmühle stand auf einem hölzernen Bock in einem abgetrennten Raum, welcher ein Fenster im Giebel hatte, der zum Hühnerhausberg zeigte. An diesem Giebel standen rechts neben einem hölzernen Häuschen lange Latten und Stangen, Wäschestützen, Bohnenstangen, und die dünnen Stämmchen von gerodeten Bäumchen, aus denen Zaunlatten zugeschnitten werden sollten. Die meisten reichten bis an das Fenster heran. Das Fenster war eigentlich nur eine Öffnung ohne Glas, man konnte es mit einem Fensterladen verschließen. Gewöhnlich war es aber offen, diente der Belüftung der Scheune. Die Mahlgeräusche der Mühle waren vom Hof aus gut zu hören. Das war sehr wichtig, da Großmutter auf diese Weise hören konnte, dass wir an der Arbeit waren und keine Dummheiten machten. Sie hatte nur nicht mit unserer Abenteuerlust und unserem Erfindergeist gerechnet. Zuerst zogen wir vom Fenster aus mit viel Anstrengung einige Latten heraus, die der Giebelwand am nächsten standen, dann ließen wir sie an der Außenseite wieder runter. Das ging aber nicht allzu lange gut, wir mussten von unten nachhelfen, weil ja der Haufen nach außen umfangreicher wurde, während an der Scheunenmauer ein Hohlraum entstand. Aber wie unbemerkt nach unten kommen? Durch die Scheunentür hätte Großmutter uns ja entdecken können. In der Scheune fanden wir einen dicken Strick. Den befestigten wir an einem Balken und ließen uns kurzerhand daran herunter. Werner probierte das zuerst, er war der Größte, und wenn der es schaffte, konnte ich das auch. Es war ja auch nicht besonders hoch, auf Bäume zu klettern gehörte zu meinen alltäglichen Beschäftigungen. An Einsturzgefahr dachte natürlich keiner von uns. Mehr und mehr Latten wurden von innen nach außen gesteckt, bis sich zwei oder drei Kinder hätten in die Höhlung hineinzwängen können, es war ein perfektes Versteck. Schließlich besorgte ich noch eine alte Konservendose, die unser Klo sein sollte. Ich pinkelte sogar einmal hinein, das konnte ich schon immer durchs Hosenbein.

Ich kann mich nicht erinnern, ob unser großes Werk je entdeckt wurde, aber wir gingen doch recht oft und ohne Widerrede hinauf zum Mahlen, obwohl es gar nicht so leicht war, das große Rad in Bewegung zu halten.

Noch in der Zeit da wir Niemandsland waren, brachte jemand die Nachricht, dass es in Schlema eine Mühle gäbe, in der man Hafer zu Flocken mahlen lassen könne. Aber bis nach Schlema war es für uns eine Tagesreise, unser Kuhgespann hätte den Weg nie geschafft. Mami organisierte also einen Bauern aus dem Dorf, der Pferd und Wagen hatte. Natürlich war der auch an Haferflocken interessiert. Mami wusste den Weg nach Schlema und sie hatte Hafer. Wir Kinder durften mit, das war ein richtig tolles Abenteuer. Auf dem Hinweg war das Pferdchen noch frisch. Aber wir hatten eine Tagesreise vor uns.

Nach Schneeberg hinunter sahen wir schon von weitem die Ruine der Wolfgangskirche. Wir wussten, dass sie in den letzten Kriegstagen zerstört worden war. An der Mühle gab es viele Bauern, die gerne Haferflocken wollten, wir mussten lange warten. Auf der Rückfahrt zuckelte das Pferdchen nur langsam die Steigungen hinauf, dann stiegen wir ab und latschten zu Fuß nebenher. Auf der „Goldenen Höhe" konnten wir wieder aufsteigen. Jetzt ging es nur noch eben hin, später sogar bergab. Wir hockten also wieder auf den Haferflockensäcken und hatten Hunger. Mami meinte plötzlich: „Wenn wir schon auf Haferflocken sitzen, können wir auch davon essen."

Mit den Fingern bohrten wir ein kleines Loch in einen der Säcke, dann begann eine genüssliche Mampferei. Nie wieder in meinem Leben schmeckten Haferflocken so gut.

Nach dieser Hamsterfahrt gab es sehr oft Haferflocken, sogar mit Milch und braunem Zucker. Manchmal schwamm ein Butterflöckchen wie eine kleine Insel in der Mitte und bildete einen winzigen gelben See, bevor es sich ganz aufgelöst hatte. Ein herrlicher Anblick, mir lief immer das Wasser im Mund zusammen.

Hunger leiden mussten wir auch in der schlechtesten Zeit nicht. Unsere Felder waren zwar sehr klein, aber sie ernährten uns alle. Es war selbstverständlich, dass auch wir Kinder im Rahmen unserer Möglichkeiten immer mithelfen mussten. Dass es 1945 so lange keine Schule gab, war da nur von Vorteil.

Kaum war der letzte Schnee verschwunden, mussten auf den Äckern Steine abgelesen werden. Allein die dazu verwandten Zinkeimer waren schon schwer genug. Nur halbgefüllt schleppten wir sie am Ende bis zum kleinen Steinbruch, dorthin, wo auch etliche Dorfbewohner den

Inhalt ihrer „Aschlöcher" brachten. Auch im Waldhaus und im Haus am Steig im Dorf gab es ein solches. Es war etwa kniehoch aufgemauert und hatte eine Wellblechabdeckung. Darin gab es einen aufklappbaren Deckel. Außer Asche gab es nicht viele Abfälle, weil alles verwertet wurde. Zeitungspapier ging auf den Abort, Grünzeug kam auf den Kompost und Kunststoffe gab es ebenso wenig wie eine Müllabfuhr.

Zurück zur Plackerei auf den Feldern. Das Kinderlied vom Bauern, der im Märzen die Rösslein anspannte, traf noch voll zu. Nur bei uns spannte der Großvater die Kühe vor den Pflug. Der hatte natürlich auch nur eine einzige Schar, mehr hätten die Kühe nicht geschafft. Rudi führte geduldig eine Kuh vorn am Geschirr, so entstanden schöne gerade Furchen quer zum Hang. Aufpassen musste er besonders beim Umkehren. Die Pflugschar ließ sich mittels eines Hebels drehen. Mich faszinierte, dass die Schollen einmal nach rechts, einmal nach links fielen. Aber am Ende lagen sie fein säuberlich alle in der gleichen Richtung.

Beim anschließenden Eggen brauchte man es nicht so genau zu nehmen, Hauptsache, die Oberfläche war schön glatt, damit gesät werden konnte.

In den ersten Jahren hatte Großvater das noch mit der Hand gemacht. An einem breiten Schultergurt hing eine metallene „Mulde" oder auch ein Sätuch vor seinem Bauch. Später schaffte Großvater aber eine Sämaschine an, die von den Kühen gezogen wurde. Die Aussaat wurde viel gleichmäßiger und es ging auch schneller.

Für die Saat von Futterrüben hatte er eine Dippelmaschine, die war sehr klein, verteilte die Samenkörner einzeln auf den Furchen, aber er musste sie selbst schieben.

Kartoffeln wurden mit der Hand in die Furchen gelegt, in die vorher mit Hilfe einer Mistgabel der Stallmist ausgebreitet worden war. Das war für uns Kinder zu schwer, aber beim Mistfahren den Berg hinauf mussten alle mit schieben, das schafften noch nicht einmal die Kühe alleine. Mist „breiten" war auch für die Erwachsenen Schwerstarbeit.

Beim Pflanzen von Gemüse waren wir aber wieder sehr gefragt. Die Pflanzen hatte Großvater im Treibhaus selbst herangezogen. Kohl, Kohlrabi, Blumenkohl, Sellerie, jedes Pflänzchen kam einzeln in den Boden. Möhren wurden gesät, und sobald sie größer wurden, vereinzelt, die schwachen Pflanzen wurden entfernt, um den starken Platz zu geben.

Großvater hatte das für die Familie bestimmte Gemüse wohlweislich nur in der Mitte des Feldes angepflanzt. In den Außenbereichen wuchsen die Rüben fürs Vieh. So sahen Spaziergänger nicht gleich, was da weiter drinnen im Feld heranwuchs. Ich sollte bald erfahren, dass das eine sehr sinnvolle Maßnahme war.

Die Sommer Mitte der vierziger Jahre waren sehr heiß und trocken. Wir mussten das Gemüse oft gießen, aber es wuchs auch nicht so viel Unkraut.

Ich hatte im Sommer 1945 eine ganz besonders verantwortungsvolle Aufgabe: ich musste das Gemüse in den Ackerfurchen vor Dieben schützen. Bei uns konnte man nämlich besonders leicht klauen, weil die paar Felder rings von Wald umgeben waren. Die Straße nach Schneeberg, eigentlich nur ein Fahrweg, führte aber mitten hindurch. Um Alarm schlagen zu können, bekam ich ein Horn. Es stammte von in der Fabrik eingelagerten Musikinstrumenten. Lange musste ich üben, bis ich überhaupt einen Ton rauskriegte, aber ich brauchte ja keine Melodie, nur laute Töne, welche Großmutter im Haus hören sollte. Graue Theorie, aber ich glaubte an die Wirkung, und ich fühlte mich groß und wichtig.

Am Waldrand hatte ich mir an großen Steinen ein feines Plätzchen ausgesucht. Das war meine Kommandozentrale. Beim Stöbern auf dem Dachboden hatte ich zwei Bücher von Mamis Brüdern gefunden: „Onkel Toms Hütte" und „Robinson Crusoe". Ich konnte nach Herzenslust lesen. Klar, dass ich auch hin und wieder eine Runde über den „Hübel" drehte. Unsere Felder konnte ich von dort oben gut übersehen, ohne selbst gesehen zu werden, denn der kleine Hügel war nur mit winzigen Birken bewachsen. Oft konnte ich auf meinen Wegen Eichhörnchen beobachten. An meinen Steinen tauchte sogar einmal ein Wiesel direkt vor mir auf. Ich lernte, auf Geräusche in der Natur zu lauschen, das Knistern am Boden vom Rascheln des Windes in den Kronen der Laubbäume zu unterscheiden. Ich erkannte Stimmen von Menschen, die drüben auf der Straße vorbeigingen. Angst empfand ich nie.

Eines Tages vernahm ich Männerstimmen vom Hügel her, das war ungewöhnlich. Ich schlich also mit dem Horn in der Hand vorsichtig hinüber und sah vier Männer. Einer war schon in Richtung Kohlrabi im Feld, die anderen standen noch davor. Ich blies so laut ich konnte. Die Männer waren wohl schon erschrocken, aber dann sahen sie ein zehnjähriges Mädchen vor sich. Als sie sich in meiner Richtung bewegten, begann ich zu schreien „Großmutter, Großmutter!"

„Was brüllst du denn wie am Spieß?"

„Ihr wollt Kohlrabis mausen!"

Jetzt wurde die Sache ganz schön mulmig. Gleich würden sie mich bestimmt verhauen. Mein Herz schlug bis zum Hals. Der, der schon im Feld war, streckte seine leeren Hände von sich und rief barsch: „War sochtn dos, seste vorleicht wos? Alt un grau kaste warn, aber net frech, du klans Luder!"

Ich war sehr erleichtert, als sie in Richtung Schneeberg davontrabten. So schnell ich konnte, lief ich den Berg runter zur Großmutter. Zum Glück hatte ich an dem Tag kein Buch dabei, das wäre bestimmt liegen geblieben.

Die Ernte 1945 war ziemlich mager, da der Sommer extrem heiß war. Das Getreide war aber dadurch trocken in die Scheune gekommen. Es wurde erst im Winter gedroschen. Die Kartoffeln waren winzig und richtig welk, als sie aus dem staubigen Acker geerntet wurden. Die äußeren Furchen, die A-Wand, mussten mit der Hacke bearbeitet werden, für den Hauptteil des Feldes gab es immerhin schon eine Schleudermaschine. Natürlich mussten wir vorher das Kartoffelkraut herausziehen. Das ging ganz schön auf den Rücken. Das Auflesen war auch nicht gerade leicht. Die Kartoffeln wurden dabei gleich sortiert. Die schweren Körbe hoben die Erwachsenen auf den Wagen. Die beste Belohnung gab es dann am Kartoffelfeuer, die im Kraut gegarten Kartoffeln.

Alles verloren

Schon nach der Getreideernte verbrachten wir wieder mehr Zeit im Dorf. Ich musste einmal Mami bei der großen Wäsche helfen, als ein total abgerissener Soldat den Berg heraufkam. Es war der Nachbar von gegenüber, der Stummes Franz. Er kam aus der Gefangenschaft, aber seine Frau Else war nicht zu Hause.

Mami schickte mich los, sie zu suchen. Ich war furchtbar aufgeregt und rannte los. Mit meinen Holzklappern blieb ich jedoch hängen, stolperte im Schnittgerinne (die quer über die Wege laufende Regenwasserrinne) am Berg und schlug mir den Ellenbogen gehörig auf. Die Schmerzen waren schlimm, aber das Schlimmste war, dass ich die Nachricht des Heimkehrers nun doch nicht überbringen konnte. Mami behandelte mich nämlich erst einmal mit Seifenwasser. Die Narbe habe ich noch heute.

Ein anderes, prägendes Ereignis war das Eintreffen des Maternschen Trecks.

Liesel Matern war eine der Töchter von Gustav Möckel, meinem Urgroßvater väterlicherseits. Sie kam nach Kriegsende mit Pferden und Wagen und mehreren Familien, darunter auch der Zahnarzt und die Kutscherfamilie. Urgroßvater Gustav war vorbereitet auf die Ankunft. Über der Garage wurde eine Wohnung für den Kutscher ausgebaut, alle Wände waren sehr schön mit Holz verkleidet worden. Die Zahnarztfamilie Hamann wohnte im Haus von Bär unten am Steig. Die Begrüßung bei der Ankunft war uns gegenüber auffallend kühl, einen Tag später war mir auch klar, warum. Liesel Matern kam zu uns in die kleine Dachwohnung und forderte Mami auf, das Haus zu verlassen. Sie brauchten es für sich und ihren großen Anhang.

Beide Frauen standen vor den Küchenfenstern, schauten sich im Gespräch nicht an, sondern richteten den Blick hinunter auf die Hauptstraße. Ich stand in der Ecke am

Waschbecken und hörte schweigend dem harten Gespräch zu. Mami kämpfte mit den Tränen und warf der Tante unseres Vatis vor, sie würde seine Kinder aus dem Haus werfen wollen, obwohl keiner wüsste, ob er überhaupt noch am Leben sei. Eiskalt kam die Antwort: „Der Rudi ist für uns tot seit seiner Heirat."

So sprach diese Hexe von unserem Vati. So viel Eiseskälte. Sie hatte dieselben kalten blauen Augen wie ihr Vater. Meine Mutter beendete das Gespräch. Wir verließen die Wohnung nicht. Was muss das unsere Mutter an Kraft gekostet haben!

Das weitere Zusammenleben unter einem Dach war nicht gerade von Freundlichkeit geprägt, aber es versuchte zumindest jeder, in der drängenden Enge dem anderen aus dem Wege zu gehen.

Im weiteren Verlauf des Sommers erhielten wir dann Nachricht aus Schwaan. Unsere Wohnung dort existierte noch. Jetzt mussten wir versuchen, die weite Reise zu organisieren. Dort befand sich nämlich alles, was wir noch besaßen.

Aus kratzigem Steifleinen nähte Mami für uns drei Kinder kleine Rucksäcke in unterschiedlichen Größen. Jeder bekam ein „R" aufgestickt. Wir sollten unsere persönlichen Sachen selbst tragen.

In Bärenwalde gab es einen Herrn Georgi, der ein „Fuhrunternehmen" hatte. Das ganze Unternehmen bestand aus einem einzigen, klapprigen Lastwagen.

Großvater aber hatte schon immer gute Beziehungen. Georgi sollte eine Fuhre Briketts von Meuselwitz aus nordwärts fahren. Er würde uns mitnehmen.

Lieselotte wollte mit ihren Kindern aber auch gerne nach Wasdow in Mecklenburg, dort hatte sie ihre Schwiegereltern. Daher wurden wir Kinder mal wieder zum Stillschweigen verdonnert.

Unsere angesammelten Habseligkeiten sollten natürlich mit. Zu diesem Zweck musste sich Mami überwinden, bei Urgroßvater Gustav zwei Kisten zu erbetteln. Die Kisten standen in der kleinen Küche und wurden nach und nach gefüllt. Sie sollten mit der Bahn verschickt werden.

Es war schon beinahe alles verpackt, als Gustav oben erschien und in seinem gewohnten barschen Befehlston forderte, alles wieder auszuräumen. Jemand hätte ihm für jede Kiste fünf Mark geboten. Der folgende Disput war sehr laut und heftig. „Du bist dem Teufel zu schlecht, sonst hätte er dich schon längst geholt" schrie unsere Mami. Er bot ihr Schläge dafür an. Aber er stand unten an der halben Treppe. Sie konterte: „Wenn du zuhaust, hau ich dich die ganze Trepp' nunter!"

Immerhin war er ja auch schon bald achtzig, er musste einsehen, dass seine Kisten für ihn verloren waren. Leider gingen sie dann auf der Reise nach Schwaan samt Inhalt für immer verloren.

Im Herbst war es dann soweit. Günther Berthold, Sohn einer netten Nachbarin und Musterlehrling unseres Großvaters Richard Nicoll, sollte uns begleiten. Er war damals achtzehn Jahre alt, und wir mochten ihn sehr.

Vor dem Schneidmühleneingang kletterten wir auf den Laster und machten es uns bequem. Wir fanden das toll. Das Wetter war gut, mir erschien das Ganze mehr als ein Abenteuer. Tags zuvor hatte das noch anders ausgesehen. Ich war mit Mami zum Verabschieden noch draußen im Wald bei Großmutter und Großvater gewesen. Auf dem Heimweg hatte es geregnet. Wir kuschelten uns unter einem alten Regenschirm, froren und weinten. Es war ein Abschied in eine unbekannte Zukunft, von Vati wussten wir immer noch nichts.

Bis Meuselwitz dauerte es nicht lange. Weil das Beladen mit Briketts eine längere Zeit in Anspruch nahm, schickte uns jemand in ein Haus mit Doppelstockbetten, dort sollten wir erst einmal warten. Mami wollte aber nicht, dass wir uns hinlegten. Die Erinnerung an einen Läusebefall nach der Nacht auf dem Treckwagen im Steinbruch war noch sehr gegenwärtig.

Als es endlich weiter ging, war alle Bequemlichkeit vorbei. Wagen und Anhänger waren hoch mit Briketts beladen, darauf thronten wir. Auch wenn der Laster nur noch langsam vorankam, bestand höchste Gefahr, dass einer bei einer unachtsamen Bewegung ins Rutschen geraten würde. Die Straßen waren die reinsten Marterstrecken. Das Kopfsteinpflaster hatte der Belastung der Kriegsfahrzeuge und Panzer nicht standgehalten. Dann begann es auch noch zu regnen. Eine alte Plane schützte uns nur notdürftig, es war kalt. In Leipzig sah ich zum ersten Mal rechts und links Trümmerberge.

Die schwarzen Fensterhöhlen wirkten im Dauerregen grauenvoll beängstigend. Am Grochhaus, eines der ersten Hochhäuser in Leipzig, erzählte uns Mami eine Geschichte, um uns abzulenken.

Das Grochhaus hatte früher ein Denkmal auf dem Dach, welches eine Glocke darstellte. An beiden Seiten standen Männer mit einem großen Hammer und schlugen die Stunden an. Diese Glockenmänner wurden während des Krieges eingeschmolzen und die Leipziger reagierten auf den Verlust eines ihrer Wahrzeichen mit Spott. Sie erzählten, dass die Glockenmänner nicht mehr auf dem Dach stünden, weil sie einer alten Frau in den Tragkorb geguckt hätten.

In Magdeburg waren die Trümmer noch schlimmer, die Stadt schien völlig zerstört zu sein. Wie recht hatte doch unser Vati gehabt, als er Mami geschrieben hatte, dass wir nach ihrer Operation das Kriegsende in Saupersdorf abwarten sollten.

Es war schon dunkel, als unser Gefährt durch Gardelegen rumpelte. Plötzlich neigte es sich merkwürdig zu einer

Seite und blieb dann unerwartet stehen. Ein Reifen war platt. Nun war guter Rat wirklich teuer.

Steif von der langen Fahrt kletterte einer nach dem anderen herunter. Wir waren nicht die Einzigen auf dem Auto, trotzdem wunderte ich mich, woher all die vielen Leute um uns herum kamen.

Ein Mann mit weißer Armbinde suchte in der Menge die Frau mit den drei Kindern. Er nahm uns mit in ein kleines Bauernhäuschen. Dort empfingen uns zwei alte, freundliche Leute. Es war warm in der kleinen niedrigen Stube, trübes Licht ließ uns erst nach und nach erkennen, dass alles sehr eng und klein war. Aber wir fühlten uns wohl und gut aufgehoben wie bei der Großmutter im Wald.

Die Frau zeigte uns das Toilettenhäuschen auf einem dunklen Hof, auch das war uns vertraut und nach der langen Fahrt sehr willkommen.

Von der Stube aus führte eine schmale Stiege nach oben. Dort standen zwei wunderbare, weiß bezogene Betten. Die Frau sagte uns, dass wir uns ganz still verhalten sollten, auf keinen Fall sollten wir noch mal runter kommen. Nachts kämen oftmals Russen – auch das war uns ja nicht fremd. Mami blieb noch unten in der Küche. Ich hörte auch noch einmal lautes Klopfen an der Haustür und dann Stimmen. Aber ich war viel zu müde, und die Betten waren einfach wunderbar. Ich glaube, Rudi und Rosl schliefen schon fest, als ich im Halbschlaf merkte, dass Mami zu mir ins Bett kroch. Wir waren ja daran gewöhnt, kein eigenes Bett zu haben.

Am nächsten Tag machten wir uns mit unseren Habseligkeiten auf den Weg zum Bahnhof. Es war nicht weit. Jetzt galt es, einen Zug in Richtung Norden zu erwischen. Von Fahrplänen keine Spur, an Fahrkarten erinnere ich mich auch nicht.

Unser Bahnsteig war voller Menschen. Sobald sich ein Zug ächzend und fauchend langsam näherte, wurde er gestürmt. Es kamen nie alle mit. Es gab damals noch Wagen, in denen jedes Abteil eine eigene Tür hatte. Trittbretter gab es außen durchgehend. Fast immer waren auch die besetzt. Die Menschen hingen wie Trauben an den Waggons. Die Plattformen zwischen den einzelnen Wagen waren ebenfalls voll, aber die hatten wenigstens noch Sperrriegel oder Ketten, wo man auf die Puffer zwischen den Wagen sehen konnte. Auch wenn die alten Dampfloks nicht allzu schnell fuhren, machte mir der Anblick des unten durchsausenden Schotters höllische Angst. Da die meisten Menschen mit Rucksäcken unterwegs waren und alle schrecklich drängelten, gerieten wir Kinder dauernd dazwischen. Jeder dachte nur daran, wie er selbst weiterkommen konnte.

Die ganze Fahrt bis nach Schwaan dauerte noch fast zwei Tage. Bei mir blieben eine Reihe von Bildern, Geräuschen und tiefen Eindrücken haften, aber ich kann sie nicht mehr den einzelnen Tagen zuordnen. Am hellen Tag war aber manches leichter zu ertragen als in der bedrohlichen Dunkelheit der Nächte.

Wir fuhren eine ganze Zeit auf dem Bremserhäuschen eines Güterwagens. Weil es sehr eng war, gab es keine Sitzmöglichkeit, aber wir hatten es ganz für uns allein, es gab also keine Drängelei. Das Bremserhäuschen hatte drei Stufen. Ich saß auf der obersten, Rosl auf der Stufe darunter. Ich hatte die Aufgabe, sie zwischen meinen Beinen ganz fest zu halten. Die unterste Stufe blieb frei. Mami, Günther und Brüder hockten wohl noch höher als ich, aber ich wagte nicht, mich umzudrehen. Der Zug hielt oft an. Bei so einer Gelegenheit konnte man dann von der untersten Stufe aus runterpinkeln. Ich hielt Rosl dabei fest. Keiner von uns hätte gewagt, die letzte Stufe herunterzusteigen. Nicht auszudenken, wenn der Zug in diesem Augenblick losgefahren wäre.

Einmal ergatterten wir in der Dunkelheit ein Abteil. Es war natürlich schon voll besetzt. Mehrere Russinnen hatten es sich ziemlich bequem gemacht. Im schmalen Gang zwischen den Sitzbänken standen ihre dicken Rucksäcke, prall gefüllt mit frischer Wäsche, was man gut riechen konnte. Sie kramten paar Mal darin herum, aber wir durften uns sogar abwechselnd darauf setzen.

Das für uns schlimmste Erlebnis aber hatten wir tagsüber. Wie so oft standen wir im Gedränge auf dem Bahnsteig, diesmal aber ganz vorn an der Bahnsteigkante. Ein Zug war wegen Überfüllung schon abgefahren, ohne uns mitzunehmen. Als nach langer Wartezeit ein weiterer Zug in den Bahnhof einrollte, setzte ein mörderisches Geschiebe von hinten ein und der Brüder wurde trotz seines kleinen Rucksacks zwischen Trittbrett und Bahnsteigkante gequetscht und rutschte hilflos auf die Gleise.

Ich begann so laut zu schreien wie ich nur konnte, fuchtelte herum, aber niemand konnte den Brüder da rausziehen.

Plötzlich tauchten von der Seite mehrere Russen auf. Sie breiteten die Arme aus, stießen die Menschen hinter uns zurück und riefen: „Frau und Kinde!" Einer zog den Brüder in die Höhe und schob ihn ins Abteil. So konnten auch wir ungehindert einsteigen, die Russen mit uns, dann schlugen sie die Abteiltür zu. Das war ein unbeschreibliches Glücksgefühl, als der Zug sich in Bewegung setzte. Leider fuhr er nicht lange, wir mussten wieder umsteigen.

Auf dem nächsten Bahnhof das gleiche Bild. Menschenmassen.

Mami entdeckte unweit von uns die Russen. Sie waren gerade dabei, mit Zeitungspapier Zigaretten zu drehen. Mami hatte noch ein Päckchen Zigarettenpapier, damals wertvolles Zahlungsmittel. Damit schickte sie mich zu den Uniformierten. Ich hatte ziemliches Herzklopfen, als ich es etwas zögerlich hinreichte.

Einer nahm es an, steckte es in die Tasche und ich war froh, rasch die paar Schritte zu den anderen zurückzulaufen. Mami meinte, dass sie uns vielleicht wieder helfen könnten, in den nächsten Zug zu kommen. Weit gefehlt. Als der nächste Zug einfuhr, stoben sie an uns vorbei, besetzten das Abteil und knallten vor unserer Nase die Tür zu.

Die Episode wurde noch oft erzählt, immer mit dem Hinweis, dass alle Russen zwei Gesichter hätten. Auch bei mir hielt sich dieses Vorurteil noch sehr lange.

Irgendwo auf der langen Bahnstrecke näherten wir uns nachts einer Stelle, an der der Zug besonders langsam fahren musste. Er fuhr so langsam, dass man zu Fuß nebenher laufen konnte. Plötzlich begannen die Mitreisenden, die offensichtlich schon öfter auf dieser Strecke mitgefahren waren, darüber zu reden. Hier würden immer die Russen aufspringen und die Reisenden ausplündern, man müsste die Türen fest zuhalten.

Wir konnten das auch bald allzu deutlich hören. Die hölzernen Stufen verliefen ohne Unterbrechung am gesamten Wagen entlang. Das Getrappel der Stiefel näherte sich, dann wurde von außen versucht, die Wagentüren aufzureißen. Wenn es gelang, die Türgriffe von innen festzuhalten, entfernten sich die Schritte wieder. Aber die Angst war schrecklich und körperlich spürbar. Eine Frau erzählte, dass bei einer früheren Fahrt die Russen einer Frau neben ihr einfach die Ohrringe aus dem Ohrläppchen gerissen hätten. Auf Uhren seien sie ganz besonders scharf.

Erst als der Zug nach endlos erscheinender Zeit wieder schneller fuhr, war der Spuk vorbei.

Es war noch hell, als wir in Schwaan ankamen. Alles sah noch so aus wie ich es in Erinnerung hatte. Von Zerstörungen sahen wir nichts. Aber der Weg vom Bahnhof bis zur Tannenbergstraße war nicht besonders weit. Wir gingen langsam auf das Haus zu. Unfassbar, es stand ein fremder Name an der Klingel: „Wegner", fremd und zugleich nichtssagend.

Mami klingelte, ein fremder Mann öffnete die Tür einen Spalt breit und fragte, was wir wollten. „In meine Wohnung will ich, was denn sonst, " stammelte Mami.

Der Fremde antwortete ziemlich barsch, dass das jetzt seine Wohnung sei und knallte die Tür zu. Kaum hatte Mami sich ratlos umgedreht, fiel sie wie ein gefällter Baum um und wir fingen an zu heulen. Es dauerte nicht lange, bis sie wieder zu sich kam. Die Nachbarn vom linken Haus, Castenow und Falk waren zu Hause. So erfuhren wir erst einmal, was eigentlich passiert war.

Nur kurze Zeit vorher war die Familie Wegner in unsere Wohnung gekommen. Sie mussten ihre eigene Wohnung im Zentrum für die russische Kommandantur räumen. Der russische Kommandant hatte ihnen gesagt, sie sollten sich eine andere suchen. So einfach war das in dieser schrecklichen Zeit.

An diesem Abend kamen wir bei Familie Zillmer und bei Frau Fries unter. Sie wohnten nicht weit auf der Niendorfer Chaussee. Solange wir in Schwaan gelebt hatten, waren wir mit diesen Familien eng befreundet gewesen.

Der alte Herr Zillmer war während des Krieges nicht eingezogen und hatte bei der Bahn gearbeitet. Während dieser Zeit hatte er auf dem Bahnhof den dort arbeitenden russischen Gefangenen ab und zu ein paar Kartoffeln oder ein Stück Brot zugesteckt. Das war lebensgefährlich, da strengstens verboten, aber das war ihm egal.

Aus Dankbarkeit blieb einer der Gefangenen nach Kriegsende in Zillmers Haus. Er hieß Iwan und hatte sich erboten, die Frauen zu schützen und zu verstecken. In Schwaan waren die Russen nämlich als Kampftruppen bereits vor Kriegsende einmarschiert und hatten drei Tage Plünderungsrecht. Niemand kann sich heute vorstellen, was das bedeutete. Von dem, was ich an diesem Abend mitbekam, verstand ich nicht viel, aber die Angst war wieder allgegenwärtig, obwohl der Krieg doch nun schon einige Monate zu Ende war.

Mami beriet sich mit Frau Fries, die wusste, dass Iwan immer abends in einer Kneipe in Niendorf war.

Zu dritt machten wir uns auf den Weg, es war inzwischen stockdunkel geworden.

Die Kneipe lag direkt an der Straße, wir brauchten also nicht lange zu suchen.

Zuerst kamen wir in eine kleine, dunkle, rauchige Küche. Die Wirtsleute nahmen uns freundlich auf. Von der Küche führte eine Tür direkt in den Gastraum. Dort rumorten eine ganze Menge total besoffener Russen. Sie tranken Schnaps, den sie aus Zinnkrügen in Wassergläser abfüllten. Ich konnte das sehen, weil mehrfach die Tür geöffnet wurde, obwohl der ganze Raum fürchterlich verqualmt war. Vor der Tür in der Küche saß eine hochschwangere Frau, ich hatte unendlich viel Mitleid mit ihr. Frau Fries hatte bald herausgefunden, dass Iwan da war, aber es dauerte recht lange, bis er reichlich benebelt in die Küche kam. Er verstand offensichtlich ganz gut deutsch. Frau Fries erklärte ihm, was wir von ihm wollten. Er sollte mit Mami zum Kommandanten gehen und dafür sorgen, dass wir unsere Wohnung zurückbekämen.

Er versprach, am nächsten Morgen um sieben Uhr bei Zillmers zu sein und mit unserer Mami zur Kommandantur zu gehen.

Mit wenig Hoffnung zogen wir ab. Die beiden Frauen trauten ihm nicht zu, dass er sein Versprechen halten könnte, so betrunken wie er war.

Am nächsten Morgen kam er aber ganz pünktlich. Beim Kommandanten ließ er Mami im Vorraum sitzen, mit der Begründung, allein könne er alles besser regeln.

Schon nach kurzer Zeit kam er wieder heraus und erklärte ihr, dass wir die Wohnung zurückbekämen. „Ich komme mit in Wohnung, auch mit wohnen und dann deine Mann."

Mami lehnte ab. Der Preis war definitiv zu hoch.

Wir versuchten stattdessen, wenigstens unsere Möbel zu retten und fanden ein leerstehendes, noch ungebrauchtes Stallgebäude.

Die Häuser an der Tannenbergstraße waren so angelegt, dass immer zwischen zwei Häusern nach hinten ein Stallgebäude stand, sozusagen Rücken an Rücken. Die eine Hälfte gehörte zum linken Haus, die andere zum rechten. Das letzte Haus war aber nicht gebaut worden, sodass der für das Klo vorgesehene Raum und die Waschküche, leer standen. Wegner hatte alles, was noch an Möbeln vorhanden war, im Kinderzimmer zusammengestellt. Nun schleppten wir alles vier Häuser weiter in den Stall.

Es war ohnehin nicht mehr alles vorhanden, aber wer geplündert hatte, blieb offen.

Den Küchentisch entdeckte Mami bei Zillmers. Das war eine herbe Enttäuschung. „Es war eben Krieg", hörte ich oft von ihr.

Vom Inhalt der Schränke war auch nicht mehr viel da. Vatis Taschenuhr fand sie, aber ohne die goldenen Zeiger. Meine Käthe-Kruse-Puppe war auch weg. Das Fahrrad gab es noch und auch zwei Fotoapparate.

Die Rückkehr wurde für uns noch schwieriger.

In Magdeburg verbrachten wir fast eine ganze Nacht in einem kleinen Vorbau vor dem überfüllten Wartesaal. Ich saß zeitweise auf der Kofferkante vor dem Eingang. Die Bahnsteige waren nur spärlich beleuchtet. Plötzlich tauchte ein Russe, gut zu erkennen am Käppi und an der typischen Uniformbluse, aus der Dunkelheit zwischen den Gleisen mit zwei Gepäckstücken auf, lief geduckt ein Stück über die Gleise und verschwand wieder in der Dunkelheit an der andern Seite.

Das wiederholte sich einige Male. Mami und ich beobachteten das eine ganze Weile. Offensichtlich war er dabei, einen Gepäckwagen auszuräumen. Die Spannung wuchs, als seltsame Geräusche aus der Richtung des

Packwagens zu uns herüber drangen. Und dann sahen wir sie kommen: zwei bewaffnete uniformierte Russen hatten den Räuber an den Armen gepackt, sein Kopf baumelte nach hinten. So schleiften sie ihn über die Gleise. Mami sagte leise: „Ich glaube, sie haben ihn erschlagen."

Ich könnte die Szene heute noch malen.

Es war dunkle Nacht, als wir nach insgesamt einer Woche Rückreise todmüde wieder im Wald ankamen. Von Wilkau aus hatten wir zuletzt auch noch zu Fuß gehen müssen, weil es für die letzte Bimmelbahn zu spät geworden war.

Dass wir wieder Läuse hatten, wunderte niemanden. Mami schnitt mir kurzerhand die Zöpfe ab und warf sie in den Ofen. Als eine Freundin ins Waldhaus kam, schämte ich mich dafür. Ich erzählte dann, Rosl habe mir mit der Schere einen Zopf abgeschnitten, während ich schlief. Das glaubten alle, Rosl war bekannt dafür, dass sie mich oft ärgerte. Diesmal konnte sie sich noch nicht einmal wehren, Mami billigte diese Ausrede.

Uns blieb gar nichts anderes übrig, als uns im Wald wieder einigermaßen einzurichten. Unsere Kisten waren unterwegs verloren gegangen. So besaßen wir eigentlich nur noch, was wir am Leib hatten, aber einen Flüchtlingsstatus hatten wir auch nicht. Mami hatte keinerlei Einkommen, für uns bekam sie etwas über sechzig Mark, davon sollten vier Personen leben. Aber wir hatten den Wald und die Großeltern.

Viele Monate später gelang es Mami mit Hilfe unseres Großvaters, alle Habseligkeiten per LKW abholen und in der Kammgarnspinnerei in Saupersdorf einlagern zu lassen. Dort verschwanden die besten Stücke, wie beispielsweise der bessere Fotoapparat. Mit der kleinen Box, von der Mami immer erzählte, sie habe einmal drei Mark gekostet, sollte ich später meine ersten Bilder machen.

Überleben im Wald

Mami wollte nicht mitten im Wald leben und trotzdem frieren, aber der Wald ringsum war Bauernwald, das hieß, der Wald gehörte den umliegenden landwirtschaftlichen Betrieben. Vorhandene trockene Äste waren bald aufgelesen, nicht nur von uns, auch aus dem Dorf kamen viele Holzsammler. Einen gesunden Baum zu fällen bedeutete, ihn den Bauern zu stehlen. Mami achtete deshalb immer darauf, dass wir nur vertrocknete Bäume fällten.

Ich lernte früh, mit der großen Schrotsäge zu hantieren. Die Bäume waren auch nicht allzu groß, wir zogen sie samt den Ästen bis auf den Hof. Die schwere Arbeit machte sogar Spaß, wurde anerkannt und hatte einen Sinn. Ich fühlte mich manchmal wie der hauptamtliche Versorger der Familie.

Der Großvater hatte schon bald nach Kriegsende wieder begonnen, in der Kammgarnspinnerei zu arbeiten. Zunächst wusste ich nicht so genau, was er dort machte. Aber recht oft trug ich ihm mittags warmes Essen dorthin.

Bei solchen Gelegenheiten zeigte er mir die großen Spinnmaschinen. Eine nach der anderen hatte er sie wieder aufgebaut und instand gesetzt. Die Büroarbeit hatte Herr Flemming auch wieder übernommen. Wann die Produktion wieder aufgenommen wurde, weiß ich nicht, aber ganz allmählich müssen auch geschäftliche Beziehungen aktiviert worden sein oder es waren noch irgendwo Strickgarne vorhanden. Auf jeden Fall bekam Mami ab und zu Wolle und wir begannen zu stricken. Ich lernte früh, richtige Socken und auch lange Strümpfe zu stricken, sogar mit Mustern. Mami nähte aber auch Latzschürzen aus stachligem Steifleinen und bestickte sie mit Hohlsaumkanten.

Wenig später wollte Großvater eine Betriebskantine einrichten. Das passte so ganz zu seiner Aussage: „Wer arbeitet, der muss auch essen.“

So hatte er eines Tages wieder einen Lkw organisiert. Mit einem Helfer schickte er Mami auf Hamstertour in die Magdeburger Börde. Dort klapperten sie etliche Bauerngüter ab und boten ihre mitgebrachte Wolle gegen Getreide, Mehl und Kartoffeln an.

Die Fahrten erfolgten regelmäßig, waren sehr aufregend und auch nicht ungefährlich, denn schließlich war Hamstern verboten. Es gab Lebensmittelkarten, aber das, was wir darauf bekamen, reichte kaum zum Überleben. Wer mehr hatte, war schon verdächtig und konnte von einer eigens eingerichteten „Schnüffeltruppe“ aufgespürt werden.

Mami erzählte nicht viel davon, sie war aber immer sehr froh, wenn sie heil zurück war. Selbst das Betreiben der Kantine war illegal.

Wie viele Fahrten Mami mitgemacht hatte, weiß ich nicht, aber vor Weihnachten hatte sie für unsere Handarbeiten zwei Gänse eingetauscht. Damit diese noch weiter gefüttert werden konnten, hatte ihr der Bauer einen Sack Möhren dazugegeben.

In der Spinnerei ordnete der Großvater das Abladen der Möhren für die Kantine an, da die Gänse ja noch grasen könnten. Mami war sehr verärgert, und ich konnte sie gut verstehen.

Unser Großvater sorgte sich aber nicht nur um die Leute in der Fabrik, er vergaß dabei auch die Familie nicht. So brachte er eines Tages mehrere Flaschen Öl mit, das eine ganz besondere Kostbarkeit darstellte. Mami backte umgehend „Berliner“. Das war ein Festessen. Leider dauerte es nicht lange und uns allen wurde speiübel. Übergeben musste sich niemand, aber der Abort war dauernd besetzt.

Wir schoben die Durchfälle auf das ungewohnten Essen. Also gab es am nächsten Tag Eierkuchen. Das Ergebnis war das Gleiche.

Bald dämmerte uns, dass mit dem Öl etwas nicht stimmte. Mami meinte, das Öl wäre mit Rizinusöl verlängert worden, das hätte nun mal abführende Wirkung.

Am Sonntag kam Frau Schrad zu Besuch. Wir erzählten ihr vorsorglich von den zu erwartenden Folgen unserer leckeren Pfannkuchen. Sie aß trotzdem welche und die Nachwirkungen waren identisch. Weiß der Himmel, womit dieses Öl verpanscht war. Wer Hunger hatte, durfte eben nicht wählerisch sein.

Der Bruder unserer Großmutter aß einmal in meiner Gegenwart Käse, der sich bewegte, da hätte ich dann doch lieber verzichtet. Aber Onkel Ewald sagte man auch nach, dass er Hunde und Katzen mit Appetit verzehrte und dann auch noch damit herumprahlte.

So schlimm das Leben in diesen Jahren auch war, unsere Mutter war kein Kind von Traurigkeit. Sie hatte immer tolle Ideen oder organisierte Feste mit einfachsten Mitteln.

Eines der ersten Feste fand im Sommer auf der Tenne der Scheune statt. Sogar das Klavier wurde hinüber geschleppt. Großvater polierte eine Sturmlaterne und meinte, er müsse ja in der Nacht nach den Liebespaaren suchen. Mami hatte allerhand aus Kartoffeln gezaubert. Jeder brachte mit, was er gerade hatte, die Gärten gaben einiges her. Sogar Wein wurde aus allerlei Beeren selbst gemacht.

Mami hatte Leute eingeladen, die wir Kinder nicht kannten, und wir mussten ins Bett. Brüder und ich hockten oben in der Veranda, die einen wunderbaren Ausguck abgab. Natürlich wurden wir schon müde als es noch hell war. Klaviermusik zum Tanzen begleitete uns noch eine Zeitlang. „Tampico, Tampico, schönste Stadt in Mexico".

Als erster kam Bob, einer von Mamis Brüdern, zurück. Seine Rückkehr war wenig spektakulär, es wurde nur ein wenig enger im Waldhaus. Seine Frau Emmi war noch 1944 mit ihrer im gleichen Jahr geborenen Tochter Marika in ihre Heimat nach Wienerneustadt zurückgekehrt. Sie hatte die Scheidung eingereicht, noch bevor sie wusste, ob Bob noch am Leben sei.

Er hatte Glück, war als Flieger nur in Deutschland und Österreich stationiert. Er wollte immer fliegen, interessierte sich aber mehr für die Segelfliegerei. Irgendeinen Test in einer Druckkabine hatte er nicht bestanden, so blieb er wohl am Boden.

Beim jüngeren Bruder Karle war das ganz anders. Er hatte seinen Fronteinsatz kaum erwarten können, hatte sich freiwillig gemeldet und war nach Russland gekommen. Außer einer Fleischwunde am Oberarm kam er immer davon, aber zu Kriegsende fehlten alle Nachrichten.

1946 oder 1947 kam dann ein entlassener Kriegsgefangener und erzählte, er habe Karle in Belgien getroffen, er sollte Grüße bestellen.

Keiner glaubte ihm. Wie sollte auch jemand in belgische Gefangenschaft gekommen sein, der den ganzen Russlandfeldzug mitgemacht hatte.

Es dauerte aber nicht mehr lange, bis wirklich eine Nachricht aus Belgien kam. Es wusste aber niemand, wann er nach Hause kommen würde.

Jemand aus der Familie sah an einem schönen Sommertag einen Menschen aus dem Dorf kommen, langsam, abgerissen, in einer zerschlissenen Uniform.

Wir rannten alle zum Tor. Mami stand schon draußen auf der Straße, als sie ihn erkannte. Es war wieder nicht unser Vati, und Mami fiel wie ein gefällter Baum auf die Seite. Es war genauso wie damals in Schwaan. Die Freude über die Rückkehr von Onkel Karle ging zumindest bei mir völlig unter in der Angst um unsere Mami unter. Und wieder weiß ich nicht, ob sie selbst aufstand oder ob ihr jemand half. Eine Ohnmacht war offenbar nicht besonderes.

Meine ersten Fahrradversuche machte ich im Waldhaus. Onkel Bob hatte sein altes Herrenrad wieder hergerichtet. Kaum zu glauben, dass ich es überhaupt benutzen durfte, ich hatte schließlich keinerlei Ahnung vom Radfahren.

Zuerst benutzte ich es wie einen Roller. Mit dem rechten Fuß stellte ich mich auf das linke Pedal, mit dem linken Fuß schob ich an. So drehte ich eine Runde nach der anderen um ein leeres Wasserbassin. Von der Veranda aus bis zum Gartentor, dann auf dem breiten Weg zur Scheune und wieder zur Veranda. Der Weg zum Gartentor war sehr schmal, aber ich schaffte ihn, ohne anzuhalten.

Die Runden wurden immer schneller, aber auch immer langweiliger.

Auf dem breiteren Weg zur Scheune lag ein recht umfangreicher, frischer Kuhfladen. Ich fand einen alten Stofffetzen und legte ihn quer über den Kuhfladen. Bei jeder Runde wurde der Fladen breiter und der Stoff fein säuberlich platt hineingedrückt. Meine Runden wurden immer präziser und sicherer und Gleichgewichtsprobleme hatte ich keine. Es reizte mich bald, das Rad richtig zu benutzen, aber meine Beine waren noch viel zu kurz.

So steckte ich eben das rechte Bein unten durch die Stange und siehe da, ich konnte richtig treten. Etwas wacklig, die schutzlose Kette hinterließ ölige Streifen an meinem nackten Bein, aber ich jubelte.

Die Geschwindigkeit nahm von Runde zu Runde zu.

Rechts vom Torweg stand eine Reihe von großen Johannisbeersträuchern, eingefasst von senkrecht stehen Brettern. Es kam, was kommen musste. Ich bekam die Einfahrt in den Weg zum Tor nicht, konnte nicht bremsen und flog samt Rad über die Bretter in die Sträucher.

Zum Glück hatte es keiner gesehen. Kleinlaut schob ich das Rad in die Scheune. An weitere Runden mit einem Herrenrad erinnere ich mich nicht.

Alles, was aus dem Dorf zu besorgen war, musste mit dem Handwagen den Berg hinauf geschleppt werden. Oft erschwerte auch noch schlechtes Wetter die ganze Prozedur. Das Schuhwerk war mehr als schlecht, an Regenkleidung war überhaupt nicht zu denken. Einmal hatte ich so schreckliche Krämpfe im Bauch, dass ich mich am liebsten auf den Boden gelegt hätte, aber der war noch von Schneeresten bedeckt, matschig und eiskalt. So quälte ich mich bis nach Hause.

In Ermangelung einer Wärmflasche machte Mami mir Topfdeckel auf dem Ofen warm und legte sie mir auf den Bauch. Die Krämpfe lösten sich bald sehr geräuschvoll und Mami lachte nur: „versetzte Färz."

Es hätte schlimmer kommen können, aber ein Arzt? Wir kannten nur den alten Doktor Fischer, ein Feld,- Wald- und Wiesendoktor, der manchmal zu den Großeltern anlässlich eines Spazierganges kam. Er bekam wie alle Besucher etwas zu essen, aber Vertrauen hatte unsere Mami zu ihm nicht.

Wenn es ernst zu werden schien, wandte sie sich lieber an Tante „Merry". Sie war Krankenschwester mit viel Erfahrung.

Tante Merry wurde auch zu Rate gezogen, als ich eine Blasenentzündung bekam. Anfangs war die nur beim Pinkeln schmerzhaft, das konnte ja an jedem Ort durchs Hosenbein erledigt werden. Erst als ich morgens heulend vor Rückenschmerzen auf dem Sofa hockte und mich kaum mehr bewegen konnte, steckte Mami mich mit einer kupfernen Wärmflasche ins Bett. Ich lag da starr und steif und um mich herum wurde es immer feuchter. Ich glaubte, ins Bett gemacht zu haben, aber die mehrfach gelötete Flasche war undicht.

Unter großen Schmerzen bediente ich einen weißen hohen Porzellantopf. Und da wurde auch das ganze Elend sichtbar. Pudding mit Streifchen aus Himbeersaft war die Umschreibung für das, was da mein Körper produzierte.

Tante Merry wurde geholt und sie diagnostizierte eine Nierenbecken - Vereiterung. Aber sie brachte auch Prontosil, das hatte sie noch aus ihrem Militärdienst als Krankenschwester. Zur Abwechslung wurde mein Urin jetzt orangerot und verfärbte alle Wäsche, aber die Schmerzen nahmen ab.

Zwei Wochen später konnte ich das Bett wieder verlassen mit der Auflage, mich nie wieder auf Steine oder kalte Stühle zu setzen. Ich durfte sogar eine Zeitlang ein Kissen mit in die Schule nehmen.

Zwei Winter erlebten wir im Waldhaus mit. Es war oft klirrend kalt, aber wenn dazu die Sonne schien, bekam ich die alten Skier von Mamis Brüdern. Die verrotteten Lederriemen der Bindung wurden durch Spindelschnur ersetzt, wovon es genug gab, da Großvater sie aus der Fabrik mitbrachte.

Die metallenen Backen waren noch nicht aufgeschraubt, sie wurden in der Mitte durch das Holz geführt. Die Spindelschnur konnte ich nur hinten oberhalb des Randes über die Schuhe führen. Klar, dass man mit so einer wackligen Befestigung nur geradeaus fahren konnte. Gebremst wurde mit den Stöcken, einfach zwischen die Beine geklemmt und drauf gesetzt. Es funktionierte aber nur solange, bis die Spindelschnur über den Fersen sich so weit in die Haut eingedrückt hatte, dass es wehtat. Meistens waren dann aber auch die Füße eiskalt.

Zu Hause gab es ein Fußbad und warme Socken. Die Frostbeulen an den Zehen aber machten uns jahrelang heftige Beschwerden.

Bei wunderschönem Winterwetter besuchte uns einmal Frau Kramer. Natürlich war sie zu Fuß gekommen. Die Frauen erzählten angeregt in der Küche. Mami hatte „Kaffeetorte" gebacken. Sie bestand aus Kaffeesatz, also dem Rest von selbstgerösteter gemahlener Gerste, Hafer-

flocken und Eiern, an mehr Zutaten kann ich mich nicht
mehr erinnern.

Die Frauen merkten zu spät, dass das Wetter umge-
schlagen hatte und dass es sehr schnell dunkel wurde.
Die ängstliche Frau Kramer machte sich dennoch rasch
auf den Weg. Es gab ja auch nur die eine gerade Straße
ins Dorf.

Nach etwa einer oder zwei Stunden bellte unser Hund
Muck anders als sonst. Jemand jammerte am Gartentor.
Es war Frau Kramer. Sie erzählte total aufgelöst, was ihr
passiert war. Sie hatte nach einem Sturz die Orientierung
verloren und war rechtwinklig nach links von der Straße
aus übers Feld gegangen bis an einen recht steilen Hang.
Zu ihrem Glück war sie wieder nach links abgebogen in
Richtung Forst. Dort stapfte sie wieder nach links über
unsere Waldwiese bergauf. Da sie ein paar Mal erschöpft
innehalten musste, hörte sie den Muck bellen. Dort ahnte
sie dann, wo sie sich befand und kam so von oben den
Berg herunter.

Wir konnten uns überhaupt nicht erklären wie sich jemand in unserer Gegend so verirren konnte, auch nicht
in der Dunkelheit.

Am nächsten Tag schien die Sonne wieder und Brüder
und ich machten uns auf Spurensuche. Gleich unterhalb
des Hauses, dort wo der Müllerswald zu Ende war, war
sie gefallen. Sie hatte nicht gemerkt, dass sie beim Aufstehen über die kleine Böschung an der Straße hinauf
aufs Feld gekrochen war.

Sie war ängstlich und aufgeregt, aber dass sie etwa
fünfzig Meter weiter dreimal links herum im Kreis gegangen war, verstehen wir bis heute nicht. Die Spuren im
Schnee waren ganz eindeutig, die drei Kreise hatten
schätzungsweise einen Durchmesser von zehn bis fünfzehn Metern, nahezu deckungsgleich. Dabei muss sie
aber die Orientierung vollends verloren haben und ging
damit immer weiter von der Straße weg. Alle waren da-

von überzeugt, dass der Muck ihr das Leben gerettet hatte.

Im gleichen Winter wiederholte sich die Geschichte noch einmal.

Wir hörten in der Dunkelheit klagende Laute vom Gartentor und fanden dort ein schwarzes, hilfloses Bündel. Es war eine von den Sandverkäuferinnen. Diese Frauen gingen zu den Sandvorkommen auf der anderen Seite des Waldes und sammelten dort Sand, den sie auf dem Rücken zurück ins Dorf trugen. Dort wurde der Sand als Scheuersand verkauft und sorgte solcherart für ein kleines Einkommen.

Die Frau musste die Treppe hinauf in unsere Küche gestützt werden und wir legten sie aufs Sofa. Sie stank entsetzlich. Sie musste irgendwo weit weg in einen Bach gefallen sein, denn alle ihre schwarzen Kleider waren klatschnass und große Eisklumpen hingen an Strümpfen und Schnürsenkeln. Wir hatten Schwierigkeiten, ihr die fest gefrorenen Schuhe auszuziehen.

Sie verbrachte die Nacht auf dem Sofa. Am nächsten Tag stank das ganze Haus bestialisch, wahrscheinlich hatte sie in der Nacht zuvor in ihrer Todesangst in die Hose gemacht. Aber sie war wieder in der Lage, zu gehen und humpelte bei Tageslicht ins Dort zurück. Fortan nannten wir sie nur noch „Humpeline".

Einmal im Herbst wollte ich mir einen Drachen bauen, wusste aber nicht, woher ich das Material dazu nehmen sollte.

Kleber gab es natürlich nicht. Großmutter rührte mir Mehlkleister an. Im Schuppen fand ich ein paar Stöckchen, Spindelschnur und Packpapier. Die Arbeit war zum Verzweifeln, der Kleister wollte und wollte nicht halten, aber mit wenigen kleinen Nägeln bekam ich schließlich doch alles einigermaßen fest zusammen.

Mit dem Schwanz war es dann schon leichter. Papier von alten Zeitungen fand ich auf dem Oberboden, Schnur hatte ich genug, sie war nur viel zu dick. Ich knotete Stück für Stück zusammen und wickelte alles um einen kleinen Pflock.

Dann kam der große Augenblick. Würde sich dieses schwere, krumme, unförmige Gebilde auch in die Luft erheben? Mir kam die lange, abschüssige Wiese links vom Haus unerwartet zu Hilfe. Ich rannte bergab, hielt meinen Drachen so hoch ich konnte in den starken Wind und ließ immer mehr von der Drachenleine abrollen. Kaum zu glauben, er flog.

Bald aber stolperte ich, das Hölzchen rutschte mir aus der Hand und mein Drachen flog auf den Wald zu. Anfangs hoppelte das leere Hölzchen noch über die ansteigende Wiese. Ich wollte es fangen, hastete atemlos hinterher bis zum Waldrand. Dort wurde es mit einem Affenzahn in die Höhe gezogen, unerreichbar für mich. Noch wochenlang konnte ich das Hölzchen in halber Höhe der Birken baumeln sehen, vom Drachen war nichts mehr zu erkennen, die Birkenwipfel hatten ihn sicher gefangen gehalten. Dort oben hauchte er also sein kurzes Leben aus und ließ mich bitter enttäuscht zurück.

Eine Enttäuschung ganz anderer Art erlebte ich im Frühjahr 1947. Ich hatte vom Muttertag gehört und wollte unserer Mami eine Freude ganz besonderer Art machen. Es war ein Tag mit einzigartigem Licht im Wald, das ich so sehr liebte. Die Sonne schien durch das erste frische, helle Grün der Buchen und sorgte so für diese unbeschreibliche Stimmung. Ich glaubte, davon meiner Mami etwas hereinholen zu können.

Ich ging also mit einem Messer bewaffnet durch die Pforte, die hinter der Scheune direkt in den Wald führte. An die Äste unserer Buchen wäre ich nicht herangekommen, aber weiter weg wusste ich einige Buchen, deren Äste tief herunter hingen. Dort schnitt ich einen ganzen Arm voll Zweige ab und schleppte sie nach Hause.

Sie in einen Eimer mit Wasser zu stellen wäre ja viel zu einfach gewesen, es sollte etwas Besonderes werden. Mit Nägeln und Hammer versuchte ich sie oben in der Veranda so an die Wand zu nageln, dass eine richtige grüne Höhle daraus wurde. Darin sollte die Mami dann sitzen und den Muttertag genießen.

Es kam ganz anders. Die federnden Bretter leisteten erbitterten Widerstand, und ich klopfte mir öfter als erwartet auf die Finger. Es dauerte endlos, bis einige Zweige mehr oder weniger kläglich an der Wand hingen. Mami hatte zu kochen begonnen und erwartete meine Hilfe. Die Spannung wuchs, bei Mami war der Geduldsfaden ob meiner Klopferei rasch zu Ende. Die Küchentür flog auf und sie fauchte: „Wann willst du denn nun endlich mal mit dieser verdammten Klopferei aufhören?"

Ich fing an zu heulen, ohne über meine schönen Pläne zu reden, die Stimmung war auf dem Nullpunkt. Ich verteidigte mich nicht, erledigte schmollend die mir zugedachte Arbeit, schluchzte und schwieg. Da fehlte eigentlich nur noch, dass Mami gefragt hätte, ob ich mal wieder einen „Pfumpf" hätte. Das war das schlimmste Wort, das man mir an den Kopf werfen konnte. Ich mag es bis heute nicht aussprechen, fürchte und hasse es immer noch. Ich setzte mich nie zur Wehr und versuchte, alle meine Probleme durch Knatscherei zu lösen. Dabei wäre ich ganz bestimmt ab und zu mal mit einer verständnisvollen Umarmung zu trösten gewesen.

Ich glaube, das ist in meinem ganzen Leben nicht anders geworden. Man sagt immer, dass ein Mensch Gefühle nicht weitergeben könne, die er selbst nicht erfahren hat.

Rückkehr ins Dorf

Im Frühjahr 1947 erfolgte der Umzug ins Dorf in das Haus am Steig Nr. 6 B.

Bis dahin hatte die Familie Holzmüller mit ihren kleinen Zwillingen neben dem Möckels Kurt und seiner Frau Hanne dort im ersten Stock gewohnt.

Die winzige Küche hatte ein Fenster zum Steig, rechts daneben stand der Küchenschrank, weißer Schleiflack mit geschweiften Türen. Gleich rechts neben der Eingangstür stand die Ofenbank, dahinter der Küchentisch. Mitten in der linken Wand war die Tür zum Schlafzimmer, links von der Tür stand der Kohleherd und rechts davon der Aufwaschtisch. Die gusseiserne Gosse befand sich gleich links von der Eingangstür. Das Klo mit der hölzernen Sitzbank war wie fast überall in den Häusern aus dieser Zeit auf halber Höhe im Treppenhaus. Immerhin brauchten wir nicht raus auf den Hof. Endlich war auch der endlos lange Schulweg viel kürzer geworden.

Im Dachgeschoss gehörte uns das mittlere Zimmer zur Giebelseite. Es hatte gerade Wände, war aber recht klein. Links davon gab es eine kleine Kammer, die nur vom Mittelzimmer aus erreichbar war. Die rechte Kammer war wenig größer und vom Boden aus zugänglich, dort schlief ich, Brüder und Rosl in der linken.

Ganz vorn in der Ecke hatte Großvater einmal einen Sack Zucker deponiert. Er wollte ihn wohl vor der Betriebskontrolle verbergen. Der Brüder hatte im Zimmer einen Löffel versteckt. Mit dem naschten die beiden Kleinen allabendlich vom Zucker. Ein Löffel voll fiel ja wohl nicht auf, aber wenn man das über mehrere Wochen macht, schon. Als Großvater den Sack wieder abholen wollte, kam jedenfalls alles raus. Mami musste den Zucker ersetzen, da war der „Vetter", wie wir ihn auch manchmal nannten, sehr eisern.

Wir wohnten noch nicht sehr lange im Dorf, als eines Tages der Briefträger ein gelbes, unscheinbares Kärtchen brachte. Lapidar wurde uns darauf mitgeteilt, dass unser Vati am 13. April 1945 in Vechta verstorben wäre.

Natürlich hatten wir immer noch gehofft, dass ein Brief von ihm kommen würde, aber für mich war das allmählich jenseits aller Vorstellungen gerückt. Die Zeitspanne war einfach zu lang gewesen. Die letzte Nachricht von ihm war zwei Jahre alt und stammte aus Osnabrück.

Verstorben? War er krank? Es war alles so unwirklich, nicht zu fassen und nicht zu erklären. Ich sehe noch Mami schluchzend im Bett liegen.

Der Brüder hockte davor und wollte sie trösten. „Wein nicht mehr, du hast doch mich."

Von diesem Tage an nannte ihn jeder nur noch Rudi, seine Kindheit als Brüder war zu Ende. Er war gerade mal zehn Jahre alt, Rosl war neun und ich zwölf.

Nur kurze Zeit später kam eine weitere Nachricht vom Schweizer Roten Kreuz. Darin stand, dass Vati am 12. April gefallen sei.

Die Verwirrung war komplett, als bald ein brauner Umschlag folgte, in dem einige Unterlagen steckten: sein Soldbuch, ein Kalender mit Eintragungen, ein Kamm und ein rätselhafter Zettel. Darauf hatte er eine Erklärung über eine durchgeführte Zerstörung von Sendeanlagen aufgeschrieben. Es war seine Handschrift, aber fahrig geschrieben und mehrfach korrigiert. Mami sagte, das sei nicht seine Art zu schreiben gewesen, er hätte das unter großem Druck geschrieben.

Sie war bald davon überzeugt, dass man ihn standrechtlich erschossen hätte wegen der Zerstörung eben dieser Sendeanlage.

1960 konnte ich diese Vorfälle in Vechta aufklären. Unser Vati war Opfer einer Panzergranate. Erst am nächsten Tag wurde er an Ort und Stelle, eingeschlagen in eine Zeltplane, verscharrt. Die Erkennungsmarke war aber schon abgebrochen. Seine Brieftasche brachte man ins Lazarett nach Vechta.

Unser Leben musste weitergehen. Wir kamen nie über den Verlust hinweg. Ich vergrub das Geschehen tief in mir, aber mein Denken und Fühlen war immer davon beeinflusst. Ich konnte daher schlecht mit Menschen umgehen, die sich ständig über ihr Schicksal beklagten, obwohl sie niemanden auf diese Weise verloren hatten.

Wir drei Geschwister stellten unseren Vater auf einen hohen Sockel wie ein Denkmal und fanden so einen imaginären Halt an ihm, der uns immer dann Kraft verlieh, wenn wir sie brauchten. Das machte uns stark.

Schlimm war, dass es keine Stelle gab, an der wir unsere Trauer verarbeiten konnten. Mami tat etwas, für das ich ihr heute noch dankbar bin.

Sie besorgte einen Kranz, ich wurde zum Gärtner geschickt, um Chrysanthemen zu holen. Da wir kein Grab für unseren Vater hatten, legten wir im Schutz der Dunkelheit gemeinsam den Kranz am Kriegerdenkmal im Dorf nieder. Ich bin sicher, dass es zum Totensonntag war, weil es schon früh dunkel und auch nicht gerade warm draußen war.

Niemand bemerkte etwas. Es gehörte seitens meiner Mutter eine ganze Menge Mut dazu, unmittelbar nach Kriegsende so etwas Verbotenes zu tun. Der Kranz blieb sogar lange liegen, ich sah ihn täglich auf meinem Schulweg. In mir verwandelte sich ein Teil meiner Trauer in Trotz.

Zu dieser Zeit prangten viele Parolen an Fabriken oder öffentlichen Gebäuden auf großen Transparenten. Der Satz „Nie wieder Krieg" bekam einen ganz besonderen Stellenwert. Ich verinnerlichte ihn für alle Zeiten. Er wurde zu einer der Wurzeln für mein späteres politisches Engagement und erweckte mein bleibendes Interesse an Hintergründen für alles, was mit Krieg zu tun hat. Andererseits zweifelte ich aber auch an vielem, was uns in der Schule erzählt wurde.

Seit dem Herbst 1947 besuchte ich die Schule in Kirchberg. Es waren die schönsten Schuljahre meines Lebens. Alle liebten wir unseren Klassenlehrer Heinrich Petzold, auch dann noch, als er seine Kollegin Frau Lang heiratete. Er legte Wert auf kritisches Denken, förderte unsere Talente und prägte unsere Klassengemeinschaft auch außerhalb des normalen Unterrichts.

Unsere Klasse war zusammengewürfelt aus Burkersdorfern, Leutersbachern und Saupersdorfern. Wir hielten fest zusammen, auch wenn wir völlig entgegengesetzte Schulwege hatten.

Außerhalb des normalen Unterrichtes leitete Heinrich Petzold einen Schulchor. Höhepunkt im achten Schuljahr war die Aufführung des Märchens „Liese auf der Märchenwiese" in der Gaststätte „Wiener Spitze". Frau Lang übernahm die musikalisch - tänzerischen Einlagen, Herr Ermes als Zeichenlehrer gestaltete die Kulissen. Die Aufführung war ein voller, öffentlicher Erfolg.

Ich spielte leider nicht mit und war darüber auch manchmal traurig, versuchte aber, zu verstehen, warum. Hannelore Göhlich und Günther Risse spielten die Hauptrollen, sie sprachen aufgrund ihrer Herkunft ein astreines Hochdeutsch. Erhard Oberlein war der dirigierende Froschkönig, spielte seine Rolle perfekt, steigerte sich von Aufführung zu Aufführung und bekam Zwischenbeifall. Ein Unterhaltungstalent.

Klar, ich mit meinen roten Haaren und den vielen Sommersprossen war ja auch nicht schön genug. Hannelore Göhlich hatte wunderschöne blonde Locken, Annelies Unger sprach auch Hochdeutsch. Ich überstand meine Enttäuschung, weil ich das alles einsah.

Unser Geschichtslehrer schaffte im Unterricht ständig Bezüge zur Gegenwart, aber ich zweifelte immer mehr an dem, was er uns da erzählte, wagte aber auch nicht, etwas zu hinterfragen. Das ging den anderen auch so. Daher fassten wir uns eines Tages ein Herz und fragten unseren geliebten Klassenlehrer, ob er nicht das Fach Geschichte übernehmen könnte. Er lehnte ab mit der Begründung, dass er das nicht verantworten könne. Mir wurde sehr schnell klar, dass seine politische Ansicht nicht der geforderten Meinung entsprach und akzeptierte. Ich wollte weiter zur Oberschule, zur Opposition oder gar zur Rebellion taugte ich nicht, da mir der Mut fehlte.

Im Chor lernten wir viele Heimatlieder, vor allem solche von Anton Günther. Als wir „Hohe Nacht der klaren Sterne" lernen wollten, druckste „unser Heiner", wie wir ihn manchmal heimlich, aber vertraulich nannten, herum und lehnte das Erlernen des Liedes ab.

Wir verstanden ihn nicht, da wir keine Ahnung hatten, dass das Lied zu den Lieblingsliedern des Dritten Reiches gehört hatte, uns gefiel es einfach.

Unser Schulchor wurde immer besser. Wir sangen inzwischen dreistimmig und hatten manchen öffentlichen Auftritt. Mein Selbstbewusstsein wuchs. Unsere Klasse hielt immer fester zusammen und der gemeinsame Schulweg war lang.

Um die Weihnachtszeit lernten wir Weihnachtslieder aus dem Erzgebirge. So blieben wir auf dem Heimweg in der Dunkelheit einige Male stehen und sangen aus vollem Halse das, was wir gerade gelernt hatten. Wir wurden auch tatsächlich gehört, weil es im Dorf ganz still war. Kein Verkehrslärm, kein Hundegebell. Wir fanden das einfach schön und waren überzeugt, den Leuten eine Freude zu machen.

Die Schule hatte einen großen Anteil am kulturellen Angebot. Der Saal in Baumanns Gasthof war immer voll besetzt, egal was geboten wurde, ob es nun der Kasperle oder das Hohensteiner Puppentheater war. Selbst in der

Kammgarnspinnerei hatte sich eine Laienspielgruppe zusammengefunden.

Irgendwann hörte unseren Gesang unsere alte Lehrerin, Frau Schrad, und sprach unsere kleine Gruppe an, ob wir im Gasthof singen könnten. Wie waren begeistert. Auf der Bühne stand ein altes Klavier. Ich hatte ein bisschen Klavierspielen gelernt, konnte Noten lesen und gab den Ton für alle drei Stimmen an. Unser Gesang war ein voller Erfolg. Fortan fragte Frau Schrad, wann wir denn wieder etwas Neues gelernt hätten. Wir konnten es kaum erwarten, neue Lieder zum Besten zu geben.

Eines Tages rief mich unser lieber Heiner mit ernster Miene in der Pause auf den Flur in der Schule. Ich ahnte überhaupt nichts Böses und, hatte auch kein schlechtes Gewissen. Aber ich bekam eine Gardinenpredigt, wie ich sie nie erwartet hätte. Er hätte uns das schließlich beigebracht, wir dürften doch nicht einfach so tun, als wäre das unsere Leistung. Ich glaube, es fiel sogar das Wort vom geistigen Eigentum. Ich schämte mich in Grund und Boden. Hätten wir bei unseren Auftritten einfach sagen sollen, dass wir die Lieder bei ihm gelernt hatten? War ihm das so wichtig? Wieso war er enttäuscht von uns? Wir wollten ihm doch nichts wegnehmen oder seine Leistung etwa nicht anerkennen. Im Gegenteil! Ich hätte geglaubt, er freue sich mit uns. So sehr ich mich auch schämte, ich begriff auch allmählich, dass er eher eifersüchtig war.

Natürlich waren unsere Auftritte fortan nur noch Erinnerung. Schade. Für mich blieb der Vorfall ein Stück Erfahrung mit bitterem Beigeschmack.

Auf unser gutes Verhältnis im Unterricht hatte es zum Glück keinerlei Einfluss.
Zu meinen Lieblingsfächern zählte Mathematik, ganz besonders Geometrie.

Die ersten positiven Erfahrungen machte ich schon im sechsten Schuljahr.

Wir sollten nur mit Zirkel und Lineal so viele Winkel zeichnen wie möglich, da wir gerade gelernt hatten, nur mit dem Zirkel einen Winkel zu teilen.

Mir machte das Zeichnen unendlich viel Spaß, ich hatte aber nicht genug Papier. Ich suchte und suchte und entdeckte überraschend in Mamis handgeschriebenem Kochbuch etliche freie Seiten. Das Papier war stark und auch noch ganz glatt, man konnte besonders gut damit arbeiten. Kurzerhand trennte ich einige freie Seiten heraus und versah sie mit immer neuen Winkeln. Den ganzen Nachmittag war ich damit beschäftigt. Das Ergebnis konnte sich sehen lassen. In der Schule bekam ich ein dickes Lob, aber Mami war sehr traurig, dass ich ihr Kochbuch ruiniert hatte.

Sie hatte mich mehr als einmal bezichtigt, ein Egoist zu sein. Ein Egoist zu sein war für mich immer eine schreckliche Vorstellung. Auf jeden Fall hatte das schulische Lob einen sehr hohen Preis.

Mein Interesse für Geometrie aber war geblieben, in Kirchberg konnte ich das noch weiter ausbauen. Mir half dabei sehr, dass ich stets das Reißzeug von Vati benutzen durfte. Im achten Schuljahr gab es in Geometrie zwei Einsen in unserer Klasse, eine bekam Werner Gonsior und die andere ich, und das als Mädchen!

Viel Spaß hatte ich auch an Aufsätzen. Meine beste Note war einmal eine Eins Plus. Aus mehreren möglichen Themen hatte ich ein Schiller-Zitat gewählt: „Dem Friedlichen gewährt man gern den Frieden."

Ich hatte es einfach widerlegt und dies mit Bespielen glaubhaft begründet. Ich fand es sehr mutig, dem großen Dichter zu widersprechen. Bei lebenden Persönlichkeiten hätte ich es bestimmt nicht gewagt.
Erdkunde liebte ich sehr, auch den Lehrer mochte ich. Seine geografischen Kenntnisse ließen aber zu wünschen übrig, sodass ich manche Gelegenheit nutzte, ihn aufs Glatteis zu führen.

Auch der Russischlehrer hatte nichts zu lachen. Er konnte sich einfach nicht durchsetzen und war viel zu gutmütig. Die Sprache mochten wir aufgrund unserer Erlebnisse nicht.

Trotzdem gehörten die beiden Jahre in Kirchberg zu meinen schönsten Erinnerungen an die Schulzeit. Heinrich Petzold gelang es, Talente zu erkennen, zu fördern und unser Selbstbewusstsein zu stärken.

Zweimal gab er mir ein dickes Buch, das ich durcharbeiten sollte. Nach relativ kurzer Zeit musste ich einen Vortrag vor der Klasse darüber halten. Es war einmal ein Buch über Island. Die Sehnsucht, dieses Land zu besuchen, lies mich nie wieder los.

Das zweite Buch „Schaff Gold, Böttcher!" behandelte die Erfindung des Porzellans.

Die größte Schwierigkeit bei meinen Vorträgen war, dass ich die Zeit nicht richtig einteilen konnte. Die Stunde verging viel zu schnell, und nach dem Pausenklingeln wollte mein Klasse natürlich raus. Ich lernte aber so, frei zu sprechen und auf Störungen angemessen zu reagieren.

Für mich stand schon vor Ende der Kirchberger Schulzeit fest, dass ich zur Oberschule gehen wollte. Einen Berufswunsch hatte ich noch nicht, hatte aber schon von der Forstakademie in Tharandt gehört. Aber Förster zu werden war ein unerreichbares Traumziel. Das Studium hätte zu lange gedauert und wäre zu teuer gewesen. Dass das eigentlich ein Männerberuf war, interessierte mich weniger. In der DDR standen Männerberufe auch für Frauen offen.

Kurz vor Ende des achten Schuljahres holte mich die hauptamtliche Pionierleiterin aus dem Unterricht zu einem Gespräch auf den Flur. Sie wollte mich für die FDJ, die staatlich anerkannte Jugendorganisation, werben. Ich war nicht begeistert und wollte Bedenkzeit. Unumwunden kam sie auf meinen Oberschulwunsch zu sprechen. Damit war mir sofort klar, dass ein baldiger Eintritt unumgänglich war. Ich hatte längst begriffen, dass ich mich anzupassen hatte, wenn ich etwas erreichen wollte.

Wichtig war auch die Erkenntnis, dass ich etwas tun musste, wenn ich etwas haben wollte. Ich war durchaus bereit, mich für bestimmte Ziele anzustrengen.

Zur Erreichung eines meiner Ziele gab der Wald allerhand her. Fast täglich stand ich noch vor Sonnenaufgang auf und marschierte schnurstracks hinaus in den Wald. Bevor ich den Forst erreichte, war es hell geworden. Es gab Pilze. Ich kannte natürlich auch ein paar ergiebige Plätze und brauchte nie mit leerem Korb nach Hause zu gehen. Ich brachte die Pilze für gewöhnlich zu Frau Schneider, die hatte einen kleinen Kolonialwarenladen gegenüber der Kammgarnspinnerei.

Ich verkaufte sie aber nicht, ich tauschte sie gegen Zuckerkringel ein, die man Fondant nannte. Ich versteckte dieses Fondant in meiner Kammer.

Zu Weihnachten wollte ich für alle einen Naschteller bereiten. Die Zeit war lang bis Weihnachten, aber ich naschte wirklich nur ganz, ganz selten davon. Als es dann soweit war, dekorierte ich vier der braun gemusterten Kuchenteller von Mami mit Tannengrün und legte für jeden genau die gleiche Anzahl bunter Fondantkringel darauf. Selbstverständlich war auch ein Teller für mich mit dabei.

Als Mami die Bescherung sah, fing sie an zu weinen und sagte: „Ich sehe genau einen fünften Teller in der Mitte für unseren Vati."

Wir weinten alle.

Mami hatte durch ihre Hamstertouren nach Gehrden enge Beziehungen aufgebaut. Die Familie Baumgart hatte Rudi und mich in den Ferien eingeladen. Sie besaßen einen großen Bauernhof mit Pferden und einen Riesengarten, in dem sogar Pfirsiche wuchsen. Baumgarts hatten zwei Kinder, die altersmäßig zu uns passten, Marie-Luise war etwas älter als ich und Erich war in Rudis Alter. Erich hatte sogar ein eigenes Pferd.

In Güterglück holten sie uns mit dem Pferdewagen ab, was an sich schon ein Erlebnis war.

Kurz darauf gab es in Zerbst ein riesiges historisches Jubiläum. Ich erfuhr zum ersten Mal, dass Katharina die Große in Zerbst geboren war. Wunderschöne historische Kostüme, ein langer Umzug mit historischen Persönlichkeiten, Menschen an einem Pranger, die Butterjungfer von Zerbst, Gaukler – die Bilder wurden zu einem Strom von Ereignissen, die für mich zu erlebter Geschichte wurden. Natürlich fuhren wir wieder mit dem Pferdewagen nach Hause, das machte die Sache perfekt.

Ein einziges Problem, das ich dort hatte, war die Sache mit dem Wasser.

Es wurde mittels einer Pumpe mit einem Schwengel, so wie das auch noch in Schwaan gewesen war, heraufgepumpt und ins Haus getragen. Aber es sah richtig gelb aus, wenn es in die kleine Waschschüssel auf dem Metallgestell in der Küche gegossen wurde. An dem Gestell hing ein blau kariertes Handtuch, das immer nass war und einen unverkennbaren, säuerlichen Geruch von sich gab. Ich ekelte mich davor genau so sehr wie vor dem einzigen Waschlappen, der von allen benutzt wurde, der ebenso vergammelt roch und dazu auch noch glitschig war. Frau Baumgart erklärte mir, dass die gelbe Farbe des Wassers davon käme, dass der Brunnen gleich neben dem Misthaufen in der Mitte des Hofes stand. Ich ekelte mich daraufhin noch mehr. Nie hätte ich das getrunken. Der Malzkaffee schmeckte auch nicht gerade gut.

Mich entschädigten die Bratkartoffeln, die mit viel Butter gebraten wurden. Es gab immer selbst eingelegte saure Gurken dazu.

Rudi und Erich verbrachten die meiste Zeit auf den Feldern. Diese waren teilweise weit weg, riesig und ganz flach. Das Getreide wuchs viel höher als ich das von zu Hause kannte.

Sonntags gingen wir ein paar Mal zu einem nahe gelegenen See zum Baden. Schwimmen konnte ich noch nicht, aber das Wasser war herrlich frisch und sauber. Natürlich bekamen wir strenge Verhaltensregeln auferlegt. Das machte aber gar nichts, auf dumme Gedanken kamen wir nicht.

Als die schöne Ferienzeit zu Ende ging, saßen wir still und traurig beim Mittagessen. Besonders die beiden Jungen kauten länger als sonst auf ihrem Essen herum. Als Herr Baumgart sie darauf ansprach, stand beiden das Wasser in den Augen. „Na, Rudi, willste vielleicht hierbleiben?"

„Geht denn das?" fragte der etwas skeptisch.

„Na klar, wir müssen das nur mit deiner Mutter besprechen."

Schwupp, verschwanden zwei strahlende Jungen wieder auf dem Feld.

Ich musste meinen Koffer für mich alleine packen. Am nächsten Tag fuhr ich mit Erichs Mutter und noch einer anderen Frau wieder nach Hause und Rudi blieb in Mecklenburg.

Für mich sollte ein neuer Lebensabschnitt beginnen. Ich war an der Oberschule in Schneeberg angemeldet und sollte dort ins Internat.

Ende der Kindheit

Die Entscheidung, welche Oberschule besucht werden sollte, fiel relativ leicht. Es gab zwei zur Auswahl: Zwickau und Schneeberg. Nach Zwickau hätte ich täglich mit dem Zug fahren müssen, das kostete natürlich Fahrgeld. Schneeberg war nicht ganz so weit und hatte einen Vorteil: es gab ein Internat. Ob mir das Leben dort gefallen würde, interessierte nicht. Weitaus wichtiger war die Tatsache, dass mir als Halbwaise die monatlichen Internatskosten von 65 Mark erlassen wurden. Damit war die Entscheidung gefallen. Eine Verkehrsverbindung nach Schneeberg gab es nicht, die acht Kilometer mussten also zu Fuß bewältigt werden.

Großvater war in letzter Zeit öfter richtig krank. Einmal lag er sogar zu einer „Ulkuskur" – einer Spezialdiät – im Krankenhaus. Er litt immer wieder unter Magenschmerzen.
Manchmal kam er in der Mittagszeit zu uns, legte sich mit einer Wärmflasche für ein Stündchen aufs Sofa, dann ging er wieder in die Fabrik. Eine Urlaubsreise hatte er mit Großmutter nur ein einziges Mal gemacht, nach Wernigerode im Harz. Jahrelang wurde von dieser Reise erzählt, ein Bild vom Rathaus in Wernigerode hing seither in der Küche.

So waren alle recht angetan von seinem Entschluss, mit den beiden Frauen für ein paar Tage zur Erholung nach Gehrden zu fahren. Er war siebenundfünfzig Jahre alt, war Mittelpunkt und Oberhaupt der ganzen Familie und hatte alles fest im Griff. Es wunderte also keinen, dass er einiges zu richten hatte, bevor er für ein paar Tage das Waldhaus verlassen sollte.

In seinem geliebten Männerchor „Arion" hatte er veranlasst, dass ein Lied für eine Trauerfeierfeier eingeübt wurde. Es gab da schließlich einige recht alte Herren und man musste vorbereitet sein. Beim Kleeholen vor der Reise saß er oben am Waldrand, blickte in Richtung Kuhberg und sagt zur Großmutter: „So schön wie heute habe ich den Morgen hier draußen noch nie erlebt."

Mich rief er im Waldhaus oben auf den Flur, drückte mir zwanzig Mark in die Hand – das war für mich ein kleines Vermögen – und sagte: „Wenn du die andere Schule jetzt anfängst, mach sie auch zu Ende, man darf im Leben keine halben Sachen machen!"
Ich versprach es. Es war ein seltsames Gefühl, konnte ich mich doch nicht erinnern, jemals von ihm Geld bekommen zu haben.

Von Großmutter verabschiedete er sich am nächsten Morgen mit den Worten: „Mutter, halt Frieden im Haus!"

Ausgemacht war, dass ich Großvater und die beiden Frauen zum Kirchberger Bahnhof bringen sollte. Mit dem Zug eine Stunde später hätten sie den Anschluss in Wilkau - Haßlau zwar auch noch erreicht, aber so früh würden sie wahrscheinlich noch einen Sitzplatz bekommen.
Es war noch ziemlich dunkel, als wir mit dem Handwagen losratterten. Am Lutherplatz blieb der Großvater plötzlich zurück. An der Post hielten wir an, um auf ihn zu warten. Ich sah ihn an der Straßenlaterne stehen. Er stand mit dem Gesicht zum Laternenpfahl, den Kopf gegen den Unterarm gestützt, den er gegen den Pfahl gelehnt hatte. Im fahlen Licht der Laterne sah das aus wie ein Scherenschnitt. Ich glaubte, dass es Großvater schlecht geworden sei und er eine kleine Pause brauche.

Wir beschlossen, weiter zu fahren, bis zum Bahnhof war es ja nicht mehr sehr weit. Die Bimmelbahn stand schon bereit. So stiegen die Frauen ein und nahmen Großvaters Koffer mit. Er würde dann mit dem nächsten Zug nachkommen. Ich wartete noch, bis der Zug abfuhr und machte mich dann auf den Heimweg. Noch in der Bahnhofstraße schrieb ich in Gedanken ein Telegramm: „Kommen unmöglich, Vater tot." Es erschien so deutlich, als hätte ich das Telegramm wirklich abgeschickt.

Als ich mich dem Platz näherte an dem ich Großvater zum letzten Mal gesehen hatte, erwartete ich, dass er auf der Treppe zum höher liegenden Platz säße.

Die Treppe war leer. Ich war zwar erleichtert, aber auch verunsichert. Irgendetwas musste passiert sein. Es war immer noch nicht richtig hell, kein Mensch auf der Straße, den ich hätte fragen können.

So zockelte ich mit meinem Handwagen weiter. An der Wiener Spitze kam mir Mami mit dem Fahrrad entgegen. Sie sagte nur: „Geh' nach Hause, das ist nichts für dich!" Ich hatte gelernt, nicht zu widersprechen, aber es musste etwas Schlimmes sein.

Der Weg nach Hause war schwer, alles um mich her wirkte ungewiss und bedrohlich.

Zu Hause in der Küche öffnete ich das Fenster und wartete. Ich lief ein paar Mal hin und her und konnte keine Ruhe finden. Es war inzwischen hell geworden, aber noch sehr dunstig, eben herbstlich. Dann sah ich endlich meine Mami kommen. Sie schob das Fahrrad und schluchzte. In dem Augenblick war mir endgültig klar, dass unser Großvater, der Mittelpunkt und der Halt unserer Familie, für immer gegangen war.

Oben erzählte mir Mami, dass sie, nachdem wir uns verabschiedet hatten, wieder eingeschlafen war. Im Schlaf hätte sie dann Schritte auf der Holztreppe und über dem Boden gehört und wäre aufgestanden. Sie war fest überzeugt, dass Großvater gekommen sei, es wäre aber ganz still im Haus gewesen. Unruhig wäre sie runter gegangen. Bald darauf hätte jemand aus der Nachbarschaft gerufen. Im Haus von Tröltzsch gab es ein Telefon. Dort hatte jemand angerufen und gesagt, dass sie in die Textilfabrik am Lutherplatz kommen sollte, ihr Vater wäre dort. Als sie dort eintraf, sah sie ihn schon durch das Fenster des Pförtners liegen. Jemand hatte ihm das Kinn hochgebunden, er war schon tot. Mit letzter Kraft hatte er sich die paar Schritte in die Fabrik geschleppt, gesagt, dass ihm schlecht sei. Er starb an einem Lungenschlag. So wurde es jedenfalls erklärt.

Nachdem sie mir das alles erzählt hatte, machten wir uns auf zum Waldhaus. Unterwegs trafen wir den Bauern Albert Petzold, der beim Kleeholen war. Er rief uns zu: „Was wollt denn ihr zwei Weiber so zeitig unterwegs?"

Er mochte gar nicht glauben, was Mami ihm da über die Wiese zurief. Makaber, wenn so eine Nachricht laut gerufen wird, aber es passte zur Situation. Alles schien nicht wahr zu sein. Unser Großvater war doch noch nicht mal achtundfünfzig Jahre alt, da durfte man doch nicht so einfach sterben.

Die Großmutter reagierte völlig hilflos, sie konnte es einfach nicht begreifen. Hildegard, Bobs Frau, saß hochschwanger im Nachthemd oben neben der Küchentür, sie hatte noch geschlafen, als wir ankamen.

Ein letztes Mal sah ich Großvater in der Leichenhalle auf dem Friedhof. Er war dort aufgebahrt worden. Die Tage Anfang September waren sehr heiß, und es gab noch keinerlei Kühlmöglichkeiten. Deshalb fand die Beerdigung auch einen Tag früher statt als üblich. Großvater war nicht der erste Tote, den ich dort sah.

Schon früher gingen wir nach der Schule oft über den Friedhof. Angst hatten wir dabei nicht, an Albernheiten dachte keiner von uns. Auch wenn wir neugierig waren, geschah das immer mit dem nötigen Respekt und in aller Stille. In Saupersdorf war einmal ein achtjähriges Kind überfahren worden. Wir wunderten uns, dass davon außer einem kleinen blauen Fleck über der Nase nichts zu sehen war. Manchmal begegneten wir auch dem schwarzen Leichenwagen. Die Leichenmänner trugen so komische Hüte mit eingerollten Krempen, die nach vorne und hinten eine Spitze bildeten. Auf dem Heimweg nach Saupersdorf saßen die Leichenmänner hinten auf dem geöffneten Wagen und ließen die Beine baumeln. Ich glaube, da hätte ich nie sitzen können, aber Scheu hatten wir keine. Der Tod hatte für uns nichts Gruseliges.

So hatte ich auch keine Berührungsängste, als ich mich ganz allein von Großvater verabschiedete. Ich spürte seine schönen dunklen Haare unter meinen Händen, aber sein Gesicht und seine Hände waren schrecklich kalt.

Die Trauerfeier fand in der Kapelle auf dem Friedhof statt. Als die Männer vom „Arion" sangen „Über allen Gipfeln ist Ruh, warte nur, balde ruhest auch du!" konnte ich hemmungslos weinen. Meine Kindheit war endgültig vorbei.

Internat in Schneeberg

Am Tag der Beerdigung fand auch meine Einschulung in Schneeberg statt, allerdings ohne mich. Tags zuvor hatte Mami ein Taxi aus Kirchberg organisiert, das mich mit samt meinem blau karierten Bettzeug und ein paar Habseligkeiten ins Internat an der Schule brachte.

Es sollte meine erste Autofahrt werden. Herzklopfen bereitete mir die Tatsache, dass Karl-Heinz Lange mitgenommen wurde. Er war meine große, heimliche Liebe. Freudiges Herzklopfen und unendliche Traurigkeit so nahe beieinander. Das sollte mir in meinem Leben noch öfter passieren.

Im Internat bekam ich nur mein Bett und einen Schrank auf dem Flur zugewiesen, dann fuhr ich mit Mami wieder nach Hause. Nach der Beerdigung ging ich zu Fuß wieder nach Schneeberg, ich hatte ja auch nichts mehr zu tragen. Acht Kilometer, größtenteils durch den Forst, was war das schon. Ich kannte ja sogar den Weg.

Mein Bett stand im Schlafsaal ganz links in einer Reihe unter einem der großen Fenster. Ob es sechs oder acht Betten waren, weiß ich nicht mehr, nur dass am anderen Ende ganz hinten im Raum ein riesiges mitgebrachtes Bett stand, sehe ich noch genau vor mir. Es gehörte Helgard Müller aus Zwönitz. So wie das Bett den Raum beherrschte, benahm sich Helgard den anderen gegenüber. Alles wusste sie besser. Zum Glück war sie nicht in meiner Klasse.

Ich hatte mich für den naturwissenschaftlich - mathematischen Zweig gemeldet. Nicht nur, dass mir das mehr lag, meine damals beste Freundin Traudel Schmidt hatte auch so entschieden.

Von nun an war ich in allem auf mich allein gestellt. Ich weinte viel in den ersten Tagen, immer heimlich abends im Bett.

In der Klasse wurde ich schnell heimisch. Wenn ich mich recht erinnere, waren wir anfangs acht Mädchen und über vierzig Jungen. Später gehörten von den Mädchen noch Hannelore Reinheckel, Elisabeth Deiß, Ingrid Apel und Traudel Schmidt dazu. Von den Jungen aus der Kirchberger Zeit waren Erhard Oberlein, Karl-Heinz Lange und Werner Gonsior dabei.

Das Internat war nicht nur aus heutiger Sicht eine einzige Zumutung. Die beiden Schlafsäle für die Mädchen befanden sich im Erdgeschoss des linken Flügels. Außer den unter den Fenstern aufgereihten Betten stand ein schwerer Eichentisch in der Mitte, bedeckt mit Schondecken und einem weißen Bettlaken. Benutzt werden konnte er nicht, tagsüber war der Schlafsaal nämlich geschlossen. Rechts an der Innenwand waren einige Waschbecken angebracht. Dass es nur kaltes Wasser gab störte uns wenig, das kannten wir auch von zu Hause nicht anders. Duschräume waren unbekannt. Die Toiletten erreichte man durch den Hinterausgang über einen immerhin überdachten gepflasterten Gang. Mehrere Plumpsklos waren in einem Bretterverschlag, einfach nur Löcher in einer ehemals gestrichenen Sitzbank über einer sehr tiefen, offenen Grube. Es stank stets so, dass einem die Tränen übers Gesicht liefen, die Augen brannten entsetzlich. Papier brachte man am besten in Gestalt des „Neuen Deutschlands" selbst mit.

Ich war schon ein paar Wochen da, als mich einmal eine von den älteren Mädchen fragte, ob wir denn gar keine Angst gehabt hätten, als wir im September 1949 hier angekommen waren. Noch im August hatte nämlich der Jahrgang vor uns in Quarantäne festgesessen, da Typhus ausgebrochen war. Darum war also die Grube so tief — sie hatten den ganzen Scheiß vor unserem Kommen abgefahren und die Grube gekälkt.

Unsere Typhusimpfungen waren höchstens vier Jahre alt und damit noch relativ frisch. Es war schon ein Segen, dass 1950 neue WC im Gebäudeinnern eingebaut wurden.

Am Kopfende des rechten Flügels lag der Speisesaal, der nur während der Mahlzeiten geöffnet wurde. Einen Aufenthaltsraum gab es überhaupt nicht.

Außerhalb der Unterrichtszeiten verbrachten wir Arbeits – wie Freizeit im Klassenzimmer immer am gleichen Platz. Die Zeiten waren streng geregelt und wurden entsprechend kontrolliert. Während der Arbeitszeit hatte absolute Stille zu herrschen. Auch kleinste Vergehen wurden ins Klassenbuch eingetragen.

Ich hatte mir einmal nach den Sommerferien ein Fahrrad geliehen und war über den Forst bis zu meiner Großmutter gefahren. Die Hälfte der Strecke musste ich aber schieben, denn die Berge wären selbst mit Gangschaltung, die es damals natürlich noch nicht gab, einfach nicht zu fahren gewesen. Der Aufenthalt bei der Großmutter war also auf wenige Minuten begrenzt. Sie machte mir eine herrlich „Bemme" mit ausgelassenem Speck drauf. Runter schlingen während man den Berg hochschiebt? Niemals! Großmutter wickelte sie mir in ein Stück Pergamentpapier und ich schob sie in die Jackentasche. Die Versuchung, unterwegs abzubeißen war riesig.

Ich beherrschte mich in erwartungsvoller Vorfreude. Aber ich verlor den Wettkampf mit der Zeit. Der Gong ertönte, als ich die Schule betrat. Essbares in den Spind auf den Gang zu legen war aber verboten und die Zeit dazu auch viel zu knapp. So schob ich mein Päckchen unter meine Schulbank.

In dem Fach unter der Tischplatte, die ja eigentlich eine Schultasche aufnehmen sollte, herrschte bei mir immer Chaos. Ich saß auch noch ganz vorn und die Tür war ganz hinten.

Unser Internatsleiter Sommer hatte die biestige Angewohnheit, sich anzuschleichen, an der Tür stehen zu bleiben und nach diversen Vergehen Ausschau zu halten. Mit seinen Argusaugen hatte er natürlich mein Päckchen erspäht. „Na, Rammler, was hast du denn da unter deinem Tisch?"

Ich hätte ihn nie anlügen können. Wohl wissend, dass da unten nichts Essbares sein durfte, erklärte ich die Geschichte.

Er wickelte ganz langsam mein Brot aus, öffnete das Fenster und lockte die Hühner des Hausmeisters: „Putt, putt, putt".

Von Sadismus hatte ich noch nie gehört, aber sein genüssliches Gesicht fiel mir später noch oft ein.

Von dem Tag an hasste ich ihn, aber ich wehrte mich nicht, nur die Zähne musste ich sehr hart zusammen beißen. Heulen wäre mir wohl viel näher gewesen, aber ich spürte auch so etwas wie Stolz und Stärke. Zu Hause erzählte ich von dem Vorfall nichts, es hätte sowieso nichts genutzt. Meine Mutter wäre nicht auf den Gedanken gekommen, sich über das Verhalten eines Lehrers zu beschweren.

Im Übrigen ging ich immer noch gern zur Schule. Zum Wochenende ging es fast immer nach Hause. Die meisten konnten mit dem Zug fahren, vorausgesetzt sie wohnten im Gebiet von Aue oder Schwarzenberg. Nach Kirchberg gab es eine solche Verbindung nicht, auch keinen öffentlichen Bus. Manchmal wurde Ruth Fickert aus Leutersbach oder Traudel Schmidt aus Kirchberg mit dem Auto abgeholt. Dann nahmen sie mich bis Kirchberg mit. Den Rest ging ich zu Fuß.

Am Ortsausgang von Schneeberg befand sich eine von Russen besetzte Straßensperre mitsamt Schlagbaum. Dort warteten wir manchmal, dass ein Schachtauto uns mitnahm. Schneeberg war wegen des Uranbergbaues Sperrgebiet und die Wismut einer der Hauptarbeitgeber der Region. Ich stieg dann an der Abzweigung nach

Saupersdorf aus und ging ganz allein durch den Forst. Angst hatte ich eigentlich keine. Manchmal holte mich sogar meine Mutter ein Stück weit ab, aber das kam nicht sehr oft vor. Mulmig konnte es einem schon werden.

Einmal kam ein „Schachter", so nannte man die Wismutarbeiter, mit dem Fahrrad hinter mir her. Er pfiff dauernd den Schlager vom „Mariandl" und fuhr dabei ganz langsam. Als meine Großmutter in weiter Ferne mit dem Rad auftauchte, winkte ich heftig. Er fuhr er endlich an mir vorbei, klopfte mir aber im Vorbeifahren auf den Hintern. Ich war fünfzehn und hatte keine blasse Ahnung, warum er sich so verhielt. Ich begegnete ihm Gott sei Dank nie wieder.

Dann nahm mich eines Tages an der Sperre ein Lastauto mit. Ich saß im engen Fahrerhaus zwischen Fahrer und Beifahrer. Unterwegs stellten sie komische Fragen nach der Schule, nach Geschichtsunterricht, wann denn der 3. Weltkrieg käme. Ich stotterte nur, denn solche Fragen verlangten als Antwort eine Meinung, und ich hatte sofort Angst, ausgehorcht zu werden. Dann wurden sie noch dämlicher und luden mich ein, ich könnte doch noch weiter bis zu ihrem über dreihundert Kilometer entfernten Zielort, der Zuckerfabrik in Tangermünde, mitfahren.

Inzwischen hatten wir die Höhe Burkersdorf erreicht. Der Fahrer hielt an, aber der Beifahrer hielt mich fest und verlangte einen Kuss. Ich wehrte mich, so gut es in der Enge des Fahrerhauses möglich war. Dann bettelte ich den Fahrer an, er solle mich doch auf der anderen Seite aussteigen lassen. Das feiste Grinsen habe ich bis heute vor Augen. Die rechte Tür war offen. Es gab ein heftiges Gerangel.

Meine Angst verlieh mir Bärenkräfte. Die Böschung am Straßenrand war ungefähr anderthalb Meter tief. Zuerst schmiss ich meine Tasche raus, dann hechtete ich hinterher. Das hatte der Kerl wohl kaum erwartet, aber ich war draußen. Es half mir, dass ich immer schon sportlich ganz auf der Höhe war. Ich hatte mir jedenfalls nichts gebrochen. Aber vor Ekel spuckte ich bis nach Hause immerzu. Waschen, waschen. Kaltes Wasser tat unendlich gut. Mami fragte nicht, was passiert war, dabei hätte sie sicher Schlüsse aus meinem Verhalten ziehen können. Vielleicht zog sie aber auch Rückschlüsse – ich wusch mir ja „nur" mein Gesicht.

Ich war froh, dass ich nichts erzählen musste. Trotzdem hatte die Sache auch eine gute Seite, denn ich stieg nie mehr in ein fremdes Auto.

Den Heimweg am Wochenende machte ich also zu Fuß durch den Forst, aber für den Hinweg am Montagmorgen fuhr um 5.00 Uhr der Schachtbus mit den Wismutarbeitern unweit von unserem Haus drüben auf der Hauptstraße ab.

Mami fuhr auch manchmal mit, wenn sie Frühschicht hatte. Sie arbeitete damals als Telefonistin auf Schacht 65 und hatte die Fahrer gefragt, ob ich mitfahren könnte. Das war kein Problem, aber für mich sollte es manchmal recht unangenehm werden. An der Haltestelle in Saupersdorf stand oftmals ein Mann, der auch mitfuhr. Ich wusste, dass es der Vater eines mir bekannten Mädchens war. Im Winter war es morgens nicht nur sehr kalt, sondern auch noch dunkel. Er nahm mich einige Male in den Arm, um mich zu wärmen, wie er sagte. Ich verstand das nicht, fühlte mich auch nicht wohl, hielt aber still. Unsittlich berührte er mich nicht.

Viel schlimmer war es einmal im Bus, als kein Platz mehr war. Meisten waren die Schachtbusse bis auf den letzten Platz besetzt. Die Männer hatten deswegen Bretter unter den Sitzen, die sie bei Bedarf quer über den schmalen Mittelgang legten. So hatten sie zwar keine Lehne, brauchten aber auf der ganzen rumpeligen Fahrt über Kirchberg und Burkersdorf nicht zu stehen. Einer, der noch einen richtigen Platz ergattert hatte, zog mich zu sich heran und sagte: „Komm, Mädel, kannst bei mir auf dem Schoß sitzen."

Bei dem Platzmangel dachte ich mir natürlich überhaupt nichts dabei. Nach einiger Zeit fummelte er aber durch meinen aufgeknöpften Mantel zwischen meinen Beinen herum. Ich kriegte schreckliche Angst, getraute mich aber nicht, mich zu wehren. Ich war wie erstarrt, als ich endlich mit ganz heiserer Stimme sagte: „Muss das sein?"

Er ließ tatsächlich von mir ab, aber richtig erleichtert war ich erst, als ich in Schneeberg aussteigen konnte. Meine größte Angst war, dass die anderen Arbeiter etwas davon bemerkt hatten

Ich erzählte zu Hause vor lauter Scham wieder nichts. Ich war ein richtig dummes, unaufgeklärtes Mädchen, das nicht wusste, was ihm da passierte. Meine Mutter erzählte mir später einmal, dass sie davon ausgegangen sei, ich wäre in der Schule aufgeklärt worden. Dabei wusste ich in der Internatszeit noch nicht einmal, warum es Ehebetten gab. Ich glaubte zwar nicht mehr an den Klapperstorch, aber immer noch, dass Eltern mit drei Kindern genau dreimal miteinander geschlafen hätten.

Helgards Mutter versuchte einmal so eine Art Aufklärung. In Zwönitz gab es mehrmals Wochenendtreffen oder Geburtstage. Bei einem solchen Besuch erzählte sie uns von allerlei Perversitäten, aber die halfen bei mir auch nicht weiter, stießen nur auf Ekel und Ablehnung. Mir fehlte es eben an Grundwissen.

Meine Beziehung zu den einzelnen Schulfächern war weitgehend immer noch von den Lehrern abhängig, mein Lieblingsfach damit immer noch Mathe. Es wurde aber schwerer. Ich mochte den Lehrer, Herrn Leibiger, recht gerne. Er wurde nur der „Käs" genannt, weil er vor seiner zweiten Lehrerprüfung weiß im Gesicht wurde und in Ohnmacht fiel.

Nach diesem Vorfall bekamen wir Herrn Kircheis. Der hatte aber viel mit der Kirche zu tun und das war nicht so nach meinem Geschmack. Mir hatte schon die Prüfung zu meiner Konfirmation Probleme bereitet. Ich konnte mir einfach keine Bibelverse merken, weil mir die Vorstellung des biblischen Geschehens fremd blieb, mir fehlte der Glaube.

Der neue Mathelehrer war fahrig und konnte nicht gut erklären. Immerhin schaffte ich noch eine Zwei. Deutsch war auch nicht mehr so spannend wie in der Grundschule, die bis zum 8. Schuljahr gegangen war. Rechtschreibung war in Ordnung, Literatur auch. Wir lasen häufig Klassiker mit verteilten Rollen. Dabei handelte ich mir einen neuen Spitznamen ein. Ich betonte wohl in „Kabale und Liebe" den Namen Sophie etwas merkwürdig und wurde fortan Soffi genannt. Gern hörte ich das nicht, aber mein Spitzname „Semmelbock" in der Grundschule war auch nicht besser. „Semmel", weil ich die Ausgabe und Bezahlung der trockenen Frühstücksbrötchen verwaltete, „Bock", weil ich mit Nachnamen Rammler hieß. Ich ertrug es mit Gelassenheit.

Bei den Aufsätzen ging es auch nicht so weiter, wie ich es gewohnt war. Einmal stand folgender Kommentar darunter: „Diese Arbeit ist zwar rhetorisch von einiger Wirkung, aber als Aufsatz unbrauchbar."

Da mein Ehrgeiz ungebrochen war, schielte ich immer mehr auf die Noten meiner Konkurrenten. Ich musste allmählich begreifen, dass die Konkurrenz sehr groß war.

Physik und Chemie unterrichtete Frau Dr. Kies. Das war eine hochintelligente Frau, hatte in der Atomforschung gearbeitet, aber erklären konnte sie kaum. Ich verstand manchmal überhaupt nichts. Die Zensuren pendelten um die Drei. Da die Skala nur bis Fünf reichte, war das schlecht.

Frau Dr. Kies hatte aber auch den Schwimmunterricht im Gaithner Bad. Das war ein ehemaliges Privatbad, entsprechend klein, aber wir gingen gern dorthin.

Ich hatte mir das Schwimmen im „Schäfers Teich" zwischen Saupersdorf und Hartmannsdorf mehr oder weniger selbst beigebracht. Hilfsmittel war dabei ein selbst genähtes Schwimmkissen. Zwei geschlossene Beutel aus dünnem Leinen wurden im nassen Zustand aufgeblasen. Mit Bändern wurden sie unter der Brust zusammengehalten, so dass die luftgefüllten Blasen den Körper hinter den Armen stützten. Das hielt nicht besonders lang und die Jungs, die uns Mädchen ärgerten, drückten nur zu gern die Luft raus.

Dieses Hilfsmittel hätte ich ums Verrecken nicht mit nach Schneeberg genommen. Aber mit viel Anstrengung und auch Wasserangst hatte ich Schwimmen gelernt.

Ich musste immer darauf achten, dass ich wegen meiner durchlöcherten Trommelfelle kein Wasser in die Ohren bekam.

Ich besaß einen von Mami gestrickten wollenen Badeanzug, blau und weiß gemustert. Im trockenen Zustand sah er ganz schön aus, aber er kratzte fürchterlich. Im Wasser war das noch am besten zu ertragen.

Frau Kies war offenbar eine gute Schwimmerin, wir sollten das erst noch werden. Dazu gehörte ein entsprechender Startsprung. Mit Todesverachtung und Watte in den Ohren absolvierte ich meine ersten Versuche.

Zum Glück war es ein sehr heißer Sommer. In der Freizeit trotteten wir deshalb oft zu zwei Teichen in Schneebergs Umgebung, aber springen konnten wir dort natürlich nicht. Immerhin waren sie nicht so sehr verschlammt wie der von Gänsen und Enten verschissene Dorfteich. Aber seit einiger Zeit war auch der Park in Saupersdorf für die Öffentlichkeit freigegeben und dort gab es tatsächlich ein Sprungbrett. Mehrmals übte ich dort in den Sommerferien in der Abenddämmerung. Ich war dabei ganz allein und musste wirklich all meinen Mut zusammen nehmen, denn der Teich wirkte düster, da er ringsum vom Wald umgeben war. Meine Sprünge aber wurden besser und besser und nach den Ferien konnte ich mit den anderen mithalten.

Sport wurde mit einfachsten Mitteln in Schneeberg betrieben. Es gab etwas außerhalb einen Aschensportplatz, dort fanden auch regelmäßig Sportfeste statt.

Ich errang schon bald zum ersten Mal ein Sportabzeichen. Es gibt sogar ein Foto von mir bei einem Weitsprung von 3.80 m. Klar, dass ich stolz darauf war.

Mannschaftsspiele wurden auch groß geschrieben, aber in Schneeberg gehörte ich keiner Mannschaft an. In Kirchberg hatte ich gegen Ende der Schulzeit als Mannschaftsführerin Korbball gespielt, in der SBZ durfte das nicht Basketball genannt werden. Das entscheidende Endspiel hatten wir gegen eine Mannschaft aus Kirchbergern verloren. Ich hätte fast geheult, als ich den Blumenstrauß überreichen und gratulieren musste.

Beim Schulsportfest in Schneeberg stand ich unter den Zuschauern, als es einen tragischen Zwischenfall gab. Ein Junge war mitten im Spiel umgefallen. Sie trugen ihn in einer Decke wie in einer Hängematte weg. Am nächsten Tag sagte man uns, dass er tot sei. Er hätte einen Herzfehler gehabt. Krankenwagen? Keine Spur. Da er nicht aus unserer Klasse war, hörten wir von dem Vorfall nichts mehr. Das war für damalige Verhältnisse aber ganz normal. Der Krieg war kaum fünf Jahre vorbei und Todesnachrichten waren immer noch an der Tagesordnung.

Die Internatsordnung war sehr streng, aber als Halbwaise hatte ich den Vorteil, dass ich keine Internatskosten zu bezahlen hatte.

Mami hatte mir ohnehin eingeschärft, dass ich bei Angaben auf Fragebogen als Beruf des Vaters immer nur Bautechniker angeben sollte. Das tat weh, war Vati doch unter schwersten Bedingungen Baumeister geworden. Aber der Zweck heiligte die Mittel, ich galt als Arbeiterkind und damit war mein Schulbesuch frei. Das war ein Grund mehr, mich an die strengen Regeln zu halten. Unsere Verstöße waren recht harmlos, aber manchmal juckte uns schon das Fell, etwas Verbotenes anzustellen.

Einmal durften wir in einer kleinen Mädchengruppe abends ins Kino. Selbstverständlich hatten wir dazu eine Genehmigung beim Internatsleiter eingeholt. Als wir nach Hause kamen, war die Haustür wie immer um diese Zeit verschlossen. Der Internatsleiter hatte sein Zimmer direkt über dem Haupteingang, eine Klingel gab es nicht, also musste ich durch die Finger pfeifen. Ich war stolz auf diese Fähigkeit. Gelernt hatte ich das von einem unserer Laufjungen zu Hause auf dem Weg zum Waldhaus. Zum Üben und Perfektionieren gab es da ja auch genug Möglichkeiten. Großmutter hatte auch gleich einen Spruch bereit, als sie es einmal hörte: „Mädchen, die pfeifen und Hühnern, die krähen denen soll man beizeiten den Hals umdrehen!"

Meine Pfiffe waren perfekt genug, der Internatsleiter kam sofort. Ungläubig starrte er in die Dunkelheit: „Wer hat gepfiffen? Wo sind die Jungs?"

Mit Stolz und Genugtuung bewies ich ihm, dass wir dazu keine Jungs nötig hatten. Sein Gesicht konnte ich leider nicht dabei sehen, es war viel zu dunkel.

Wenn der Internatsleiter Sommer gut drauf war, erzählte er uns vorm Einschlafen schon mal Gespenstergeschichten. Weil wir aber zwei Mädchenschlafsäle hatten, musste er das bald rationalisieren, damit ja niemand zu kurz kam. Deshalb erlaubte er uns, mit ihm in den ersten Schlafsaal zu gehen und solange er erzählte, zu den anderen in die Betten zu kriechen. Wir fanden das toll und gingen am nächsten Tag schon vor seinem Erscheinen rüber. Wir wollten einfach nur die volle, aber begrenzte Zeit für die Gespenster ausnutzen. Sehr energisch jagte er

uns aus den Betten. Ab in die eigenen! Es war ein für alle
Male aus mit Geschichten. Bitten und betteln half nichts,
er hatte ein Machtwort gesprochen. Erklärungen gab es
nicht. Dass er vielleicht Angst hatte vor lesbischem Verhalten wurde mir erst Jahrzehnte später bewusst, damals
ahnte jedenfalls keiner von uns etwas davon.

Paul Schnorrbusch, ein dicker, aber recht lustiger Schüler
mit pickeligem Gesicht aus einer anderen Klasse, hatte
einmal etwas ausgefressen und eine harte Strafe dafür
angedroht bekommen. An diesem Mittag gab es dicke
Erbsen. Davon war man eigentlich sehr schnell satt.
Sommer und Schnorrbusch saßen zufällig im Speisesaal
nebeneinander. Plötzlich sagt doch der Sommer: „Wenn
du mehr essen kannst als ich, kriegst du deine Strafe erlassen.“

Paul ging auf das Angebot ein. Es bildete sich schon
bald ein Ring um die beiden Fresser, wir feuerten Paul
an. Mir wurde schon beim Zuschauen leicht übel. Die
Portionen wurden kleiner und kleiner, aber es wurde
genau aufgepasst, dass jeder immer die gleiche Menge
bekam. Beim dreizehnten Teller gab Sommer auf, Paul
gewann unter unserem großen Jubel. Später, zu einer
Fastnachtsveranstaltung, hat jemand ein Gedicht über
Paul Schnorrbusch geschrieben. Ich kann mich nur noch
an eine Zeile erinnern: „Dreizehn Teller Erbsen, aber ja
recht fett.“

Wie die beiden den restlichen Tag überstanden hatten,
weiß ich nicht.

Im Laufe des zehnten Schuljahres zog das Internat in ein
etwa fünfhundert Meter entfernt liegendes einzelnes
Haus um. Endlich bekamen wir einen richtigen Aufent-
halts- und Arbeitsraum. Es war zwar kein Neubau, aber
das Haus war viel angenehmer und gemütlicher.

Einen neuen Internatsleiter bekamen wir gleich mit.
Die Beziehungen zu ihm waren entspannter. Es gab auch
mal private Gespräche.

Die Regeln waren ebenfalls viel lockerer. Wir fühlten uns eher wie in einer Familie.

Aber das Lernen wurde mir schwerer. Ich saß oft bis in die Nacht hinein, versuchte zu lernen und wurde trotzdem vor lauter Müdigkeit nicht richtig fertig.

Mami arbeitete noch als Telefonistin, und der Schacht 65 lag links an der Straße nach Aue.

Besuchen konnte ich sie dort zwar nicht, aber wir trafen uns manchmal bei Bekannten oder einfach unterwegs. Es gab nämlich Telefon in unserer Küche. Mami rief mich recht oft an und wir erzählten. Sie hatte offensichtlich ihre Abneigung gegen die russische Sprache abgelegt und mich am Telefon mit Russen verbunden, mit denen ich dann sprechen üben sollte. Begegnungen waren allerdings nicht erwünscht.

Die Weichen werden gestellt

Im Sommer 1951 fanden in Berlin die Weltfestspiele statt. Mit großer Begeisterung meldete ich über die Schule meine Teilnahme an. Nach Berlin!

Der Traum von der großen weiten Welt. Es war auch keine Enttäuschung, dass wir in Güterwagen ohne jede Sitzmöglichkeiten transportiert wurden. Wir standen oder hockten einfach auf dem Boden. An Gepäck erinnere ich mich nicht. Noch nicht einmal an frische Wäsche oder Waschzeug, das waren einfach Nebensächlichkeiten.

Im Vordergrund standen neue, starke und unvergessliche Eindrücke.

Das Wetter war bestens und an Verpflegung mangelte es auch nicht. Wir bekamen eine große Dauerwurst und ein Brot, das mich stark an das Kommissbrot aus dem Krieg erinnerte. Es wurde nicht so leicht hart, weil es ohnehin sehr fest war und schmeckte kräftig.

In Berlin wurden wir in einem Schuppen untergebracht, der zur Hälfte mit frischem Stroh ausgelegt war. Dieses wurde sogar einmal während unseres Aufenthaltes erneuert. Eine Decke gab es auch.

Mami hatte mir die Adresse eines ehemaligen Kriegskameraden von Onkel Bob mitgegeben, der in Ostberlin mit seiner Familie lebte. Ich kannte ihn, weil er Bob im Waldhaus besucht hatte.

Gleich am ersten Tag machte ich mich mit Vera Gebauer zu Familie Tecklenburg zu Fuß auf den Weg, da wir nur wenig Geld hatten. Wir fragten uns zur angegebenen Straße durch. Noch bevor wir sie erreicht hatten, kam uns zwischen den vielen Menschen Herr Tecklenburg auf einer Brücke entgegen. Ich erkannte ihn sofort. So ein Zufall! Er nahm uns mit nach Hause. Seine Frau war sehr nett. Vielleicht hatten sie Mitleid mit uns, als wir von unserer Unterkunft erzählten, jedenfalls boten sie uns an, bei ihnen zu übernachten. Ohne Umschweife nahmen wir dieses Angebot an.

Auch wenn die Wege zu den einzelnen Veranstaltungsorten recht weit waren, wir hatten schließlich junge Beine und uns war kein Weg zu weit. Kontrollieren konnte uns dort natürlich auch niemand.

Trotzdem gingen wir am nächsten Morgen erstmal in das Schuppenquartier und sagten, dass wir bei Freunden der Familie untergekommen seien. Keiner hatte etwas dagegen. Es war ja so viel los in dieser großen Stadt. Die Stimmung war einfach toll.

Dass es gleichzeitig in Westberlin Prügeleien zwischen der Polizei und aufmarschierten FDJ-Gruppen gab, bekamen wir nicht mit. Was uns die Funktionäre über solche Auseinandersetzungen erzählten, interessierte uns nur am Rande. Es gab zwar Kontrollen zwischen Ost- und Westberlin, aber mit S- oder U-Bahn war der Wechsel von einer Zonengrenze zur anderen kein Problem.

Unser erster Westbesuch galt dem Wochenmarkt im Stadtviertel Gesundbrunnen. Ewig im Gedächtnis blieb mir dort ein Heringsverkäufer. Dreizehn Heringe pries er für eine Mark an. Unfassbar.

Irgendjemand hatte mir vor der Reise zehn Mark West geschenkt. Ich wusste genau, was ich kaufen wollte: eine Badekappe. Ich glaubte nämlich fest daran, dass ich damit ohne Watte in den Ohren ins Wasser springen könnte. Bedingt durch die Mittelohrentzündung und die durchstochenen Trommelfelle als Kind durfte ich nun mal kein Wasser in die Ohren bekommen.

Ich erstand die Badekappe in einer Drogerie. Viel blieb von meinen zehn Mark nicht übrig. Ich wollte doch auch meiner Familie etwas mitbringen. Ich erinnere mich noch an eine kleine Schachtel Nivea Creme, an mehr leider nicht.

Kinoplakate interessierten mich aber auch. Ich entdeckte tatsächlich „Der dritte Mann". Wie oft hatte Mami die berühmte Melodie auf dem Klavier geübt. Onkel Max hatte ihr die Noten besorgt. Das war Kult in dieser Zeit, heißbegehrt, aber unerreichbar. Leider war das Plakat nur eine Voranzeige. Zur Zeit der Aufführung waren wir schon wieder zu Hause.

Kontaktschwierigkeiten oder Hemmungen vor Fremdem waren völlig abgelegt. Wir hatten eine Art Ausweis mit mehreren Seiten, dort konnten wir besuchte Veranstaltungen oder auch Adressen eintragen. Wie wild fingen wir an zu sammeln. Je exotischer, desto besser. Immerhin waren bei den dritten Weltfestspielen 1951
26.000 Jugendliche und Studenten aus vierzehn Ländern vertreten. Wir sangen das Lied „Kim aus Korea". Auf großen Transparenten waren farbige Köpfe abgebildet, Sinnbild für die Jugend der Welt.

Mir gefiel das: alle Menschen der Welt, friedlich, ohne Krieg, ohne Gewalt, in Freundschaft verbunden.

Aus der Bundesrepublik und Westberlin waren trotz Verbotes der FDJ 35.000 Teilnehmer dabei gewesen. Einer davon begegnete mir in der S-Bahn.

Im Krieg hatte er ein Bein verloren, er kam aus München und wir kamen ins Gespräch. Das war auch am Ende meiner Bahnstrecke noch nicht zu Ende. Wir blieben einfach auf einer Bank auf dem Bahnsteig sitzen und redeten weiter.

Er wollte mehr, aber ich hatte viel zu viel Angst, dass mir etwas passieren könnte. Geschmust wurde trotzdem, es war einfach wunderbar. Wir tauschten die Adressen mit dem festen Versprechen, bald zu schreiben. Einen Tag später erkannte ich ihn noch einmal in einer vorüber fahrenden Straßenbahn. Ich hatte mächtige Schmetterlinge im Bauch. So hatte ich mich das erste Mal in meinem Leben richtig verliebt.

Wochen später lag ich an einem Sonntag zu Hause noch im Bett, als Hildegard mir einen gelben Briefumschlag ans Bett brachte. Er enthielt einen wunderschönen Brief. Aber auch den unmissverständlichen Hinweis, dass er mir wegen einer bestehenden „Misere" im Augenblick nichts bieten könne. Das Wort hatte ich noch nie gehört, aber den Inhalt glaubte ich zu verstehen. Ich antwortete auch sehr schnell, bekam aber nie mehr eine Antwort.

Was blieb, war ein großes Interesse für alles, was mit Bayern zu tun hatte. Ich hatte sogar einmal sehr großen Erfolg im Deutschunterricht mit einem Gedicht, das ich in bayrischer Mundart vortrug. Als mich der Lehrer fragte, woher ich das denn gelernt hätte, sagte ich nur „vom Radio". Es war zwar damals noch nicht verboten, westliche Rundfunksender zu hören, verpönt war es trotzdem.

In der elften Klasse ließen meine Leistungen in der Schule immer mehr nach, das tat mir besonders in Mathematik sehr weh. Ich entdeckte im Klassenbuch auch einen entsprechenden Vermerk. Die Begründung „was auf mangelnden Fleiß zurückzuführen ist" war aber oberflächlich ausradiert worden. Das war der Hammer. Als ich dann als Strafarbeit noch 50-mal eine mathematische Beweisführung abschreiben musste, war es ganz aus. Ich wollte von der Schule weg.

Zusätzlich hatte ich eine Auseinandersetzung mit Mami, die mir harte Vorwürfe machte. Sie hätte alles für meine Schulausbildung getan, Rosl wäre auch noch da und im Übrigen wäre sie dabei, einen Mann zu heiraten, den sie gar nicht liebe, und das alles nur, damit ich die Schule weiter besuchen könne.

Das war zu viel. Mein Entschluss stand jetzt fest. Aber was tun?

Die Wismut AG war der größte Arbeitgeber weit und breit. Viele wussten zwar, dass es gefährliche Arbeitsbedingungen gab, aber von der Gefahr der Strahlenbelastung hatte man kaum Ahnung. Ich hörte von der Markscheiderei, Vermessungsingenieure speziell für den Bergbau übten diesen Beruf aus, es hatte also etwas mit Rechnen, Zeichnen und Vermessen zu tun.

Mami vermittelte mir ein Gespräch in einem russischen Büro in Oberschlema. Mit gemischten Gefühlen machte ich mich auf den Weg und spürte, dass ich mein Leben jetzt selbst in der Hand hatte. Aber ganz wohl war mir nicht. Alles, was vor mir lag, war schrecklich unbekannt und auch ein bisschen bedrohlich.

Im Vorraum des Büros saßen zwei deutsche Frauen. Sie hatten Briefe in Arbeit und fragten mich, wie denn so ein großes Kuvert auf Russisch hieße. Das wusste ich natürlich nicht. Man einigte sich auf „großes Kuvert" – „balschoi konwert".

Dann musste ich zu einem hochdekorierten Offizier, der mich interviewte, selbstverständlich auf Russisch.

Den Test bestand ich, aber die Tatsache, dass ich im gleichen Raum bei ihm arbeiten sollte, in dem auch noch ein Sofa stand, bereitete mir Bauchschmerzen.

Am Abend rief Mami im Internat an und ich erzählte von dem Gespräch, wobei ich aber meine Gefühle verschwieg. Ganz zufällig kam der Internatsleiter dazu und hörte so von meinen Plänen. Er nahm mir den Hörer aus der Hand und redete auf Mami ein. Ein Satz ging mir runter wie Öl: „Wir lassen doch unsere besten Schüler nicht zur Wismut!" Ich wollte erst gar nicht glauben, dass ich damit gemeint war.

In diesem Moment wurde eine wichtige Weiche in meinem Leben gestellt. Gleich am nächsten Tag fand wieder in der Küche ein Gespräch statt. Ohne Umschweife fragte mich der Internatsleiter, ob ich Lehrerin werden möchte.

Spontan folgte meine Antwort: „Ja", so, als hätte ich das schon immer gewollt.

Erst später kamen die Fragen nach den Bedingungen, der Länge und dem Ort der Ausbildung. Vor dem anstehenden Abitur im folgenden Jahr hatte ich schon geraume Zeit Angst. Jetzt verschwendete ich keinen Gedanken mehr darauf, und plötzlich war auch die Schule gar nicht mehr so schwer.

Gegen Ende des Jahres 1951 fuhren wir vom Internat aus mit einer ganzen Gruppe nach Aue zu einer Sonderprüfung. Es hatte eine Werbeaktion für ein Lehrerstudium in Leipzig an unserer Schule stattgefunden. Der Lehrermangel nach dem Krieg war groß. Viele Lehrer waren aus dem Krieg nicht zurückgekommen und viele durften wegen ihrer Nazivergangenheit nicht unterrichten. So hatte man Neulehrer schon nach kurzen Lehrgängen auf die Kinder losgelassen. Diesen Zustand, den wir selbst schon hatten durchleiden müssen, wollte man jetzt durch eine solide Ausbildung ändern.

Unser Musikprofessor Oskar Mättig war über achtzig Jahre alt. Er hatte zwar musikalisch große Fähigkeiten, kam aber mit dem Zeitgeist nicht mehr mit. Als wir einmal in der Aula mit dem Schulchor probten und ein FDJler im Blauhemd herein kam, fragte er uns nach dessen Verschwinden: „Was wollte denn der Hitlerjunge hier?"

Gut, dass niemand ihn ernst nahm.

Auch der Zeichenprofessor war schon uralt. Es wurde gemunkelt, dass er einer Freimaurerloge angehörte, was zu dieser Zeit völlig unmöglich war.

Ingrid Apel war eine unserer besten Zeichnerinnen, aber als sie in der gerade erlernten Kunstschrift „Schnaps, das war sein letztes Wort, dann trugen ihn die Englein fort" fein säuberlich aufschrieb, bekam sie eine Vier. Ich bekam für mein viel schlechter geschriebenes

Schillerzitat ein Zwei. Auch das waren Auswirkungen des Lehrermangels, die man nun ändern wollte.

Man hatte uns nur erklärt, dass uns eine Kommission ein paar Fragen stellen würde. Ich sah der Prüfung ziemlich gelassen entgegen, politische Phrasen hatten wir genug auf Lager. Die Prüflinge wurden nach dem Alphabet aufgerufen. Klar, dass jeder, der nach der Prüfung wieder auf den Flur kam, erstmal ganz schnell gefragt wurde, was die denn wissen wollten.

„Merkt euch, Wilhelm Pieck ist am 3. Januar 1876 in Guben in der Niederlausitz geboren!"

Nichts einfacher als das. Ohne diese Information hätte ich das allerdings nicht gewusst.

Als ich in der Prüfung prompt nach dem Datum gefragt wurde, kam gleich der ganze Satz wie aus der Pistole geschossen. Das war der erste Dreh, der mich zum Prüfungsmenschen machte, jedenfalls für die Zeit in der DDR.

Übrigens wurden alle Kandidaten zum Studium in Leipzig angenommen.

.

Studentenleben

Anfang 1952 ging es also nach Leipzig. Studienort war das Institut für Lehrerbildung in Leipzig-Plagwitz an der Karl-Heine-Straße. Dort mussten wir uns melden. Wir bekamen mehrere Adressen und konnten sofort unsere neuen Privatbehausungen aufsuchen. Mein Zimmerchen lag „Am Rabet" Nr. 12 im 3. oder 4. Stock eines alten Bürgerhauses.

Die Vermieterin, der das Haus gehörte, war eine alte Dame, Fräulein Ockert. Zuerst wollte sie mich nicht nehmen, sie hätte lieber einen männlichen Studenten gehabt, da bereits ein Student von der Uni bei ihr wohnte. Sie fürchtete Konflikte, wenn es zu viele Kontakte untereinander gäbe, sie müsste dann schon ein sehr, sehr anständiges Mädchen haben.

Von meinem Zimmer aus gab es eine Tür zu seinem, aber davor stand sicherheitshalber ein Schrank. Nur selten begegneten wir uns, grüßten mehr oder weniger zurückhaltend. Fräulein Ockert erkannte bald, dass sie an ein anständiges Mädchen vermietet hatte, ich durfte bleiben, der Nachbar interessierte mich überhaupt nicht. Nur manchmal hörte ich, dass er zu Hause war, das war alles.

Günther Rositzka, auch von der Oberschule Schneeberg wie ich, wohnte ein paar Häuser weiter. Er war einer anderen Gruppe zugeteilt worden, auch da gab es keine Kontakte. Gegenüber wohnte Elisa Timm aus Zwönitz. In Schneeberg war sie in der Parallelklasse, hier kam auch sie in eine andere Gruppe. Wir konnten also nicht zusammenarbeiten. Aber ich traf Annelies Unger aus Leutersbach in meiner Studiengruppe, die kannte ich von der Kirchberger Schule. Sie war von ihrem Lehrbetrieb aus nach Leipzig geschickt worden. Wir freundeten uns sehr intensiv an. Aber sie wohnte mindestens einen Kilometer weit weg, wir trafen uns immer erst in der Straßenbahn. Ich hatte also so gut wie keinen Besuch.

Fräulein Ockert war sichtlich erleichtert, wir kamen gut miteinander aus und redeten oft manchmal auch über private Dinge, aber nur im Türrahmen ihrer Küchentür. Man musste sich langsam „beschnarchen", immer auf der Hut sein und nicht zu viel über Politik reden. Ich hatte schließlich kein Radio, glaubte aber zu wissen, dass sie RIAS hörte. Ich hätte zu gerne mal wieder den „Insulaner" gehört, das war eine ganz beliebte kabarettistische Sendung, die immer auch Versammlungen und Ansprachen der „Jenossen" parodierte. Aber ich getraute mich nicht, danach zu fragen.

Unsere Ausbildung war nicht mit einem Universitätsstudium zu vergleichen. Wir wurden in einer festen Gruppe unterrichtet, die mit einem einzuhaltenden Stundenplan versehen war. Das Institut für Lehrerbildung hatte ca. 1800 Studenten, eingeteilt in zwei Abteilungen. Die Abteilung A (das A stand für Aktivist) war schon ein Jahr dort und unsere Abteilung F (Fortschritt) hatte im Januar 1952 gerade ihre Arbeit aufgenommen.

Der Unterricht unterschied sich eigentlich gar nicht so sehr von dem an der Oberschule, nur der Fächerkanon war sehr viel größer. Wir bekamen auch in allen achtzehn Fächern nach einem Halbjahr Zeugnisse.

Es stellte sich schon sehr bald heraus, dass ehemalige Oberschüler enorme Vorteile hatten, zumindest in den klassischen Fächern. In Russisch ging es mal wieder von vorne los, für mich eine Kleinigkeit. Statt Lehrern hatten wir eben jetzt Dozenten.

Anfangs ganz schrecklich war die Anrede untereinander: wir mussten uns mit Freund oder Freundin ansprechen. Zuerst sträubten sich mir sämtliche Nackenhaare, aber schließlich gewöhnte ich mich auch an diese Dämlichkeit.

Der Unterricht machte Spaß, nichts fiel mir schwer. Schon bald gab es Hospitationen an einer nahen Grundschule und auch die ersten Stunden vor einer Klasse. Die

Kinder waren sehr, sehr brav. Minutiös wurde der Stundenablauf vorbereitet. Alle Lehrbücher der Grundschulen waren im gesamten Gebiet der DDR gleich. Auch das Erledigen von Hausaufgaben gehörte zu unserer Arbeit. Wir wurden dadurch immer auch in die Rolle eines lernenden Kindes versetzt. Das empfand ich durchaus als positiv.

Kreativität war allerdings nicht gefragt. Alles Lernen vollzog sich in vorgeschriebenen Bahnen und wurde abgehakt, das Wichtigste war, dass der Plan erfüllt wurde.

Wir mussten sogar unseren eigenen Tagesablauf genau planen, aufschreiben und vorlegen. Und ich sollte das bei meinen Mitstudenten auch noch kontrollieren.

Da ich einfach keinen Sinn darin sah, schlief die ganze Sache auch mehr oder weniger wieder ein. Ich war noch nicht mal achtzehn Jahre alt und in unserer Gruppe gab es Mütter mit Kindern. Wie hätte ich diesen Mitstudentinnen eine Tagesplanung abverlangen können?

Besonders angenehm waren die Arbeiten, die uns direkt auf unsere bevorstehende Lehrertätigkeit vorbereiteten, beispielsweise Sprechunterricht. Die Stimme schonen, deutlich sprechen, nicht nuscheln. Was ist zu tun, wenn Kinder lispeln oder stottern?

Oder Tafelzeichnen, ein Tafelbild entwerfen, dieses richtig einteilen, so schreiben, dass auch Kinder, die hinten sitzen, noch gut ablesen können.

Es gab viele Kleinigkeiten, manchmal auch kleine Tricks, die mir in meiner späteren Tätigkeit gute Dienste leisteten.

Selbst das Fach Marxismus-Leninismus machte mir Spaß. Nur mit den Gegenwartsbezügen hatte ich Probleme, aber ich wusste immer, was ein Prüfer von mir erwartete.

Bei der Zeugnisausgabe hatte sich die ganze Abteilung im Treppenhaus versammelt. Die Namen der Besten wurden verlesen, mussten zum Empfang und zu besonderer Belobigung nach vorne kommen. Ich hatte meinen Namen gar nicht mitbekommen. Erst als mich eine aus der Gruppe von hinten anstieß: „He, du musst vor!", begriff ich, dass ich ausgezeichnet worden war. Eine Geldprämie für Leistungen unter 1800 Studenten gab mir einen enormen Auftrieb. Ich musste immer mit jedem Pfennig rechnen, da taten 150 Mark unendlich gut.

Von diesem Tag an wusste ich auch sehr genau, wie viel durch Leistung zu holen war.

An regelmäßiges Mittagessen erinnere ich mich heute nicht mehr, wahrscheinlich gab es für die Studenten eine Kantine. Ab und zu gingen wir in den nahe gelegenen „Felsenkeller". Dort gab es einmal Sauerkraut. Ich fand einen Fingernagel darin. Ekeln? Das Kraut schmeckte viel zu gut, der Fingernagel wurde eben rausgefischt, das war alles.

Zum Frühstück brachte mir Fräulein Ockert jeden Morgen Muckefuck in einer blau gemusterten Kanne. Für Brot, Margarine und Marmelade hatte ich selbst zu sorgen. Das gleiche gab es dann auch abends. Ein Kilo Brot kostete zweiundfünfzig Pfennige, damit kam ich zwei bis drei Tage hin. Das Teuerste war die Miete mit siebenundzwanzig Mark im Monat. Die Straßenbahn kostete etwa sieben Mark monatlich, damit konnte ich aber auch in ganz Leipzig fahren, da man zwei Linien auswählen durfte. Mein Grundeinkommen betrug neunzig Mark, das bekam ich vom Staat, große Sprünge waren da nicht möglich. Immerhin ging ich auch ab und zu zum Frisör für drei Mark und auch öfters ins Kino. Der „Rasiersitz" ganz vorne war für fünfzig Pfennige zu haben. In die Oper oder ins Theater ging ich regelmäßig, als Studenten bekamen wir verbilligte Karten.
Ein Problem war nur in der kalten Jahreszeit der Wintermantel. Es war ein umgearbeiteter Uniformmantel in feldgrau. Ich zog ihn dann immer schon vor dem Theater aus, rollte ihn zusammen und gab ihn an der Garderobe ab, weil ich mich so schämte.

Geld für die Heimfahrt fehlte nur selten. Auch wenn ich von Mami kaum etwas an Finanzen zu erwarten hatte, war doch das Wochenende wenigstens zum Sattessen da. Das war immer gewährleistet. Unvergessen blieben auch die Besuche bei Onkel Erwin weit draußen in der Sternsiedlung. Gleich zu Anfang suchte ich nach Mamis Beschreibung die Defoe Straße. Niemand kannte diese Straße. Ich wusste auch nicht, dass Defoe der Autor des „Robinson Crusoe" war und sprach den Namen völlig falsch aus. Erst der Begriff „Sternsiedlung" brachte mich ans Ziel. Die Leipziger hielten nämlich nur zu gerne an ihren alten Straßenbezeichnungen fest. Meine Straßenbahn fuhr über die „Ernst-Thälmann-Straße", als ich anfangs danach fragte, hörte ich nur: „Ach, Sie meinen wohl die Eisenbahnstraße?"

Bei Onkel Erwin, das war der jüngere Bruder meiner Großmutter, der uns regelmäßig im Waldhaus besucht hatte, war ich immer willkommen. Ich konnte sogar Anneliese mitbringen. Immer gab es etwas Gutes zu essen, sie besaßen einen großen Garten. Mami hatte mir auch ans Herz gelegt, dass ich zu ihm flüchten sollte, wenn es mal irgendwelche Schwierigkeiten geben sollte. Woran sie dabei dachte, blieb ihr Geheimnis, dass es mal soweit kommen würde, konnte ich mir aber nicht vorstellen.

Die Sommerferien 1952 verbrachte ich zu Hause. Onkel Max in Kirchberg betrieb damals noch eine Möbellackiererei auf dem Neumarkt. Dort sollte ich in den Ferien arbeiten. Ich trabte also täglich über den „Kreuzhübel", ein Weg, wie in alten Zeiten mein Schulweg. Ich war fleißig und lernte auch viel, da mir die Arbeit Freude machte. Ich hatte praktisch den Status eines Lehrlings, musste also auch zum Wochenende die Werkstatt schrubben. Zwanzig Mark verdiente ich in der Woche. Als ich einmal mit meiner blauen FDJ - Bluse ankam, sagte Tante Else:

„Ich freue mich immer, wenn du kommst, aber zieh bitte das blaue Ding da nicht mehr an!"

Ich konnte ihre Einstellung verstehen. Onkel Max hatte nach dem Krieg die Speziallager Mühlberg und das „Gelbe Elend" in Bautzen überlebt. Er sprach nie davon, aber sein Hass auf alles, was mit Sozialismus und russischer Besatzung zu tun hatte, lies sich daraus verstehen.

An einem Wochenende schlief ich noch, als Mami von der Nachtschicht kam. Sie weckte mich: „Steh' auf, ich habe im großen flachen Topf meinen Büstenhalter eingeweicht und aufs Gas gestellt, der darf aber nicht kochen, nur heiß werden. Dann stellst du das Gas aus und lässt alles stehen."

Klar würde ich das machen. Mami trug Büstenhalter Größe dreizehn in Sonderanfertigung. Leider schlief ich aber umgehend wieder ein. Wach wurde ich durch seltsamen Geruch und Qualm. So schnell wie in dem Augenblick bin ich bestimmt nie wieder in meinem Leben aufgestanden. Alles war voller blauem Rauch. Gas aus! Deckel runter! Im Topf lagen einige glühende Schnallen und Häkchen zwischen lauter pechschwarzen gekräuselten Flocken.

Mami musste am nächsten Tag zur Arbeit einen alten BH mit ganz schmalen Trägern anziehen. Am Abend zeigte sie mir unter Tränen, wie sich diese tief in die Haut eingeschnitten hatten. Mir tat das unendlich leid, aber ändern konnte ich es nicht. Sie stopfte einige Tage lang Taschentücher unter die Träger, es dauerte, bis ein neuer BH angefertigt wurde, den ich natürlich bezahlen musste. Drei volle Wochenlöhne waren weg. Trotzdem war es ein Glück, dass die Gasflamme nicht ausgelöscht worden war durch das überschäumende Wasser, aber daran dachte natürlich niemand.

Eines Morgens begegnete mir ein Exhibitionist auf der schmalen Gasse hinter dem Friedhof. Er sagte nichts, zeigte nur, was er hatte und ich verstand nicht, was er damit wollte. Angst hatte ich überhaupt nicht, aber ich war heilfroh, als ich an ihm vorbei war. Niemandem habe ich das jemals erzählt. Zur Polizei zu gehen wäre mir ebenfalls nie in den Sinn gekommen. Ich war eben ein dummes, unaufgeklärtes Mädchen.

Genau das war ich auch, als am Ende meiner „Lehrzeit" Helmut mich in der Werkstatt begrapschte, mich festhielt und mich küssen wollte. Ich konnte mich aber wehren, das war ja schon was. Außerdem hatte ich im Abwehren von Helmut schon Erfahrung. Bereits im Sommer 1951 holten mich Onkel Max oder auch sein Sohn Helmut mit dem Motorrad in Schneeberg ab. Da versuchte er „nur", mir unterwegs die Knie zu wärmen. Das fand ich eigentlich nur blöd, amüsierte mich allenfalls darüber, ganz besonders dann, als ich erfuhr, dass einer dem anderen den Soziussitz versteckt hatte, damit er mich nicht fahren konnte. Man muss sich das vorstellen, Vater und Sohn wetteiferten darum, wer mich abholen und betatschen konnte. Aber ich schwieg.

Nach dem Vorfall in der Werkstatt lockte mich Helmut noch einmal unter einem Vorwand in seine Wohnung unter dem Dach. Er setzte sich zu mir aufs Sofa und wollte mir Cognac einflößen. Ich ergriff die Flucht, rannte nach Hause und erklärte meiner Mutter sehr bestimmt, dass ich nie mehr alleine nach Kirchberg zu den Hermanns ginge, sie könne mich schicken, sooft sie wolle, aber nicht mehr dorthin. Endlich wehrte ich mich. Die Sache war erledigt, aber die Abneigung vor allem gegen Helmut blieb. Viel später erzählte mir Rosl eine ähnliche Geschichte, er war bekannt für seine Neigungen, sich junge Mädchen zu schnappen.

Zu Beginn des Jahres 1952 hatte Mami einen schlimmen Unfall. Wie so oft war sie nach der Rückfahrt vom Schacht bei Wally eingekehrt, das war eine kleine Kneipe mit einer winzigen Fleischerei dabei. Kleine, selbst geräucherte Schinken gehörten zum Besten, was Wally zu bieten hatte, heimlich natürlich.

In der verräucherten Gaststube traf Mami immer einige Bekannte. Es wurde viel gelacht und getrunken. Meistens war auch ihre beste Freundin Hilde Ludwig dabei.

An diesem Tag verließen die beiden eingehakt beschwipst das Lokal. Dass es vor der Tür glatt geworden war, bemerkten sie nicht. Mami rutschte aus und fiel mit ihrem Schwergewicht von über 100 kg auf ihren nach hinten umgeknickten Fuß und Hilde noch zusätzlich oben darauf. Der Fuß war ausgerenkt, die Gelenkkapsel zerrissen und Schien- und Wadenbein nach oben gesplittert, ein Stück vom Knochensplitter steckte irgendwo im Gewebe.

Erst nach Tagen erfuhr ich in Leipzig davon. Zum Wochenende konnte ich sie endlich im Krankenhaus besuchen. Sie lag im Streckverband, hatte schlimme Schmerzen, weinte auch, hatte aber bald ihren Lebensmut wieder. Aber sie konnte nie mehr richtig laufen. Immerhin bekam sie später einen Behindertenausweis und fuhr auch bald wieder zur Arbeit auf den Schacht.

Etwa ein Jahr nach dem Unfall heiratete Mami Johann von Ameln, den wir „Onkel Hans" nannten, noch ein Jahr später brachte sie den gemeinsamen Sohn Bert zur Welt. Ihre Mutter, also meine geliebte Großmutter, machte vor der Hochzeit eine für sie sehr schmerzhafte Bemerkung. „Kannst froh sein, dass der Ameln dich nimmt, wo du doch nicht mehr richtig laufen kannst."

Noch im Krankenhaus hatte sie mir ein wunderschönes blaues Kleid aus australischer Schafwolle gestrickt. Ich konnte es zu vielen Anlässen anziehen, ich wusste, dass das Kleid sehenswert war und trug es mit Stolz.

Dieses Kleid trug ich noch im Winter 1955/56 in Stangengrün, als mich eine sehr schmerzhafte Mittelohrentzündung quälte. Ich hatte meinen Kopf an den Türfosten neben dem Ofen gepresst. Die Schmerzen waren so stark, dass ich den Brandgeruch zu spät bemerkte, mein Kleid war der Ofentür zu nahe gekommen. Das versengte Loch war größer als eine Untertasse und nicht mehr zu reparieren.

Irgendwann im zweiten. Studien-Halbjahr 1952 wurden wir in Leipzig zu einer Versammlung der gesamten Abteilung zusammengerufen. Wir sollten einer Änderung unserer Ausbildung zustimmen. Normalerweise wären wir nach dem ersten Ausbildungsjahr für ein praktisches Jahr einer Schule zugewiesen worden und hätten dort voll unterrichtet. Danach wäre für ein weiteres Jahr die Ausbildung in Leipzig fortgesetzt worden. Es gab aber jetzt die Möglichkeit, auf alle Ferien zu verzichten und gleich das dritte Jahr in Leipzig anzuschließen. Dafür würden dann auch die erste und zweite Lehrerprüfung zusammengefasst und wir könnten folglich auch an der ersten zugewiesenen Schule verbleiben. Das bedeutete für uns aber auch, dass wir schon nach insgesamt zwei Jahren ein richtiges Gehalt bekämen, also ein Jahr früher.

Das war für mich der Grund, sofort einverstanden zu sein. Ich bin sicher, dass das Ganze von oben längst beschlossen war, aber man gab uns das Gefühl, eine Entscheidung treffen zu können. Also stürzten wir uns in die Arbeit.

Im Winter 1952/53 bekamen wir zwar keine Ferien, aber wir durften für einige Tage zum Skiurlaub in die Jugendherberge auf dem Aschberg. Das war eine Riesenfreude. Ich hatte den meisten etwas voraus, ich konnte einigermaßen Skifahren. Alle Kleidung bekamen wir gestellt.

Zum ersten Mal in meinem Leben hörte ich das Wort Anorak, hatte aber Angerap verstanden. Egal. Das Ding war einfach Klasse. Ich hätte übrigens auch nicht gewusst, dass man so etwas kaufen kann, abgesehen davon, dass mir ohnehin das Geld dafür fehlte.

Gleich am Anfang krümmte sich nachmittags eine Mitstudentin vor Schmerzen im Bett. Erst dachten alle, sie sei krank, aber es stellte sich schnell heraus, dass sie nur ihre Tage hatte. Aber sie hatte nichts dabei, also musste jemand noch einmal runter ins Dorf, Binden kaufen, der Weg dauerte über eine Stunde. Bei viel Schnee und früher Dunkelheit gar nicht so einfach. Ich stapfte los und informierte noch ihren Freund, er müsse sich jetzt mal um sie kümmern. Das war für mich selbstverständlich, mir war gar nicht bewusst, dass andere lange nicht so schnell Verantwortung übernahmen.

Spaß hatten wir in den wenigen Tagen genug, ein Schlüsselerlebnis gab es auch.

Im Waschraum wusch sich unsere Dozentin mit entblößtem Oberkörper – mitten unter uns. Mir wäre das nie in den Sinn gekommen.

Im Februar feierten wir mit unserer ganzen Gruppe Karneval, richtig mit Verkleidung. Ich hatte ein wunderschönes selbst genähtes Kostüm von meiner Tante Hildegard, der zweiten Frau von Bob. Es sollte eine „Wiener Miezi" darstellen. Mein blaues Strickkleid hatte der Russischdozent an. Dazu trug er einen Turban, wie ihn die Trümmerfrauen nach dem Krieg bei den Aufräumungsarbeiten trugen. Das passte zwar nicht zusammen, aber Fantasie war alles. Alkohol wurde auch getrunken, obwohl es eine seltene Ausnahme war, weil kein Geld dafür da war. Natürlich vertrug niemand viel. Besonders erwischte es Günther Hüttler. Er war mit Abstand der Hübscheste unter den angehenden Männern, aber ein Weichei. Ganz still saß er plötzlich da und bekleckerte nahezu lautlos sein schönes Hemd. Diesmal konnte und wollte ich nicht helfen.

Zu meinen allergrößten Wünschen gehörte der Wunsch nach einem Radio. Ich hatte gehört, dass man sich einen

Detektor auch mit einfachsten Mitteln selbst bauen könne. Aber wie?

Ich erzählte zu Hause davon, als „Onkel Hans", der spätere Mann meiner Mutter, wieder mal zu Besuch war. Er besaß ein Radio, das er in der Gefangenschaft selbst gebaut hatte, aber es musste repariert werden. Na, das war ja ein toller Lichtblick, hatte doch Onkel Erwin in Leipzig einen Schwiegersohn, dem wiederum ein Radiogeschäft gehörte. Ich nahm also das kostbare Stück mit.

Es dauerte etwas länger, aber eines Tages war es soweit, ich konnte das Radio bei Onkel Erwin abholen. Dessen Schwiegersohn wollte die Reparatur noch nicht einmal bezahlt haben. Überglücklich fuhr ich mit dem guten Stück nach Hause. Weil ich noch keinen Platz dafür hatte, stellte ich es kurzerhand aufs Sofa und schloss es erwartungsvoll an. Es gab keinen Pieps von sich!

Strom war aber da, denn die Zimmerlampe brannte. Noch bevor ich die Knöpfe erneut drehen konnte, roch es sehr merkwürdig. Über der Rückwand kräuselte sich ganz feiner Rauch. Hastig zog ich den Stecker. Ich war völlig ratlos und ließ das Ding erstmal in Ruhe.

Tage später erzählte ich das bei Onkel Erwin. „Frag doch mal deine Wirtin, welchen Strom ihr am Rabet habt."

In Leipzig gab es noch ganze Viertel mit Gleichstrom. Mein großer Schatz konnte dadurch nur noch entsorgt werden. Aus der schöne Traum.

Zum Glück gab es bald Erfreulicheres.

Mami hatte irgendwoher einen hellgrauen Hosenstoff für mich ergattert. Ein Herrenschneider in Saupersdorf nähte eine lange Hose für mich daraus. Lange Hosen waren zu der Zeit bei Frauen eher selten, aber da ein Profi am Werk gewesen war, passte sie wie angegossen. Mein Selbstbewusstsein wuchs, obwohl ich noch nicht verinnerlicht hatte, dass ich mich mit meiner Figur sehen lassen konnte.

Immer hatte ich unter meiner Haarfarbe gelitten, war verspottet worden, gar von einer Geschichtslehrerin als Beispiel für Hexenverbrennungen im Mittelalter angeführt worden.

Das hässliche Entlein begann sich zu besinnen. Es gab ein schönes Erlebnis beim Friseur. Eine Kundin deutete auf meine Haare und sagte: „So möchte ich meine Haare auch gefärbt haben."

Darauf die Friseuse: „Tut mir leid, das geht nicht, diese Farbe kriegt man nicht hin."

Nur wenig später fand ich zusammen mit Annelies im Kaufhaus einen hellblauen, samtweichen Stoff für eine Jacke. Annelies nähte ihre Jacke selbst, das hatte sie ja gelernt, während ich in Kirchberg zu einer Schneiderin ging. Obwohl beide Jacken die gleiche Farbe hatten, lagen Welten in der Machart dazwischen. Auch das war Balsam für meine Seele.

Der 17. Juni

Anfang Juni begannen die Prüfungen. Wir hatten bei schönem Wetter im Grünen auf dem Schulgelände oder an einem Baggerloch intensiv gelernt. Es gab viel Sonnenschein im Frühsommer 1953.

Am Morgen des 17. Juni flüsterte mir Fräulein Ockert zu, dass in Berlin etwas los sei, bestimmt könne sie mir bei meiner Rückkehr mehr erzählen.

Ich fuhr wie üblich ins Institut, alles war wie sonst auch.

Das änderte sich bei der Heimfahrt mit der Straßenbahn. Leute tuschelten und man merkte, dass etwas nicht stimmte. Neben mir stand ein Mann im Straßenanzug. Deutlich erkannte ich am Revers zwei kleine Löcher, dort musste gerade noch ein Abzeichen gewesen sein. Siehe da, es gab noch mehr Männer mit den gleichen Löchern an der gleichen Stelle, aber keine Parteiabzeichen mehr.

Kurz vor dem Messehaus hielt die Bahn plötzlich an, weil von hinten ein junger Bursche auf den halb offenen Wagen gesprungen war und mit einem Stock den Stromabnehmer herunterzog. Nach vorn sahen wir, dass sich in den offenen Fenstern des Messehauses mehrere Männer hastig bewegten und mit den Füßen Transparente heruntertraten. Dort prangten immer riesige Spruchbänder mit allerlei politischen Parolen. Aber die Art, wie sie jetzt entfernt wurden, passte so gar nicht dazu.

Dann kam auch schon die Aufforderung, die Bahn zu verlassen. Bis zum Hauptbahnhof war es nicht weit, also gingen wir in diese Richtung in der Annahme, eine Bahn ostwärts zu erwischen. Etwas ratlos stand ich wenig später mit Annelies vor dem Bahnhof – keine einzige Bahn ließ sich blicken. Stattdessen hörten wir aus westlicher Richtung laute Stimmen und Sprechchöre. Es näherte sich ein Demonstrationszug. Sie trugen Spruchbänder, deren Aufschriften auch bald zu entziffern waren:

„Gebt unsere politischen Gefangenen frei!"

„Nieder mit Spitzbart!"

„Freiheit!"

Der Zug war merkwürdig ungeordnet, wild, Radfahrer nebenher, Leute rannten auf dem Bürgersteig, Glas splitterte, an einigen Stellen flackerte Feuer auf, es qualmte. An den Bürgersteigen wurden Vitrinen zerschlagen. Das Ganze wirkte wie eine ungeheure zornige, aber gleichzeitig auch chaotische Masse, bedrohlich besonders an den Rändern, dort, wo viel Menschen mitliefen, im Mittelteil sah es noch einigermaßen geordnet aus.

Plötzlich erschallte aus östlicher Richtung, genau aus Richtung der Straße, durch die wir weiter mussten, ein ganz fürchterliches Getöse. Dann sahen wir auch dessen Ursache: ein Panzer, nicht besonders schnell, mit schräg nach oben gerichtetem Rohr. Zwei russische Soldaten standen in der offenen Luke. Wir waren genau zwischen dem Geschehen. Die beiden Soldaten duckten sich weg, das Rohr zielte auf uns und der Panzer raste mit großer Geschwindigkeit auf uns und die Demonstranten zu.

Mein Herz schlug mir vor Entsetzen bis zum Hals. Die Menschen stoben in Panik auseinander, der Lärm war furchtbar. Überrollt wurde niemand, aber es war sehr ernst und mehr als deutlich, welche Sprache gesprochen wurde.

Damals war der Bahnhofsvorplatz noch völlig unbebaut, es gab keine Wartehallen oder Überdachungen. Alles ging rasend schnell. Es waren vier Panzer hintereinander. Im nächsten Augenblick drehten sie bei und platzierten sich so vor den beiden Bahnhofsvorbauten, dass der gesamte Platz in ihrem Schussfeld lag.

Wir wollten nur noch weg. Unter den vielen Menschen sprach sich schnell herum, dass der Bahnhof gesperrt war. Straßenbahnen fuhren auch keine mehr. So machten wir uns so schnell wir konnten in östlicher Richtung auf den Weg, um wenigstens unsere Quartiere zu erreichen. Unterwegs dachte ich noch an den Rat meiner Mutter, mich im Zweifelsfall an Onkel Erwin zu halten, aber der wohnte weit draußen und in entgegengesetzter Richtung.

Je weiter wir uns vom Bahnhof entfernten, desto weniger Menschen waren auf der Straße. Dann entdeckten wir auch noch ein ganz frisches Plakat, auf dem der Ausnahmezustand verkündet wurde. Zusammenrottungen von mehr als zwei Personen waren damit verboten und ab 19.00 Uhr durfte niemand mehr die Häuser verlassen. Unterzeichnet hatte der sowjetische Stadtkommandant Oberst Jatzkewitsch. Den Namen würde ich in meinem Leben nicht mehr vergessen.

Wir berieten uns bei Fräulein Ockert und gegenüber bei Lisa Timm. Lisa hatte die Tagesereignisse an einer ganz anderen Stelle erlebt. Sie erzählte von protestierenden Studenten. Es wäre auch geschossen worden und es hätte Tote gegeben. Inzwischen war viel Zeit vergangen, wir hatten beschlossen, uns an Onkel Erwin zu wenden, aber ich fürchtete, den Weg bis zur Sternsiedlung nicht bis zur Ausgangssperre zu schaffen.

Trotzdem wollten wir es riskieren. Am Bahnhof standen noch die Panzer, aber von Demonstranten war nichts mehr zu sehen. Einige Male preschte ein Motorrad mit Beiwagen an uns vorbei. Ein Russe fuhr die Maschine, ein anderer hockte im Beiwagen hinter einem leichten Maschinengewehr.

Wir rannten, solange die Kraft reichte, dann gingen wir wieder ein Stück langsamer, um zu verschnaufen. Ich besaß keine Uhr, aber Annelies. Unsere Zeit reichte nicht, aber weiter draußen fuhr auch kein Motorrad mehr an uns vorbei.

In der Siedlung war alles ganz still, wie sonst auch, wir wurden allmählich ruhiger. Klar, dass wir bei den Möckels schlafen konnten. Dort angekommen erzählten wir noch recht lange und überlegten, was wir am nächsten Tag tun sollten.

Zu unserer Überraschung fuhren am nächsten Morgen die Straßenbahnen wieder, aber die Leute waren auffallend schweigsam. Pünktlich erreichten wir unsere Schule. Am Pförtnerhäuschen am Eingang war die Kontrolle viel genauer als sonst und selbstverständlich hatten wir auch unsere Studentenausweise dabei. Barsch fuhr mich die Wachhabende an: „Aber morgen erscheinst du im Blauhemd!"

„Geht nicht, das ist zum Waschen zu Hause, ich habe nur eins."

Das war natürlich gelogen, aber zu meiner Überraschung schluckte sie die Begründung. Ich schämte mich nicht dafür.

Nach kurzer Zeit in den Klassenräumen wurden wir aufgefordert, uns unten in dem langen Laubengang vor den drei Mittelgebäuden zu versammeln. Der Leiter des Institutes, „Freund" Klemm, wolle eine Ansprache halten. Mit einem Megafon stand er uns genau gegenüber, an der anderen Seite des völlig freien Schulhofes.

Die Ansprache war wie immer lang und bestand zur Hauptsache aus Anschuldigen an den Klassenfeind, verbunden mit Hetzparolen gegen die Kriegshetzer im Westen. Das langweilte mich eher, es war ja nichts Neues. Hatte der Kerl denn die Panzer nicht gesehen? Doch dann rief er etwas, das mich innerlich fast zerreißen wollte. Er forderte uns auf, das Institut zu verteidigen, notfalls auch mit der Waffe in der Hand.

„Wer dazu bereit ist, der komme zu mir herüber!" Totenstille, niemand rührte sich. Er wiederholte seine Aufforderung noch einmal. Und tatsächlich schlichen die ersten langsam über den Platz. Nein, das werde ich nicht tun, dachte ich und blieb stehen. Aber es wurden immer mehr, Klemm ließ nicht locker, und bald war der Platz unter dem Laubengang nahezu leer. Unter lautem Gejohle der ersten „Verteidiger“ um Klemm setzten sich auch die letzten Zauderer in Bewegung, und ich schlich mit. Hundeelend war mir dabei, ein dicker Kloß schnürte mir den Hals zu. Nur jetzt nicht losheulen!

Vielleicht hätten wir uns ganz anders verhalten, wenn wir nicht mitten in der Prüfung gestanden hätten.

Es dauerte noch Tage, bis ich endlich Nachricht von zu Hause bekam, Ich hatte fest daran geglaubt, dass bei der Wismut auch rebelliert worden war, lag aber völlig falsch, dort hatte sich nichts gerührt.

Bei mir saßen die Erlebnisse am Bahnhof recht tief. Ich vertraute meine Eindrücke meinem Tagebuch an und schrieb: „Sollten es Menschen gewagt haben, gegen das Joch der Verdummung zu rebellieren?“

Dieses Tagebuch ließ ich nie offen liegen. Aber eines Tages, als mich Edelgard Krings abholte, ließ ich es auf der offenen Klappe liegen, während ich zur Toilette ging. Erst bei meiner Rückkehr am Abend fiel mir das auf. Mir lief es eiskalt den Rücken runter. Sollte sie darin gelesen haben? Edelgard gehörte zu unserer Gruppe, wir lernten auch manchmal zusammen, aber ich kannte sie nicht so genau. Die Angst vor Bespitzelung war allgegenwärtig. Da jedwede Reaktion von ihr ausblieb, hatte sie wahrscheinlich nicht im Tagebuch geschnüffelt. Die Angst aber blieb.

Von Mami kam ein sehr trauriger Brief. Onkel Hans aus Aue hatte mit seinem Sohn Peter auf dem Gleesberg an einem Zaun gearbeitet. Als ein Gewitter kam, suchten sie Schutz in einem nahen Bauernhaus. Nachdem sich das Gewitter verzogen hatte, wollten sie nur noch einen Zaunriegel durchsägen, dann wären sie mit der Arbeit fertig gewesen. Der Zaun war nass vom Gewitterregen, am Ende stand eine große Fichte. In diese Fichte schlug ein verspäteter Blitz ein. Peter war sofort tot, Onkel Hans lag noch lange gelähmt und erblindet im Krankenhaus. Aber er erholte sich wieder, konnte auch wieder sehen.

Am Geburtstag der Mutter hatten sie ihren einzigen Sohn verloren, er war gerade mal achtzehn Jahre alt geworden.

Ein ganz anderes Ereignis traf mich in der Leipziger Zeit auch recht hart: Hildegard hatte mit ihren Jungen Ralf und Wolfi die DDR verlassen.

Ihr Mann, mein Onkel Bob, war schon vor ihnen abgehauen. Er hatte wegen Wirtschaftsvergehens kurze Zeit im Gefängnis gesessen.

Solch ein Gefängnisaufenthalt war eigentlich gar nichts Besonderes, das konnte schnell jemanden treffen. Bei Bob hatte es mit seiner Arbeit in der Kammgarnspinnerei zu tun, genaueres erfuhr ich darüber aber nicht. Das war insofern ganz verständlich, als über Probleme, die über familiäres hinausgingen, lieber nicht gesprochen wurde. Es wäre nicht nur ein Risiko gewesen, es wurde auch für die Eingeweihten leicht zur Belastung. Uns war eigentlich schon als Kinder klar geworden, dass überall Ohren lauerten. Es war also immer besser, nicht zu viel zu wissen, man hätte sich all zu leicht verplappern können.

Hildegard wohnte damals im Saupersdorfer Haus im Erdgeschoss. Sie hatte ihre Flucht länger vorbereitet, Onkel Max half ihr sehr viel dabei.

Als ich davon erfuhr, waren sie schon weg. Ich war sauer, ich hätte mich gerne wenigstens von ihnen verabschiedet, zumal ihr Zug über Leipzig fuhr. Ich konnte mir einfach nicht vorstellen, dass man mich nicht eingeweiht hatte, damit ich für sie nicht zum Risiko würde.

Die Prüfungen in Leipzig verliefen ohne Probleme, nur in Geschichte hatte ich einige Schwierigkeiten und fühlte mich unsicher. Das Ergebnis war eine Drei, die ich nicht so tragisch fand. Die Sportprüfung war die letzte Prüfung und sollte erst nach einem geplanten Wochenende zu Hause stattfinden.

Mami holte mich mit dem Fahrrad am oberen Bahnhof ab, worüber ich mich riesig freute. Ich war stolz darauf, dank Leistung ein Ziel erreicht zu haben.

Abends wurde zu Hause richtig toll gefeiert. Annelies und etliche junge Leute waren dabei. Noch in der Nacht mussten wir aber zurück nach Leipzig zur Sportprüfung.

Die erreichten Ergebnisse nach durchwachter Nacht waren kläglich. Der Tausendmeterlauf war eine einzige Quälerei, Kugelstoßen und Weitsprung viel schlechter als sonst. Aus der Traum von der Auszeichnung. Ich hatte immer noch eines der besten Zeugnisse, es hatte aber kleine Risse bekommen.

Meine eigene Dummheit war mir eine Lehre fürs Leben.

Jetzt kam es darauf an, mit aller Energie nach vorn zu schauen.

Es war keineswegs möglich, sich den ersten Einsatzort als Lehrerin auszusuchen. Es hätte mir passieren können, nach Mecklenburg oder an die polnische Grenze zu kommen. Ich wollte aber möglichst nahe beim Rest der Familie sein. Ich stellte also den Antrag, in die Umgebung von Kirchberg zu kommen und begründete das mit Mamis Zustand nach ihrem Unfall. Ich bekam eine Einweisung nach Schnarrtanne, Annelies sollte nach Wernesgrün. Vielleicht hatte die Begründung dabei geholfen.

Lehrerin in der DDR

Der Umzug von Leipzig war gar nicht so einfach. Ich versuchte, viele meiner Habseligkeiten mit der Post zu schicken. Bücher waren schwer, mit dem Koffer konnte man einfach nicht alles mitnehmen. Erfahrung mit dem Packen von Paketen hatte ich genug. Ich hatte schon einige Sachen für Hildegard verschickt, weil es für Mami zu riskant war, als „Fluchthelferin" aufzufallen, auch noch, nachdem Hildegard längst drüben war. Es gehörte sogar ein Ölbild dazu. Aber alles ging gut.

Gegen Ende der Sommerferien fuhr ich mit Annelies nach Schnarrtanne im Kreis Auerbach. Mamis beste Freundin Hilde Berthold hatte mir wie schon oft ihr Rad geliehen.

Ich lernte meine neuen Kollegen kennen: zwei Frauen und drei Männer. Schulleiter war Herr Kresse, man siezte sich. Nach einiger Zeit erzählten sie mir, dass sie bei unserer Ankunft gerätselt hätten, welche von uns beiden denn ins Kollegium käme. Die einen tippten auf Annelies, sie wäre die Hübschere, die anderen auf mich, ich hätte die bessere Figur.

Ich war froh, dass alle mit dem zufrieden waren, was gekommen war.

Die Grundschule in Schnarrtanne war eine „wenig gegliederte". Ich sollte das erste mit dem dritten Schuljahr kombiniert übernehmen. Im ersten Schuljahr waren vierzehn, im dritten Schuljahr acht Schüler. Nur Musik, Kunst und Sport durften gemeinsam unterrichtet werden, alle anderen Fächer waren streng getrennt. Das bedeutete, genaueste minutiöse Vorbereitungen und strenge Disziplin. Aber die Kinder waren so brav, wie man sich das heute nicht mehr vorstellen kann.

Ungewöhnlich war, dass ein Anfänger wie ich gleich eine so große Verantwortung zu übernehmen hatte, wurde ich doch zwei Wochen nach Schulbeginn gerade mal neunzehn Jahre alt. Meine einzige Sorge war, dass mich die Kinder nicht mochten, weil ich doch so hässlich war.

Dass sich die Kinder ganz anders verhielten als befürchtet, machte meine Aufgabe zu einem wunderbaren Erlebnis. Es gelang mir sehr schnell, ein vertrauliches, kameradschaftliches Klima aufzubauen. Schon bald unternahm ich mit der Klasse auch außerhalb der Unterrichtszeit eine ganze Menge. Im Winter gingen wir Schlittenfahren, ja sogar Skifahren.

Meine Lehrbefähigung beschränkte sich auf die ersten vier Grundschuljahre. Unterrichten durfte ich aber auch in den höheren Klassen, weil der Bedarf da war. Ich meldete mich schon nach einem Jahr zum Fernstudium im Fach Geographie an. Fortan hatte ich am Donnerstag zwar keinen Unterricht, aber meine 28 Wochenstunden verteilten sich jetzt nur noch auf fünf Tage. Der Sonnabend war ein voller Unterrichtstag und Stundenermäßigung wegen des Fernstudiums gab es nicht.

Zum Studium bekamen wir regelmäßig „Lehrbriefe", die zu Hause durchgearbeitet werden mussten. Donnerstags traf sich die Studiengruppe im Konsultationspunkt im „Haus des Lehrers" in Falkenstein. Ich fuhr mit dem Bus dorthin, selten ging ich zu Fuß, das war doch zu weit und blieb besonders schönem Wetter vorbehalten.

Die Wochenenden verbrachte ich meistens zu Hause in Saupersdorf. In Schnarrtanne hatte ich in einer damals noch privaten Fleischerei bei Liesel Möckel, einer älteren Witwe, ein Zimmer. Es lag direkt über dem Kühlraum. Genau wie in Leipzig musste ich manchmal ganz schön frieren.

Bei L-L-Liesel – die arme Frau stotterte – ging es mir recht gut.

Mittags kochte sie für mich mit. Mitunter musste ich recht lange aufs Essen warten, dann hatte sie mal wieder im Laden kein Ende gefunden. Zu Ende des Monats half ich ihr beim „Markenkleben".

Fleisch und Wurst waren damals noch rationiert und wurden nur gegen entsprechende Abschnitte auf den Lebensmittelkarten abgegeben. Diese Abschnitte wurden am Ende des Monats mit Mehlkleister in zählbaren Blöcken auf Zeitungsbogen geklebt, damit sie kontrolliert abgeholt werden konnten. Eine mühevolle Arbeit. Auf eine normale Briefmarke passten vier Stück. Liesel sammelte die Winzlinge in einer Zigarrenkiste. Oft fand ich welche unter dem Tisch, sie blieben auch gerne am Jackenärmel hängen.

Nach menschlichem Ermessen konnten diese Abrechnungen gar nicht stimmen. Fleisch und Wurst brachte ihr Sohn Gerhard aus Schönheide mit, er hatte dort einen größeren Betrieb. Vor allem die Wurst war bei den Möckels viel besser als im Konsum, ich vermutete auch, dass so manches Schwein schwarzgeschlachtet wurde, um die Kundschaft zu halten. Es gab aber niemand die Hoffnung auf bessere Zeiten auf.

Der Unterricht in meiner eigenen Klasse machte mir viel Freude. In den anderen Klassen war das nicht immer so. Besonders die Pausenaufsichten wurden zur Machtprobe. Wenn das Wetter keinen Aufenthalt auf dem Hof zuließ, mussten die Kinder in den Klassenräumen bleiben. Ich glaubte allen Ernstes, sie hätten sich dabei still zu verhalten. Um mich durchzusetzen, schrie ich sie von der Tür aus an. Das Ergebnis: Sängerknötchen auf den Stimmbändern, ich konnte bald nur noch flüstern und musste zum Arzt. Eine Krankschreibung gab es natürlich nicht, ich musste stattdessen lernen, mit meiner Stimme umzugehen.

Das schützte mich aber noch lange nicht vor anderen Fehlern.

Als mich Rosl einmal besuchte und auch mit in die Schule ging, rief ein Junge aus der achten Klasse mit großen Augen: „Ooooch, zwee rote Strasser!"

Ich hatte keine Ahnung, was Strasser bedeutete, vermutete aber etwas Unanständiges und fauchte ihn entsprechend an. Ich nannte ihn „Langes Gehäng" – völlig unpädagogisch. Sein Vater beschwerte sich beim Schulleiter über mich. Der Junge war aber bekannt für freches Verhalten, und so bekam ich keine Probleme.

Ich machte mir viel Gedanken über den Vorfall und wusste sehr bald, dass ich einen typischen Anfängerfehler auf Grund meiner Unsicherheit gemacht hatte, aber ich brauchte es auch nur mir selbst einzugestehen. Ein guter Lernprozess.

Die Pausenaufsichten draußen waren viel einfacher. Anfangs marschierten die Kinder tatsächlich noch im Kreis. Es sah wirklich aus wie auf einem Gefängnishof und wir waren die Bewacher. Ich wunderte mich, dass die Kinder das widerspruchslos mitmachten, man kann sich das heute nicht mehr vorstellen.

Trotzdem gab es einmal einen dummen Unfall.
Auf dem Schulhof stand ein halb offener Schuppen, ziemlich klein, die Vorderseite war völlig offen. Dort wurde Streumaterial für den Winter gelagert. Man konnte das Hindernis umrunden, das war beim Fangen spielen recht reizvoll, keiner dachte sich etwas dabei. Als aber einmal zwei größere Jungen aus entgegengesetzten Richtungen angerast kamen, gab es einen wuchtigen Zusammenstoß hinter der Bretterbude. Beide schrien heftig. Der eine hielt sich den Mund zu. Er hatte sich einen Zahn abgebrochen und dieser steckte bei dem anderen Kind in der Stirn. Direkt neben unserer Schule residierte die Gemeindeschwester. Sie verarztete beide. Eine Unfallmeldung gab es natürlich nicht. Wozu auch?

Elternabende fielen mir nicht besonders schwer. Ich erinnere mich nur an eine einzige Frage eines Vaters, die mich wurmte: „Wessen Aufgabe ist es eigentlich, den Kindern das Lesen beizubringen?"

Ich hatte lediglich die Eltern gebeten, mit ihren Kindern das Lesen zu Hause zu üben.

Die Art, wie er fragte, triefte von Zynismus. Der Mann war Arzt in Bad Reiboldsgrün und fühlte sich als etwas Besseres.

Ansonsten hatte ich gute Kontakte zu allen Eltern. Regelmäßige Besuche im Elternhaus mussten im Klassenbuch vermerkt werden. Obwohl sie verordnet waren, merkte ich bald, wie hilfreich sie waren.

Es gab sogar Eltern, zu denen sich eine so große Vertraulichkeit entwickelte, dass sie über Dinge sprachen, die sie nie öffentlich genannt hätten.

So vertraute mir die Mutter von Lutz Killimberger an, dass sie nahe Verwandte des ehemaligen Ortsgruppenleiters Wolf aus Saupersdorf waren. Der kleine Lutz trug ganz bestimmt keine Schuld daran und ich bekam das Gefühl, ihn schützen zu müssen. Die Schuld der Verwandtschaft ging mich nichts an.

Bernd Spitzner im ersten Schuljahr war wie alle anderen ein recht liebenswerter kleiner Kerl. Nicht besonders klug, unauffällig, er machte keine Schwierigkeiten, aber er stank fürchterlich. Bei einem Hausbesuch erzählte mir die Oma, bei der er aufwuchs, dass er in letzter Zeit nicht mehr so gerne zur Schule ginge. „Den annern is se viel gutster", hatte er ihr erzählt. Ich konnte mir nun wirklich nicht vorstellen, dass ich andere Kinder bevorzugt hätte, sprach aber mit der Oma über seinen fürchterlichen Geruch.

Die Aufklärung dessen war ein Schlüsselerlebnis für mich.

Der kleine Kerl musste morgens vor der Schule die Ziege versorgen, daher der Gestank. Er hatte meine Ablehnung gespürt und war sehr traurig deswegen, denn alle Kinder liebten ihre Lehrerin. Sie brauchten auch den Körperkontakt, kein Mensch hatte Hintergedanken, wenn ich mal ein Kind in den Arm nahm, weil es Trost brauchte. Das war so selbstverständlich wie natürlich und auch bitter notwendig.

Bernd wurde fortan nach seiner Arbeit im Ziegenstall gewaschen und ich rümpfte nie mehr die Nase. Wie gut, dass wir rechtzeitig offen miteinander gesprochen hatten.

Zu Max und Inge Hahn, den Eltern von meinem Schüler Falk Hahn, entwickelte sich bald eine immer enger werdende Freundschaft. Aufgefallen waren mir die beiden auf einem Elternabend. Ich hatte sie, ohne sie zu kennen, als Beispiel für gute Zusammenarbeit genannt. Jeder Schüler besaß ein sogenanntes Tagebuch, in dem alles Mögliche eingetragen wurde. Es gab Regeln, nummeriert von 1 bis 10. Ein Verstoß dagegen wurde einfach mit einem V und der entsprechenden Nummer dazu vermerkt. Allwöchentlich mussten die Eltern gegenzeichnen. Natürlich konnten sie auch ihrerseits Bemerkungen eintragen. Positive Bemerkungen waren von beiden Seiten selbstverständlich besonders beliebt. Ich nannte einige Eintragungen und sagte: „Obwohl ich diese Eltern noch nie gesehen habe, wissen wir also recht viel voneinander."

Darauf meldete sich Inge: „Dann sehen Sie uns doch jetzt mal an!"

So begann eine Freundschaft, die bis zu ihrem Tod noch Jahrzehnte anhielt.

Im Kollegium fühlte ich mich wohl. Immer kritischer wurde jedoch das Verhältnis zum Schulleiter Kresse. Es hatte offenbar auch keine richtige Ausbildung und war vorher Bäcker gewesen. Es schrie die Kinder oft mit „ihr Bäckerburschen" an.

Während der Pausenaufsicht kam ich einmal in die sechste Klasse, wo noch Bruchrechnungen an der Tafel standen. Ich merkte ziemlich schnell, dass fehlerhaft gerechnet worden war, sie hatten Differenzen und Summen gekürzt.

Ich fragte, wer da gerechnet hätte. „Herr Kresse", war die Antwort.

„Kann nicht sein, das ist nämlich falsch", verbesserte ich.

Im Lehrerzimmer sprach ich ihn darauf an. Er druckste ein wenig herum, so dass ich wusste, dass er etwas Falsches erklärt hatte. Nein, das konnte so nicht stehen bleiben!

Respekt vor ihm hatte ich fortan nicht mehr, aber er blieb schließlich mein Vorgesetzter und als solcher saß er am längeren Hebel. Für mich war bald klar, dass er seine Stellung seinem Parteibuch und nicht seinen Fähigkeiten verdankte.

Sein Verhalten fand ich richtig gemein, als er unangekündigt am Aschermittwoch seine eigenen schriftlichen Vorbereitungen auf den Schreibtisch legte und uns aufforderte, auch unsere vorzulegen. Ich hatte sie komplett, fand ihn aber unfair, hatten wir doch am Vortag gemeinsam Fastnacht gefeiert.

Wir feierten verhältnismäßig oft zusammen, wenn es etwas zu feiern gab. Weinbrandverschnitt gehörte dazu. Ich vertrug aber Alkohol überhaupt nicht, mir wurde ganz schnell schlecht. Natürlich musste ich mich übergeben. Deshalb ist mir auch nur zu gut in Erinnerung, dass es an unserer Schule auch noch das zu der Zeit übliche Plumpsklo mit dem hölzernen Deckel gab. Es stank entsetzlich.

Die besten Beziehungen im Kollegium hatte ich unter anderem zu Frau Fuhr, der Witwe eines Pfarrers, die schon etwas älter war und von mir als Respektsperson betrachtet wurde. Sie hatte noch einen kleinen Sohn, Fridolin, der das dritte Schuljahr besuchte. Er war ein schwächliches Kind und nicht besonders klug. Oft hatte er, genau wie seine Mutter, unter den abfälligen Bemerkungen Kresses zu leiden. Einmal fragte dieser sie im Lehrerzimmer, warum sie denn überhaupt so spät noch ein Kind bekommen hätte. Schon die Frage fand ich unverschämt. Aber als sie dann auch noch unter Tränen sagte, sie hätte die Bewegungen eines Kindes noch einmal in ihrem Körper fühlen wollen, hätte ich am liebsten mitgeheult. Wie konnte diese reife Frau einem solchen ungehobelten Stoffel auch noch so ehrlich antworten!

Ich verachtete ihn nur noch und gleichzeitig wuchs mein Misstrauen. Ich traute ihm inzwischen jede Gemeinheit zu.

Eines Tages kam der erwachsene Sohn eines ehemaligen Lehrers zu uns ins Kollegium und erzählte von einem bevorstehenden Besuch in Kaiserslautern. Er schwärmte davon, vielleicht sogar Fritz Walther zu sehen. Ohne Umschweife forderte Kresse ihn auf, ihm Westzigaretten mitzubringen. Ich weiß nicht, warum der Junge überhaupt von der Reise erzählte, möglicherweise brauchte er eine Befürwortung oder eine Unbedenklichkeitserklärung. Ich hatte jedenfalls Angst um ihn, ich glaubte, der Kresse wolle ihn mit der Bitte nach den Zigaretten reinlegen. Auf dem Schulhof sprach ich diesen Sohn darauf an und bat ihn, es nicht zu tun. Vielleicht wäre es sogar besser, den Kresse wegen dieser Bitte anzuzeigen. Das wollte der Junge natürlich nicht, aber im Nachhinein ist es erschreckend, wie groß das Misstrauen damals schon war.

Die Zigaretten brachte der junge Mann übrigens mit. Es passierte ihm überhaupt nichts, so wichtig waren dem Kresse die Westzigaretten. Heuchler war er also auch noch.

Im zweiten Jahr meiner Schnarrtanner Zeit wurde in unserer Schule eine Küche eingerichtet und wir bekamen einen Schulhort. Beim Ausbau der Einrichtung packten alle mit an. Kresse sehe ich noch die alten Fliesen abhacken, total verschwitzt und verstaubt. Dieser Anblick stellte zwar meinen Respekt nicht wieder her, aber ein bisschen Achtung bekam ich in dem Augenblick zurück.

Für die Arbeit in der Küche wurde Frau Leiteritz eingestellt. Jeden Tag wurde das Essen frisch zubereitet. Die Aufsicht beim Mittagessen führten die Lehrer. Auch für die Weiterarbeit in der Freizeit danach waren wir zuständig. Eine Anrechnung auf die Stundenverpflichtung gab es aber nicht. Mir machte das nichts aus, hatte ich doch auch schon vorher so manchen Nachmittag freiwillig mit den Kindern verbracht, jetzt war aber ein Nachmittag in der Woche verpflichtend.

Die schönsten Unternehmungen waren dabei die Winterausflüge. Skifahren konnten in Schnarrtanne alle Kinder, die einen gut, die anderen besser. Auch die Ausrüstungen waren gar nicht so schlecht. Stellmacher gab es im Gebirge noch, schließlich hatte das Skifahren Tradition und Schnee gab es auch länger als bei uns zu Hause.

Direkt hinter der Schule war ein kleiner, aber recht steiler Hang. Dort übten vor allem die Jungs fleißig. Im Winter 53/54 veranstalteten wir mit allen Schulkindern ein richtiges Rennen, bei dem sogar die Zeiten gestoppt wurden. Nur an Slalom dachte noch keiner, höchstens mal an einen Telemark am Ende. Es kostete schon ein wenig mehr Mut, den steilen Hang gerade herunter zu sausen. Ich fuhr jedenfalls nicht, ich hatte Angst, mich vor den Kindern zu blamieren.

Ich wagte aber an einem ruhigen Nachmittag, mit meiner dritten Klasse weiter in den Wald Richtung Schönheide zu fahren. Dort kannte ich eine Schneise. Schön nach der Reihe sausten alle mehr oder weniger schnell hinunter. Der Ort schien mir bestens geeignet, weil die Schneise auch auf der gegenüber liegenden Seite wieder anstieg.

Eine Schülerin, Sabine Seidel, war ziemlich ängstlich, konnte auch noch nicht besonders gut fahren, wagte es aber trotzdem. Schon fast unten angelangt, wurde sie wohl doch etwas zu schnell, stürzte und blieb schreiend liegen. Alle Versuche, sie wieder auf die Bretter zu stellen, misslangen. Da war guter Rat teuer.

Bis zum Dorf waren es etwa zwei Kilometer, die Seidels wohnten im Unterdorf. Ich setzte Sabine auf ihre Bretter, und wir zogen sie die lange Schneise hinauf. Aber oben war mir klar, dass wir sie so nicht bis ins Dorf bringen konnten. Es ging zwar immer leicht bergab, aber es gab keinen direkten Weg und somit auch keine Spur.

Ich zeigte den Kindern was ich tun wollte.

Sabine hatten wir auf ihre eigenen Skier gestellt und sie dort auch festgeschnallt. Die anderen Kinder bekamen die Anweisung, langsam hinter mir her zu fahren und auf keinen Fall zu überholen. Sabine sollte einfach ganz ruhig stehen bleiben, was sie auch tat. So konnte ich sie samt der Skier zwischen meine Beine nehmen. Sie beugte sich vorsichtig nach vorne und ich konnte sie unter ihrem Bauch gut halten. Langsam rutschten wir talwärts. Ich hielt sie so hoch, dass ihre Skier kaum den Boden berührten.

Im Dorf angekommen, schickte ich die anderen nach Hause. Alle hatten sich vorbildlich verhalten. Sabine brachte ich, immer noch zwischen meinen Beinen, bis nach Hause. Ihre Mutter war zum Glück da. Keiner regte sich auf, auch Sabine weinte nicht mehr. Gemeinsam bugsierten wir sie bis zum Sofa. Die Mutter kümmerte sich dann um den Arzt.

Am nächsten Tag besuchte ich Sabine zu Hause. Sie hatte einen Bänderriss am Knie. Niemand machte mir Vorwürfe, an eine Unfallmeldung erinnere ich mich nicht. Mit ihrem dick bandagierten Bein musste sie länger zu Hause bleiben, die Klassenkameradinnen brachten ihr regelmäßig die Schularbeiten. Alles geschah wie selbstverständlich.

Ich habe mir später oft überlegt, ob ich das alles richtig gemacht hatte. Der größte Fehler war wohl der, dass ich allein mit den Kindern unterwegs war. Einen Erste-Hilfe-Kurs absolvierte ich erst zwei Jahre später. In heutiger Zeit wäre so etwas gar nicht mehr möglich, aber wir waren damals um wertvolle Erfahrungen reicher.

Eine Turnhalle gab es an unserer Schule nicht. Zum Sportunterricht gingen wir mit einzelnen Klassen in einen Gasthof am Dorfrand, mindestens zehn Minuten Fußweg von der Schule entfernt. Dort gab es auch einen „Sportplatz", heute würde man selbigen höchstens einen Bolzplatz nennen.

Ein Hausmeister öffnete uns die Tür zu einem größeren Raum erst, wenn eine Klasse ankam. Zu meinem größten Schrecken gab es darin sogar eine Bühne mit einem richtigen schweren Vorhang. Ich sollte Sport mit den ältesten Jungen der Schule unterrichten. Ich war gerade mal vier bis fünf Jahre älter als diese.

Einen der Jungen kannte ich von Saupersdorf. Er hatte verkündet, dass er mich von früher kenne, er sei immer auf meinen Schultern geritten, als er kleiner war. Mit „Sie" anreden würde er mich deshalb bestimmt nicht. Die Klasse war also auf mich eingestimmt.

Kaum hatten sie in der ersten Sportstunde den Raum betreten, stürmten sie mit Gebrüll die Bühne und spielten hinter dem Vorhang Verstecken. Dass ich durch die Finger pfeifen konnte verblüffte sie aber doch. Ich ließ sie in Reihe antreten und durchzählen, dann jagte ich sie durch den kleinen Saal: trippeln, hüpfen, in der Hocke weitergehen, hoch springen, rennen, Hände hoch, tief aus- und einatmen. Es war wie auf dem Kasernenhof. Ich hatte das aber auch so gelernt. Und – welch Wunder – die Rasselbande gehorchte.

Schon in der nächsten Stunde übergab mir der Hausmeister einen Medizinball: „Ich glaube, Sie können damit umgehen. Der Ball darf nämlich nicht kaputt gemacht werden, wir haben nur den einen."

Ich hatte damit beim Hausmeister einen Stein im Brett. Es dauerte auch nicht mehr lange, bis ich den Barren benutzen durfte. Das, was ich ihnen beibringen wollte, musste ich nun wohl oder übel vormachen. Sie hatten nämlich keinerlei Erfahrungen mit dem Gerät. Nach einigen kleinen Vorübungen sollte ein Schulterstand folgen. Prompt flog ich runter. Es tat ganz schön weh, aber ich stand auf und sagte: „So sollt ihr es nicht machen, es tut ganz schön weh, wenn ihr nicht aufpasst."

Keiner hatte gelacht. Jetzt respektierten sie mich endgültig. Trotzdem war ich erleichtert, dass ich im zweiten Jahr nur noch mit meiner Klasse zum Sport gehen musste.

Obwohl wir nur ganz begrenzte Möglichkeiten für Sportunterricht hatten, waren die meisten Kinder körperlich fit. Sie hatten nahezu alle einen sehr weiten Schulweg, mussten zu Hause und auf den winzigen steilen Feldern schon früh mit anpacken. Es mangelte also keinem an Bewegung, die Ernährung war einfach, teils durch Selbstversorger sichergestellt, kein einziges Kind war zu dick.
   Beste Turnerin im dritten Schuljahr war Christel Trommer. Sie beherrschte den Russentanz komplett: verschränkte Arme vor der Brust, in der Hocke beide Beine abwechselnd nach vorne geschleudert. Ohne sich auch nur einmal abzustützen flitzte sie so rückwärts rund um den Saal oder im Sommer auch um den Sportplatz. Unfassbar, was in dem kleinen, zähen Körper an Kraft steckte. Ich glaubte immer, sie hätte einmal eine sportliche Karriere vor sich, habe aber nie wieder etwas von ihr gehört.

Erste Liebe

Noch während meiner Studienzeit hatte Mami wohl das Gefühl, ich müsste endlich jemanden kennenlernen. So veranstaltete sie kurzerhand mal wieder eine Party – man nannte das damals einen bunten Abend – und lud alle möglichen Leute ein. Dabei waren auch zwei junge Burschen, die sie vom Schacht her kannte. Annelies als meine beste Freundin musste auch mit dabei sein. Mamis Rechnung ging auf – ich verliebte mich bis über beide Ohren, aber es „passierte" überhaupt nichts.

Mütter merken aber, wenn in ihren Töchtern etwas vorgeht, und fortan gab es Grüße hin und her. Ich glühte.

Eines Tages kam ich mal wieder auf Wochenendbesuch nach Saupersdorf, und da stand er völlig unerwartet im Dunkeln hinter der Wohnzimmertür. Diesen Augenblick darf ich bestimmt zu den schönsten in meinem Leben zählen. Ich fiel ihm spontan um den Hals. Es folgte ein wunderschöner Abend. Mami verschwand früh im Bett. Wir waren noch lange im Wohnzimmer allein. Er trug einen ganz weichen Nicki -Pullover. Der war ganz bestimmt aus dem Westen, so etwas Weiches hatte ich ja noch nie gefühlt. Was dann kam war zwar aufregend, völlig neu, blieb aber ohne Erfolg. Ich war dumm, unerfahren und hatte auch Angst. Als er sagte, er hätte wohl zu lange kein Mädchen gehabt, war das wie ein Schlag in die Magengrube. Ich war wie ein Brett und wagte nicht mehr, mich zu bewegen.

Wieder zurück in Leipzig wartete ich viel zu lange auf Post, meine Verliebtheit wurde zum Liebeskummer. Beim nächsten Besuch zu Hause klärte sich das auf, er war zur Kur in Oberwiesenthal. Eine Kur für Wismutarbeiter oder auch ein Aufenthalt im „Nachtsanatorium" hatte nichts mit Krankheit zu tun. Solche Maßnahmen gehörten zu den Privilegien der Bergarbeiter. Von den besonderen Gefahren durch die Strahlenbelastung wusste offiziell niemand. Nur manchmal wurde unter vorgehaltener Hand über merkwürdige Erscheinungen berichtet: ständige Müdigkeit, Kinderlosigkeit, Impotenz, wobei ich den letztgenannten Begriff nicht kannte.

Doch dann dauerte es wieder recht lange bis zum nächsten Brief, und der kam aus Stuttgart. Guido Wegner war zu seinen Eltern „geflüchtet". Er fand sehr schnell Arbeit in einem Bergwerk im Schwarzwald. Die Familie stammte aus Tschenstochau in Polen und hatte deutsche Wurzeln.

Es gingen fortan viele Briefe hin und her, an meiner großen Liebe änderte sich nichts, sie wuchs eher.

In Schnarrtanne kam dann gegen Ende 1953 ein Brief mit einer Einladung. Einen Besuch bei meinem Freund in Stuttgart konnte ich mit einem Besuch bei Hildegard und Bob in Esslingen verbinden.

Mami heiratete im gleichen Jahr. Eigentlich wollte sie mich ja nicht nach Stuttgart fahren lassen, aber wenn ich zu ihrer Hochzeit noch blieb, könne man schon „drüber reden". Immerhin konnte ich das Fahrgeld von meinem knappen Gehalt – ich bekam etwa 400 Mark im Monat – bezahlen.

Aber mit meiner Garderobe sah es immer noch recht dürftig aus. Ich strickte mir deshalb eine blaue Jacke aus Schafwolle. Sie kratzte fürchterlich. Ich kämpfte mit den unmöglichsten Mitteln dagegen. Mal kroch ich damit ins Bett, weil ich hoffte, dass das Kratzen durch die Wärme weniger würde, mal zog ich alte Strümpfe unter die Ärmel. Besser wurde es kaum.

Da ich nicht die Absicht hatte, die DDR zu verlassen, brauchte ich noch nicht einmal eine Genehmigung und konnte mit meinem DDR-Ausweis fahren. Es gab aber Einschränkungen für bestimmte Personengruppen. 1954 musste man dann den Ausweis nach einer Verordnung abgeben, wenn man reisen wollte.

Der nur wenige Tage dauernde Aufenthalt bei Hildegard und Bob war recht schön. Es war ja auch alles so neu für mich. Tolle Schuhe sah ich in einem Schaufenster, aber ich hatte kein Geld, die Schuhe blieben wie so vieles ein Traum. Es machte mir nichts aus, wartete ich doch nur darauf, abgeholt zu werden.

An einem kalten, aber sonnigen Nachmittag erschien Guido mit einem Freund. Nicht zu fassen, der Freund fuhr einen Mercedes. Ich sehe heute noch die tanzenden Schneeflocken in der Dunkelheit, die von einem auf der Kühlerhaube befestigten gewölbten Dreieck abgelenkt wurden, damit sie nicht auf die Scheibe klatschten. Herrlich! Im Auto war es wunderbar warm. Der Freund fuhr und wir knutschten glückselig auf dem Rücksitz. Trotzdem schaute ich oft nach vorn. Die Schneeflocken tanzten wie im Märchen. Plötzlich leuchteten am Straßenrand zwei Augen mit Pinselohren darüber auf. Ein Luchs! Von mir aus hätte die Fahrt tagelang dauern können.

In Grunbach im Kreis Calw setzte uns der Freund vor einem Gasthof ab. Leise und unbemerkt schlichen wir in ein Zimmerchen. Es machte mir nichts aus, dass es nur ein Bett und nur kaltes Wasser in einer Porzellanschüssel zum Waschen gab.

Dass ich dort wie eine Gefangene die nächsten beiden Tage verbringen sollte, erfuhr ich erst am folgenden Tag. Ich sollte das Zimmer nicht verlassen. Morgens brachte jemand das Frühstück an die Tür, im Laufe des Tages brachte er mir zu essen mit, die meiste Zeit hatte er zu arbeiten – außerhalb. Es war stinklangweilig. Aber es gab einiges zu lesen.

Wenn er da war, hatten wir viel zu erzählen. Ich hörte von der „Schwarzen Madonna" von Tschenstochau, von seiner Familie, davon, dass er einen Onkel in Pretoria in Südafrika hatte und dass er am liebsten dorthin auswandern wolle.

Von seiner gegenwärtigen Arbeit erzählte er nichts, ich fragte aber auch nicht danach.

Nach zwei Tagen kam er ganz aufgeregt. Es sei etwas passiert. Im Südschwarzwald hätte es einen Erdrutsch gegeben, der die Bahnlinie Basel - Wien gefährde. Mit seinem Freund müsse er so schnell wie möglich dorthin, weil das Gebiet zu seinem Arbeitsbereich gehöre. Die ganze Erklärung hatte einen etwas mysteriösen Zug: er wisse gar nichts Genaues über seinen Freund, er vermute, er hätte etwas mit Spionage zu tun. Es wäre so unwahrscheinlich, dass er einen Mercedes habe, diesen könne er unmöglich gekauft haben usw.

Ich glaubte ihm alles, packte meine paar Sachen und es ging zurück nach Esslingen. So hatte ich mir das natürlich nicht vorgestellt. Bei Hildegard heulte ich bis zu meinem Abschied nur noch. Es kam niemand mehr, um mich noch einmal abzuholen, und ich erhielt auch keinerlei Nachricht. Viel geschrieben wurde nach meiner Rückkehr auch nicht mehr. Nur Mami hatte wohl einen enttäuschten, vorwurfsvollen Brief an seine Eltern geschrieben. Die Antwort darauf war mehr als bitter. Sein Vater behauptete, ich hätte wohl nur Interesse an einem guten Leben im Westen gehabt, seinen Sohn nur ausgenutzt, solange ich Zuwendungen und Geschenke von ihm erhalten hätte.

Nichts, aber auch gar nichts hatte ich je von ihm bekommen. So starb meine erste große Liebe einen langen, qualvollen Tod.

Nachdem ich im September 1954 das Fernstudium aufgenommen hatte, fuhr ich regelmäßig mit dem Bus über Auerbach nach Falkenstein. Das war eigentlich die Gelegenheit, andere Leute kennen zu lernen. In der Studiengruppe gab es auch interessante Männer, ich war nämlich die einzige Frau unter den insgesamt elf Teilnehmern. Aber die Männer waren entweder verheiratet oder sie interessierten mich überhaupt nicht. Aber im Bus begegnete mir mehrmals ein auffallendes Augenpaar. Dazu gehörten auch noch ganz schwarze Haare. Mit einem Rothaarigen hätte man mich auf eine einsame Insel schicken können, ich hätte ihn übersehen.

Es stellte sich denn auch sehr schnell heraus, dass es der große Bruder eines Jungen aus meinem nunmehr zweiten Schuljahr war. Dessen Fibel eignete sich alsbald bestens als Briefkasten. Die kleinen Zettel, die darin versteckt wurden, enthielten aber nichts anderes als Orts- bzw. Zeitangaben. Es funktionierte immer. Jürgens Eltern freuten sich, dass der große Bruder so fleißig mit dem Kleinen Lesen übte.

Einige Monate hielten die spannenden Heimlichkeiten an. Dann bekam ich eine heftige Angina mit einem Abszess. Frau Möckel musste an einem Sonntagmorgen den Doktor aus Auerbach holen. Ich hatte aufstehen wollen, brach aber mehr oder weniger bewusstlos neben dem Bett zusammen. So fand ich mich halb unter dem Bett liegend wieder. Der Doktor schnitt den Abszess auf, wobei ihm der Eiter ins Gesicht spritzte. Liesel Möckel griff mit einer Schüssel warmen Wassers und viel Schmierseife zum Desinfizieren ein. Da wurde mir klar, dass die Angina ernst war.

Das Ganze hatte obendrein morgens um 7.00 Uhr stattgefunden. An Krankenhaus dachte niemand, aber ich durfte etliche Tage zu Hause bleiben.

Etwa zwei Wochen später sollte ich zur Herzuntersuchung nach Auerbach in die Praxis kommen – kein Problem mit dem Bus. Endlich wieder raus! „Carpe Diem" war mir noch unbekannt, aber ich handelte danach und wir gingen ins Kino.

Wenige Tage später erhielt ich eine Aufforderung zum Vertrauensarzt. Sehr zynisch fragte er mich, ob ich denn keine Angst hätte, dass mir die Nachtluft schaden könnte, wenn ich krankgeschrieben aus dem Haus ging. Ich erfuhr nie, wer mich da verpfiffen hatte. Klar war nur, dass ich mal wieder etwas Verbotenes getan hatte, das mit meinem Freund oder mit meinem Beruf zu tun hatte.

Misstrauen wuchs, das war kein gutes Gefühl, aber ich suchte die Schuld bei mir.

Dann kam der Tag, wo ich meinen neuen Freund mit zu meiner Mutter und zu „Onkel Hans" brachte, um ihn vorzustellen. Ich sehe ihn noch da am Tisch sitzen in einem Anzug, dem er längst entwachsen war, die Ärmel waren viel zu kurz. Offensichtlich fühlte er sich überhaupt nicht wohl, war unbeholfen und unsicher, das spürte ich im Innersten, aber wahrhaben wollte ich es nicht. Der Kommentar meiner Mutter am nächsten Tag: „Er muss noch viel lernen."

Seine Eltern hatten in Schnarrtanne ein kleines Elektrogeschäft, Helmut hatte wie sein Vater Elektriker gelernt. Das Geschäft hatten sie vor einiger Zeit aufgegeben, Vater und Sohn arbeiteten bei der Wismut.

Meine Wirtin tolerierte, dass er oft in meiner kleinen Bude war. Ich übernachtete aber auch bald ohne große Hemmungen bei ihm. Er teilte eine Dachkammer mit seiner Schwester Anita. Wir dachten ernsthaft ans Heiraten, aber erst einmal sollte Verlobung sein. Ringe kauften wir in Schönheide, ich holte ihn manchmal durch den Wald ab, wenn er von der Frühschicht kam.

In Auerbach ergatterten wir blauen Anzugstoff mit Nadelstreifen. Helmut ließ sich vom Schneider einen Anzug nähen, ich vom gleichen Stoff ein Kostüm. Mit den neuen Sachen wollten wir Mami zu Ostern überraschen. Leider war furchtbares Sauwetter. Auf dem Weg von Bärenwalde nach Saupersdorf wurden wir ordentlich eingeweicht. Wir erklärten kurzerhand, dass wir verlobt wären – von einer entsprechenden Feier hatte ich zwar gelegentlich geträumt, aber sie war nicht so wichtig.

Im Frühjahr 1955 gab es Auseinandersetzungen mit seinen Eltern, den genauen Anlass habe ich erfolgreich verdrängt. Er kam von der Schicht direkt zu mir und ich kochte Nudeln auf dem Kanonenofen in meinem Zimmerchen. Das ging einige Tage, er blieb immer bei mir, bis ich plötzlich zum Rat des Kreises nach Auerbach zitiert und einem Verhör unterzogen wurde.

Es war einfach schrecklich. Ich heulte im wahrsten Sinne Rotz zu Wasser und hatte kein Taschentuch. Was man mir vorwarf, begriff ich dabei nicht richtig, aber ich fühlte mich schuldig, hatte ich doch einen Mann bei mir übernachten lassen, mit dem ich nicht verheiratet war. In der Öffentlichkeit hatte ich als Lehrerin Vorbild zu sein.

Das Ergebnis war eine Strafversetzung. Sie wurde aber so dargestellt, als hätte ich mein Fehlverhalten eingesehen und wäre freiwillig gegangen.

Meine neue Dienststelle lag in Trieb. Meine „Verlobung" hatte einen argen Knacks bekommen, ich fühlte mich auch sehr allein gelassen. Die Tatsache, dass Helmut zur „Volksarmee" einberufen wurde, erschwerte das Ganze zusätzlich. Es gab mehr und mehr Konflikte. Immer öfter soff Helmut mit seinem Vater und wurde dann aggressiv, hielt keine Verabredungen mehr ein und bedrängte mich bei Wanderungen im Wald.

Am schlimmsten wurde es, als ich in einer Kneipe in der Küche auf ihn wartete. Dort gab es ein Telefon. Ich rief ihn an, weil wir bis nach Rothenkirchen zum Bus zu Fuß gehen mussten, um den letzten Bus zu bekommen. Er legte, betrunken wie er war, einfach auf und ich heulte. Das Spiel wiederholte sich ein paar Mal, bis ich zum Haus seiner Eltern ging und mich im Garten auf eine Bank unterm Küchenfenster setzte. Dort hörte ich, wie er sich über mich lustig machte. Ich klingelte und sagte ihm, dass ich jetzt im Dunkeln allein zu Fuß nach Hause laufe würde. Zum endgültigen „Schlussmachen" fehlte mir jedoch der Mut.
Den letzten Bus erreichte ich noch, klagte Mami mein Leid und sie entschied, ihn nicht mehr reinzulassen.

Mitten in der Nacht stand er klatschnass vor meiner Kammertür. Einen Hausschlüssel hatte er nicht, meine Tür hatte ich abgeschlossen, und auf meine Frage, wie er denn ins Haus gekommen sei, antwortete er nur: „Do läft mer ahm de Dachrinn' nauf." Er war so nass, weil er angeblich von der Lieboldsbrücke in den Bach gefallen war.

Wenn es nach Mami gegangen wäre, wäre unsere Beziehung zu Ende gewesen. Aber Wochen später lud er mich in Trieb zu einer Kurzreise nach Zinnowitz auf Usedom ein. Ich fuhr mit, kam nach einer Woche angebräunt wieder und handelte mir eine Auseinandersetzung mit meiner Mutter ein. In Saupersdorf war nämlich die ganze Zeit schlechtes Wetter gewesen, also wusste sie, dass ich verreist gewesen war. Lügen konnte ich noch nie und so gestand ich ihr die Reise.

Ihr wütender Kommentar: „Du machst mir doch nicht weiß, dass da nichts passiert ist! Eine Nutte macht's für Geld und du für eine Reise an die See!"

So weh mir das auch tat, ich verteidigte mich mit voller Überzeugung: „Es ist alles vorbei, aber ich musste das selbst entscheiden und dazu brauchte ich Zeit und Ruhe!"

Endlich war ich erwachsen geworden.

Versetzung nach Stangengrün

Die Schule in Trieb war sehr klein und hatte nur vier Klassen. Ich unterrichtete zeitweise in der Kantine eines naheliegenden kleinen Betriebes. Die Kinder waren genau so brav wie in Schnarrtanne. Große Beziehungen zu Eltern baute ich nicht auf, sondern meldete mich zur Versetzung nach Kirchberg an.

Wohnen konnte ich im Gasthof in Schönau, von Anfang an mit Familienanschluss. Ich brauchte keine Marken abzugeben, bekam pünktlich zu essen, übernahm aber auch Arbeiten im Gaststättenbetrieb. Davon gab es immer genug. Zum Wochenende bediente ich mit in der Gaststätte, lernte Bier zu zapfen oder half in der Küche.

Eines Sonntags sollte ich den Getränkestand im nahen Freibad übernehmen. Das Gelände gehörte zum Gasthof. Es war ein herrlicher Sommertag, die Leute strömten von allen Seiten heran. Es gab ja sonst kaum Abwechslung in dem kleinen Nest. Der Gasthof war noch immer in Privathand, sogar eine Fleischerei gehörte dazu. Weit und breit gab es kein so tolles Ausflugsziel. Ich arbeite den ganzen Tag wie besessen, verkaufte Bier und Limonade und bekam ordentlich Trinkgeld. Leider kam ich überhaupt nicht auf den Gedanken, dieses auch beiseite zu legen. Es musste ja bei der abendlichen Abrechnung übrig bleiben, so dachte ich zumindest.

Meine Wirtin nahm die Kasse am Abend mit den Worten: „Abrechnen brauchst du nicht, ich glaube dir auch so.‘‘

Weg war mein Trinkgeld.

Der „Aufstand‘‘ vom 17. Juni war gerade mal zwei Jahre vorbei, aber die Nervosität um das Datum herum trieb immer noch Blüten. So bekam unsere Schule den Auftrag, das Haus an diesem Tag besonders zu bewachen, es war ja ein öffentliches Gebäude. Klar, dass ich als die Neue dazu verdonnert wurde.

Bis zum Einbruch der Dunkelheit – es war verdammt lang hell – spazierte ich also auf dem Feldweg vor der Schule auf und ab. Ich kam mir schrecklich blöd dabei vor, aber ich befolgte die Anordnung. Es hätte ja jemand bemerken können, wenn ich einfach nach Hause gegangen wäre.

So ganz fremd war mir ein solcher Auftrag nicht. In Schnarrtanne waren wir manchmal abends in der Dunkelheit mit einem Freund von Helmut unterwegs gewesen. Dieser Freund hatte einen solchen Streifengang als Dauerauftrag. Sein Gebiet reichte durch den Wald bis nach Bad Reiboldsgrün. Ich fand das immer ganz spannend. Das war eben so in der DDR. Aber jetzt hätte ich noch nicht einmal gewusst, was ich denn tun sollte, wenn ich etwas bemerkt hätte. Am Morgen konnte ich jedenfalls „keine besonderen Vorkommnisse" vermelden.

Nach den für mich recht kurzen Sommerferien, da ich an den Lehrgängen zum Fernstudium teilnahm, wurde die Arbeit in Stangengrün aufgenommen. Dorthin war ich versetzt worden, nicht nach Kirchberg.

Wohnung fand ich zuerst mitten im Dorf bei einer Bäuerin, die mit ihren beiden Töchtern und einem Pferd auf einem Bauernhof an der Straße nach Irfersgrün lebte. Mein Zimmer war recht groß, hatte über Eck vier Fenster, von denen nicht ein einziges schloss. Zum Hof hin grenzte ein winziges Zimmerchen an, das bekam ich etwas später dazu. Schrank und Bett stammte von zu Hause, den Schreibtisch hatte ich von meinem Vater geerbt. Über zwei Fußbänke hatte ich ein Regal gelegt und einen Vorhang herum gemacht. Neben der Tür stand eine Art transportabler kleiner Kachelofen, den man nie warm bekam. Meine Brikettzuteilung schleppte ich auf den Oberboden. Dort stapelte ich die kleinen halbrunden Briketts unter die Schräge. Wasser, auch warmes, holte ich von unten aus der Küche.

Nach und nach kaufte ich mir zwei Sessel und vier Polsterstühle. Auf eine alte Militärdecke stickte ich Berge, Edelweiß und Enzian, Ausdruck meiner Sehnsüchte nach Bayern. Diese nagelte ich dann an die Wand, wo anfangs mein Bett stand. Ein Radio konnte ich mir noch nicht leisten, aber ein Fahrrad besaß ich schon seit der Zeit in Schnarrtanne. Der alte Opa vom Nachbarhof wunderte sich immer über die komische Lehrerin, die ihre Briketts selbst schleppte und die sogar ihr Fahrrad reparieren konnte. Das Klohäuschen mit dem Herz stand natürlich wie üblich unten auf dem Hof neben dem Misthaufen. Wie gut, dass ich in dem Alter nachts noch nicht aufstehen musste.

Im Februar 1956 musste unsere Schule wegen extremer Kälte geschlossen werden. Auf dem Fichtelberg wurden zu dieser Zeit - 30 C° gemessen. Im Klassenraum froren die kleinen Tintenfässer ein, die in die Holzbänke eingelassen waren, obwohl der Ofen geheizt wurde. In meinem Zimmer hatte ich die Einweckgläser vorsorglich ins Bett gesteckt. Als ich aus Saupersdorf zurückkam, waren sie trotzdem eingefroren. Meine schönen Alpenveilchen waren zu Eis erstarrt, das Wasser im Eimer neben dem Ofen fror nachts zu, obwohl der Ofen nicht ganz ausbrannte. Kein Wunder bei vier undichten Fenstern. Im Freien froren meine Tränen an den Wimpern fest. Es lag aber nur ganz wenig Schnee. Trotzdem gab es Verwehungen auf der Straße nach Obercrinitz, sodass auch kein Bus fahren konnte. Ich flüchtete mit dem Fahrrad nach Hause. An manchen Stellen musste ich es durch die Schneewehen tragen, aber auf den Höhen war der Schnee fortgeweht. Zu Hause gab es den wunderbar warmen Kachelofen, schon der Gedanke daran wärmte mich.

Der Sommer 1956 brachte allerhand Neuigkeiten und auch viel Aufregendes.

Ich hatte wieder mal ein kombiniertes erstes und drittes Schuljahr bekommen und begann sofort mit dem Aufbau von Beziehungen, hatte ich mich doch schnell damit abgefunden, nicht nach Kirchberg zu kommen.

Mit dem Fahrrad war ich in einer Stunde zu Hause, über Bärenwalde gab es einen Busanschluss und von Obercrinitz aus konnte ich sogar mit der Bimmelbahn fahren. Selbst zu den Fernzügen gab es Anschluss in Irfersgrün, vorausgesetzt, dass ich zu Fuß bis dorthin marschierte. Das war in gut einer Stunde zu schaffen. Der Standort Falkenstein für das Fernstudium blieb auch erhalten.

Nach wie vor hatte ich donnerstags keinen Unterricht, Stundenermäßigung gab es noch immer nicht. Ich lernte mehr und mehr, mit strenger Disziplin meine Zeit einzuteilen und genau zu nutzen.

Für eine Zwischenprüfung musste ich eine schriftliche Arbeit abgeben, das Thema konnte ich mir aber selbst aussuchen, es musste nur zum Lehrbrief passen. Stangengrün, ein sog. Waldhufendorf, lag in einem langgestreckten Tal mit relativ großen Höhenunterschieden. Wenn es im Oberdorf – 530 m über NN – schon warm und sonnig war, lag das Unterdorf – 390 m über NN – noch düster im Schatten. Das führte häufig zu Temperaturunterschieden und zu Inversionen. Ich beobachtete das Wetter an drei Stellen, maß regelmäßig die Temperaturen und machte Aufzeichnungen. Pünktlich mit dem Fahrrad mehrmals am Tag und das über eine ganze Woche war das gar nicht so einfach auf die Reihe zu kriegen. Aber es wurde ein Erfolg, ich habe auch nicht ein einziges Mal geschwindelt, ich war immer an Ort und Stelle.

Vorbereitungen fielen leichter, die Lehrbücher waren die gleichen wie in den beiden Jahren zuvor, da hatte ich noch vieles im Kopf parat.

Stangengrün hatte damals etwa 780 Einwohner und über 90 Bauerngüter. Zu Ostern legten mir die Kinder Eier aufs Pult, wenn im Herbst geschlachtet wurde gab es manches Würstchen. An Bestechung dachte kein Mensch, auf dem Dorf war das eben so üblich. Da ich wirklich alle Kinder auf ihre Art mochte, hatte ich auch keine Schwierigkeiten, jemanden zu bevorzugen oder zu benachteiligen. Sie waren alle ungewöhnlich brav und dankbar, wenn sie ernst genommen wurden. Ich bin überzeugt davon, dass sie alle gern zur Schule gingen, dann brauchten sie nicht mit aufs Feld oder in den Stall.

Ich brachte bisher unbekannte Neuerungen mit ins Dorf. Ich suchte mit den Kindern Ostereier, die ich vorher versteckt hatte, tobte mit ihnen im Wald herum und sammelte Holz für das Walpurgisfest und ging mit ihnen in einem größeren Teich bei Lauterholz sogar baden.

Das war allerdings grenzwertig. In dem Teich war nämlich gerade ein junger Mann ertrunken. Er gehörte mit seiner Freundin zu den ersten Gästen der wieder eröffneten Thalmühle im Unterdorf. Als das Unglück geschah, war natürlich das ganze Dorf in Aufregung. Er wurde zwei Tage lang mit einem Schlauchboot und langen Stangen gesucht, aber erst am dritten Tag fand man die Leiche. Die brachte man dann in einen Schuppen zwischen der alten Wehrkirche und unserer Schule, wir Lehrer sahen ihn uns sogar an, bevor er von dort abtransportiert wurde. Noch während er gesucht wurde, fuhr ich mit dem Rad runter in die „Thalmühle" und kümmerte mich um seine Freundin. Wir packten zusammen die Sachen ein, sie wollte so schnell wie möglich nach Hause. Die Leute erzählten, der junge Mann hätte zu viel gegessen und auch noch Bier getrunken, dann sei er erhitzt ins kalte Wasser gegangen.
Im gleichen Sommer wanderte ich anstelle von Sportunterricht zum Teich. Alle hatten Badesachen dabei. Ich gab ihnen genaue, strenge Anweisungen. Am flachen Ufer

fassten wir uns alle an den Händen, bildeten so einen Kreis und hüpften. Es wurde viel gekreischt und gespritzt, aber es machte allen einen Riesenspaß, keiner verließ den Kreis. Ich stand dabei mit dem Rücken zur Wasserseite, hatte rechts und links ein Kind an der Hand und hüpfte mit. Das Ganze dauerte nicht sehr lange, wir mussten ja wieder zur Schule zurück. Während die Kinder sich anzogen, zählte ich sie wie immer. Einer fehlte. Ich hatte auch sehr schnell heraus welcher es war, denn seine Sachen lagen am Ufer.

Das war einer meiner schrecklichsten Augenblicke während meiner gesamten Lehrerzeit. Das konnte einfach nicht sein. Zuerst glaubte ich noch, er habe sich versteckt, denn er hatte schon beim Umziehen ein paar ablehnende Bemerkungen gemacht, die ich aber nicht besonders ernst genommen hatte. Ich kannte ihn ja, er meckerte öfter mal, wenn ihm etwas nicht so recht passte. Ich dachte dabei immer: typisch, Sohn eines Lehrers. Aber jetzt hatten wir alle nur noch Angst.

So schnell es eben ging, manchmal im Dauerlauf, rannten wir zur Schule zurück. Ich hoffte nur, dass er schlicht und einfach in der Badehose ausgerissen und nach Hause gelaufen sei. Die Hoffnung kämpfte mit dem Ärger wegen seines undisziplinierten Verhaltens. Zum Glück hatte die Familie Telefon, so konnte ich von der Schule aus anrufen.

Er war da. Der Vater nahm es gelassen, ich an seiner Stelle hätte ihm den Hintern versohlt. Ein Nachspiel hatte die Geschichte nicht, aber zum Baden ging ich mit den Kindern nie mehr.

Eine meiner ersten Aufgaben war die Gestaltung einer sog. „Friedensecke" im Treppenhaus der Schule. Aus ein paar Latten und etwas rotem Fahnenstoff, den ich fein säuberlich in Falten legte, verkleidete ich rechts und links auf einem Treppenabsatz ein meterhohes Podest. Dann malte ich die Friedenstaube von Picasso und Hammer

und Zirkel, das Wappen aus der DDR - Fahne, mit Buntstiften auf Zeichenpapier. Ich hatte eine wunderschöne
Blechschachtel mit Buntstiften aus der Schweiz, die hatte
mir Rosl aus dem HO - Laden verkauft, in dem sie eine
Lehre als Fachverkäuferin machte. Solche Kostbarkeiten
gab es äußerst selten.

Jeden Montagmorgen begann der Unterricht mit einem
gemeinsamen Appell. Alle Kinder nahmen vor der Fahne
Aufstellung, Parolen wurden vorgetragen und die Kinder,
die einen Eintrag im „Pädagogischen Tagebuch" hatten,
mussten vortreten und ihre „Verstöße" bekanntgeben.
Der kleine Wappler – den Vornamen habe ich leider vergessen – trat vor und meldete einen Eintrag, weil er etwas vergessen hatte. Der Schulleiter fragte streng: „Was
hast du denn vergessen?"
    Prompt kam die Antwort: „Das habe ich vergessen." Al-
le brüllten los vor Lachen.

Am 8. Mai, der in der DDR offiziell „Tag der Befreiung"
hieß, wurde in der Schule eine Gedenkfeier gehalten. Ich
als die Neue hatte den Auftrag, eine Rede zu halten. Ich
gab mir viel Mühe bei meiner Vorbereitung. Probleme
mit dem Reden hatte ich nicht, aber mit dem Inhalt. Die
Kinder sollten mich schließlich auch verstehen, aber ich
wollte auch nichts sagen, was sie hätte verletzen können.
Ich hatte kurz vorher erlebt, dass ein Mädchen aus der
Oberklasse bitterlich weinte, weil wir einen russischen
Propagandafilm sehen mussten, der böse Gewaltszenen
deutscher Soldaten zeigte. „Mein Papa hat so was nicht
gemacht", schluchzte sie.
    Ich konnte sie trösten, aber es war für mich als junge
Lehrerin eine Gratwanderung.

Misstrauen war überall, ich kannte die neuen Kollegen
überhaupt noch nicht. Jemand aus dem Kollegium gratulierte mir sogar nach meiner Rede. Die Art, wie das ge-

schah, machte mir Mut, ich hatte keine Phrasen gedroschen, wie das sonst bei solchen Anlässen üblich war.

Ein ganz besonderes Kind im ersten Schuljahr war Bernd Gündel. Schon vor Schulbeginn hatte er eine Nachbarin gefragt, ob ich denn auch Spaß verstünde. Als sie bejahte, meinte er, dann könne er es ja mal mit mir versuchen.

Bernd hatte einen extrem großen Wasserkopf. Ich hatte so etwas noch nie gesehen. Bis zu den Ohren war sein Gesicht ganz normal, dann wölbte sich der riesige Schädel darüber, genau wie bei einem Flaschenbovist. Der Kopf war so schwer, dass er ihn im Unterricht schon nach kurzer Zeit zur Seite auf seinen Unterarm legte.

Wir hatten unseren Klassenraum in der ersten Etage. Auf der Treppe zog er sich stets mit beiden Händen am Geländer nach oben. Seine Mutter hatte ihm eine riesige Mütze gehäkelt, die zog er aber meisten ganz schief über, sodass entweder das Haltebändchen übers Gesicht pendelte oder der Knopf zwischen den Augen auf der Stirn saß. Das sah lustig aus und alle lachten. Bernd lachte mit und die Kinder richteten ihm die Mütze. Das ließ er sich auch bereitwillig gefallen. Er wurde nie ausgelacht, die Kinder kümmerten sich rührend um ihn, trugen ihm den Ranzen, halfen ihm beim Anziehen. Nur seine gelbe Rotznase störte mich mitunter. Ich hatte aber bald raus, wie ich ihn zum Putzen ermuntern konnte. Dann strahlte er mich an und prustete aus vollem Halse. Einmal gähnte er mit weit aufgerissenem Mund und besonders laut. Ich sah ihn entsetzt an und sagte mit der Hand vor meinem Gesicht: „Hilfe, da krieg ich ja Angst!" Strahlend antwortete er: „Na du bist vielleicht ä ängstliches Mensch!" (das Mensch ist im Sächsischen ein Mädchen).

Als er einmal während des Unterrichts zur Toilette musste, stellte er sich auf dem Schulhof vor das Fenster der 8. Klasse und pinkelte im hohen Bogen dagegen. Klar, dass die Großen grölten, aber Bernd genoss so etwas wie Narrenfreiheit.

Einmal im Jahr kam der Schularzt. Ich höre noch, wie er diktierte: „stärkster Hydrozephalus".

Er fragte mich, ob er denn Lesen lernen würde. Ich bestätigte, dass er es schon ganz gut könne. Darauf der Schularzt: „Sie brauchen sich nicht zu sehr anzustrengen, der wird nicht alt."

Ich war entsetzt, sagte aber nichts, ich war sprachlos im wahrsten Sinne des Wortes.

Trotzdem war es eine gute Erfahrung bezüglich meines späteren Engagements für Schwächere. Ich entwickelte ein Gespür für Menschen, die Hilfe brauchten, aber auch für Verantwortung. Meine Mutter hatte mir einmal vorgeworfen, ich sei egoistisch – das wollte ich aber auf keinen Fall sein.

Unmittelbar neben der Schule stand die alte aus Feldsteinen hoch gemauerte Kirche, eine Wehrkirche. Der ursprüngliche Kirchenbau ging auf das Jahr 1317 zurück. Aber niemand von uns kam je auf die Idee, die Kirche zu besuchen. Keiner wollte sich dem Verdacht aussetzen, etwas mit der Kirche zu tun zu haben.

Vom Lehrerzimmer aus sah man direkt hinüber auf die große gebogene Freitreppe am Kircheneingang. Eines Tages hatte ein Kollege selbst hergestellten Wein mitgebracht, welchen wir nach dem Unterricht probieren wollten. Die gefüllten Gläser standen auf dem Tisch, als jemand erschrocken sagte: „Um Himmels Willen, der Pastor kommt!"

Daran zeigte sich, dass alle noch Respekt vor dem Dorfpfarrer hatten. Hastig wurden die vollen Gläser auf einen freien Stuhl gestellt und dieser unter den Tisch geschoben, als es auch schon an der Tür klopfte. Mit einer freundlichen Verbeugung begrüßte uns der Geistliche. Der Schulleiter, etwas verlegen, bot ihm den ersten Stuhl neben der Tür an und der Herr nahm Platz. Erleichtert taten wir das Gleiche. Keiner hatte bemerkt, dass im Augenblick des Platznehmens noch ein Kollege den kleinen Raum betrat. Leider wusste er aber nichts von den versteckten Weingläsern. Ein leiser, unterdrückter Aufschrei erfüllte unser Lehrerzimmer, als er recht forsch versuchte, den von vollen Gläsern besetzten Stuhl unter dem herabhängenden Tischtuch hervorzuziehen. Unsere Reaktion ließ ihn innehalten, sodass zwar alles ans Licht kam, die Gläser aber stehen blieben. Es wurde noch eines für den Pastor geholt und die nachfolgende Unterhaltung war recht locker. Von Kirche sprach keiner, weitere Begegnungen gab es aber auch nicht. Kirche und Schule hatten in der DDR nichts miteinander zu tun.

Irgendwann ergatterte ich eine kurze graue Hose. Ich wäre bestimmt nicht auf die Idee gekommen, sie in der Schule anzuziehen, aber unterwegs mit dem Fahrrad? Ich war jung, hatte eine wirklich gute Figur und fühlte mich in der Hose ausgesprochen wohl. Außerdem war es in den Sommermonaten sehr warm.

Ich wurde aber schon bald zu einem Vier-Augen-Gespräch zum Schulleiter Chowanietz zitiert. Ich sollte doch bitte schön nicht in kurzer Hose im Dorf herumlaufen! Das sah ich allerdings keineswegs ein, verteidigte meine Hose mit meinen sportlichen Ambitionen und trug sie weiterhin – vielleicht nicht mehr ganz so oft. In Richtung Irfersgrün lief ich oft früh am Morgen schon vor der Schule, übte an einem Wiesenrand Purzelbaum und Handstand. Ich hatte eben immer das Bedürfnis, mich zu bewegen.

Leider gab es bei uns keinen Sportverein. Stattdessen wurde ich aufgefordert, der „Gesellschaft für Sport- und Technik" GST beizutreten. Diese Gesellschaft sagte mir allerdings gar nicht zu, sie war politisch und mir zu paramilitärisch. Ich schob Nierenprobleme vor und hatte auch eine Zeitlang Ruhe.

Auf Männersuche

Aber da war noch etwas. Ich sah überhaupt keine Chance, einen Mann kennenzulernen. Ganz im Hinterkopf war sicher auch die alte Sehnsucht nach einer Familie vorhanden. Lange suchte ich nach einem Text für eine Anzeige in der Wochenpost. Dann schrieb ich: „Lehrerin, 21, mit besonderen Interessen für Rad- und Skisport, sucht Briefkontakt."

Wie viele Zuschriften genau kamen, weiß ich nicht mehr, aber es waren genug, ich hatte viel zu tun mit den Antworten. Ich zeigte sie meiner Mutter. Ein Brief war dabei, dessen Verfasser genau die gleiche Handschrift wie mein Vater hatte. Dessen Brief gefiel mir besser als alle anderen.

Ich antwortete erst einmal nur darauf. Aber schon in der Antwort stellte sich heraus, dass der Schreiber nach Bayern wollte. Nein, der Westen war noch kein Thema für mich.

Dann schrieb ich an mehrere gleichzeitig. Es war keiner aus der Nähe dabei, alles war unverfänglich. Trotzdem schob sich bald ein Favorit in den Vordergrund. Ich entdeckte immer mehr positive Seiten. Karl-Heinz Thomas arbeitete als Maurer in Brandenburg. Fotos gingen hin und her. Er plante ein Studium und wollte auf eine Bauschule nach Zittau gehen. Ich dachte an Versetzung, schob den Gedanken aber direkt wieder weit weg. Ich wollte viel Zeit haben.

Ostern 1956 besuchte er mich. Mit dem Fahrrad fuhr ich zum Bahnhof nach Irfersgrün und holte ihn vom Zug ab. Im Gasthof hatte ich ein Zimmer für ihn bestellt. Dorthin brachte er erst einmal seine Sachen, danach sollte er mich abholen, wir wollten zu Fuß nach Saupersdorf. Ich lag noch auf den Knien und schrubbte meinen Holzfußboden, als er schon kurz danach bei mir erschien. Ich war begeistert. Das Wetter hätte nicht schöner sein können und es blieb auch so. Alles passte. Er hatte sich gerade eine ganz tolle Kamera gekauft, eine Contax, die neueste Spiegelreflex mit einem Zeiss Objektiv. Wie ein rohes Ei behandelte er sie, was auf mich einen tollen Eindruck machte.

Wir nutzten die wenigen Tage zu langen Wanderungen. Irgendwo auf einer sumpfigen Wiese fingen wir riesige Frösche. Ich glaube, ich hatte noch nie vorher so einen großen, nassen, glitschigen Frosch angefasst. Jetzt hielt ich unter meinen beiden Händen fünf oder sechs Frösche auf einmal fest, damit er sie alle gleichzeitig fotografieren konnte. Es machte Spaß! Wir lachten viel, glücklich und unbeschwert. Ich hatte mich bis über beide Ohren verliebt.

Wunderbar, dass er schon nach wenigen Tagen die mit dem Selbstauslöser gemachten Bilder schickte. Aber dann wurden die Pausen zwischen den Briefen immer länger. Schließlich gestand er mir, dass er noch eine Freundin hatte, ausgerechnet eine Lehrerin für Geographie. Diese war nicht nur schon vor mir dagewesen, sie wohnte auch noch ganz in seiner Nähe.

Aus der Traum, ich war der heulende, geprügelte Hund.

Einige Brieffreundschaften führte ich nach meiner bitteren Enttäuschung noch weiter, aber zu neuen Begegnungen kam es nicht mehr.

Inzwischen waren die Kontakte zu den Kollegen etwas vertrauter geworden. Mit Traudel Fichtner entstand bald eine richtige Freundschaft. Sie war Russischlehrerin und arbeitete in Obercrinitz. Nach Stangengrün kam sie nur stundenweise. Wir unternahmen gemeinsame Radtouren, fuhren Ski auf dem Aschberg und wanderten. Manchmal waren Beate Döhler und die „Königin", Kolleginnen aus Obercrinitz, mit von der Partie. Traudel nähte mir sogar einen Petticoat, einen bauschigen Unterrock. Ich interessierte mich zwar nicht so sehr für Mode, aber diese Unterröcke waren einfach herrlich, nur leider konnte man sie nicht kaufen, da sie aus dem dekadenten Westen kamen. Es war eine richtig schöne Zeit.

Ein älterer Kollege, Hans Tippmann aus Obercrinitz, war noch gar nicht so lange als alter Lehrer wieder in den Schuldienst übernommen worden. Er hatte mehrere Jahre im Zuchthaus in Mühlberg und im „Gelben Elend", einem Internierungslager der Sowjets in Bautzen verbracht. Dort waren viele Inhaftierte, die bei einer Großaktion von den Russen zu fünfundzwanzig Jahren Zwangsarbeit „verurteilt" worden waren. Es muss eine grauenhafte Zeit für die Gefangenen gewesen sein. Viele verschwanden einfach spurlos.

Hans Tippmann hatte Onkel Max aus Kirchberg im Lager kennengelernt. Sie erzählten von ihrer Gefängniszeit nur äußerst selten, aber sie sagten immer, sie hätten das Lager nur überlebt, weil sie mit den Russen Musik machen konnten. Die russischen Bewacher liebten Musik und Hans Tippmann und Max Herrmann konnten mehrere Instrumente spielen.

Nach einer Amnestie schlug sich Hans Tippmann mit Tanzmusik durch, bevor er wieder unterrichten durfte. Nebenher kümmerte er sich um das örtliche Rote Kreuz in Obercrinitz. Ich machte einen Kursus für „Erste Hilfe" mit.

Nach etlichen Wochen Ausbildung gab es eine praktische Prüfung.

In einem Wäldchen bei Lauterholz waren lauter lebensnahe Szenen mit Verletzten aufgebaut. Sogar ganz fremde Leute machten dabei mit. Einen jungen Mann hielt ich für den Freund von Tippmanns Tochter Gudrun, die ich schon länger kannte. Ich schob jeden Flirt von mir, obwohl er mich interessierte, denn jemandem einen Freund auszuspannen, war für mich undenkbar.

Mitten im Wald lag er als Verletzter. Auf dem Zettel stand, dass er bewusstlos sei. Die Umstehenden berieten, was zu tun sei, entschieden sich für Abtransport mittels einiger Äste. Dann sollte getragen werden. Einer sagte:

„Soweit kimmt's noch, itze muss dor Alte sen Gung salber trogn." (Soweit kommt es noch, jetzt muss der Alte seinen Jungen selber tragen). Der Fremde war also der Sohn von Hans Tippmann und damit Gudruns Bruder und nicht etwa ihr Freund. Das sah für mich ganz anders aus!

Ich war mit dem Fahrrad da und simulierte im Rahmen der Erste-Hilfe-Prüfung einen Sturz. Und siehe da, Gudruns Bruder kümmerte sich zusammen mit einem anderen jungen Mann um mich. Schade, getragen werden musste ich nicht, aber mein Fahrrad wurde von Eberhard geborgen.

Als alle Verletzten aufgespürt waren, marschierte man in kleinen Gruppen in Richtung Thalmühle zum gemütlichen Beisammensein. Nur ich nahm mein Rad und flitzte davon. Ich wollte mich noch umziehen und ja nicht zu spät kommen. Das ging bei mir immer recht flott, sodass ich mit den anderen in der kleinen Gaststätte ankam und einen guten Platz fand. Ich hatte den gesamten Raum im Auge, war aber eingekeilt, an Aufstehen war gar nicht zu denken, rundum waren alle Plätze belegt.

Die Stimmung war großartig. Bald gab es Musik. Hans Tippmann saß wie immer am Klavier. Zu später Stunde schlief er da manchmal ein, spielte aber noch im Halbschlaf weiter. Heute schien er putzmunter zu sein. Er war richtig in seinem Element und seinem Sohn ging es nicht anders. Nahezu ohne Unterbrechung tanzte dieser und unterhielt mit Witz und Humor die gesamte Umgebung. Er brachte Stimmung und mir gefiel das.

Dann stand er mit einer gekonnten Verbeugung vor meinem Tisch und forderte mich zum Tanzen auf. Keine Chance, auf normalem Weg meinen Platz zu verlassen. Kurz entschlossen tauchte ich unter dem Tisch durch, auf der anderen Seite zog er mich hoch.
Ich blieb auf der anderen Seite vom Tisch und wir tanzten noch recht oft an diesem Abend. Es wurde spät. Die

meisten Leute waren schon weg, als er mich fragte, ob er mich nach Hause bringen dürfte.

Klar, er durfte. Und er drängte mich nicht, als vor meiner Haustür Schluss war. Der letzte Bus war längst weg und der nächste kam erst am Morgen gegen 7.00 Uhr. So saßen wir zusammen auf einer Mauer und erzählten und erzählten. In der Morgendämmerung gingen die ersten Bauern vorbei. Einer sagte: „Gung pass auf, doss de ken kalt'n Arsch krist!".

Bewegung war tatsächlich notwendig, ich fing ganz schön an zu frösteln.

Wir wanderten in Richtung Irfersgrün. Im Dorf hätten wir um diese Zeit auch so früh am Morgen zu viele Leute treffen können. Ich sehe heute noch sein Gesicht, bevor wir umkehrten. Er hatte auffallend lange Wimpern, aber in seinen Augen war etwas, das ich nicht zu deuten wusste, das mich aber irgendwie störte. Erst viel später merkte ich, dass es Unsicherheit war.

Als er mir gestand, dass er eine Reisegenehmigung nach Mönchengladbach zu seinem Studienfreund Achim Jung in der Tasche hatte und dass er dort bleiben wolle, dachte ich überhaupt nicht daran, ihn deshalb nicht mehr wiederzusehen.

Wir verabredeten ein erneutes Treffen für das nächste Wochenende, seine letzte Verabredung in Stangengrün.

Die Woche war sehr, sehr lang. Es goss schon mehr als einen Tag wie in Strömen, als ich am Samstagnachmittag eine Fahrradklingel unter meinem Fenster hörte. „Ich wollte Ihnen nur beweisen, dass ich auch bei Regen komme, am besten fahre ich gleich weiter" rief er unter einem riesigen grauen Regencape hervor. Da hatte ich nun doch ein Einsehen, klar, dass ich nicht wollte, dass er wieder wegfuhr.

„Na, wenn Sie das schon auf sich genommen haben, dürfen Sie wenigstens mal rauf kommen!"
Er blieb sehr lange, es wurde ein aufregend verschmuster Abend, aber ernsthaft passierte nichts. Es war ein Ab-

schied, keiner wusste für wie lange, aber ich wollte viel Zeit haben und eine Distanz mit Spannung behalten.

Schon am nächsten Tag fuhr er mit der Bimmelbahn von Obercrinitz nach Wilkau, den Interzonenpass in der Tasche. Ich stieg in Saupersdorf in den Zug und fuhr bis Wilkau mit. Ich wollte ihn überraschen, und das gelang mir auch.

Im nächsten halben Jahr wurden auf beiden Seiten viele, viele Briefe geschrieben. Ich verliebte mich immer mehr in einen Mann, den ich gar nicht kannte.

Nach den Sommerferien zog ich um. Ich bekam zwei Räume in der Schule, die als Lehrmittelraum dienten. Das blieb auch so, als ich mit meinen wenigen Klamotten dort einzog. Alle Karten, Anschauungstafeln und sonstigen Lehrmittel wurden so im ersten Raum untergebracht, dass mein dreiteiliger Kleiderschrank auch noch Platz fand. Der hintere Raum war leer. Bett, Schreibtisch, ein runder Tisch mit vier Stühlen, ja sogar meine beiden neuen Sessel fanden Platz. Hinzu kam bald ein kleiner runder Tisch. Darauf platzierte ich meine neueste Errungenschaft, eine „Dominante", ein funkelnagelneues Radio. Rosl hatte mir dazu verholfen. Mitunter stelle ich es ans geöffnete Fenster und hörte die neuesten Schlager aus Bayern oder Radio Luxemburg. Ich legt mir ein Heft zu und schrieb Schlagertexte mit. Ich hatte ein Fenster zu meinen geheimen Sehnsüchten. Herrlich!
  Gleich neben der Tür stand ein kleiner transportabler Kachelofen von Mami. Der kleine Raum ließ sich verhältnismäßig leicht heizen. Feuerholz brachte ich mir oft von zu Hause auf dem Fahrrad mit. Wasser holte ich auf halber Treppe, die Toilette war ebenfalls dort.
Das vordere Zimmer wurde nie abgeschlossen, da wegen der Karten alle Kollegen herein mussten. Am hinteren Zimmer steckte der Schlüssel fast immer von außen – warum hätte ich auch abschließen sollen? Einen Haus-

schlüssel besaß ich überhaupt nicht. Außer mir wohnten noch zwei Kollegen mit ihren Frauen im Schulhaus, die kümmerten sich meistens darum, dass abends abgeschlossen wurde. Nur die Steintreppe musste ich regelmäßig schrubben. An Miete erinnere ich mich nicht, möglich, dass ich gar nichts zu bezahlen hatte.

Eines Abends, es war schon dunkel, hörte ich ein Geräusch im Vorzimmer. Jemand sagte etwas, aber ich verstand nichts. Als ich nachsah, wurde die äußere Tür von außen verschlossen. Klopfen und Rufen half nichts. Derart eingesperrt bekam ich Angst und ging in mein Zimmer zurück. Dann sah ich eine Gestalt auf dem flachen Schuppendach. Ich öffnete das vordere Fenster.

Genau unter dem hinteren Fenster befand sich eine Verbindungsmauer zwischen Schulhaus und einer Reihe von Schuppen, die im rechten Winkel zum Haus lagen. Die Mauer war gerade so lang, dass ein Torbogen darin Platz hatte. Ein Kerl wollte, dass ich das andere Fenster öffnen und ihn reinlassen sollte. Ich war fassungslos und sagte nur, er solle verschwinden. Später stellte sich heraus, dass es ein Vater eines Mädchens aus meiner Klasse war.

Ich musste an diesem Abend noch sehr lange mit den Fäusten gegen die Tür trommeln und rufen, ehe mich jemand in meinem Gefängnis hörte.

Meine freie Zeit wurde jetzt knapper. Im Fernstudium hatte ich mich zu entscheiden, welches Thema ich in der schriftlichen Hausarbeit bearbeiten wollte. Ich entschied mich für Kirchberger Granit. So begannen umfangreiche Vorarbeiten im Gelände. Literatur war schwer zu finden, Kartenmaterial noch weniger. Messtischblätter fand ich schließlich im Geologischen Museum in Zwickau, nur mitnehmen durfte ich sie nicht. Ich saß stundenlang und zeichnete ab.
In der Schule in Kirchberg fand ich eine von dem Maler Erzberger handgezeichnete Karte. Ich machte voller Ehr-

furcht bei ihm einen Besuch, aber er meinte nur abschätzig: „Hm, wer sich nicht alles mit Granit beschäftigt!"

Der alte Apotheker Nindel in Bärenwalde war da ganz anders, er zeigte mir gleich eine umfangreiche Mineraliensammlung. Ich hätte den Alten am liebsten umarmt, so viel konnte ich von ihm lernen. Ich fand Aufschlüsse im Gelände, die heute wahrscheinlich niemand mehr kennt. Und ich fotografierte nach Herzenslust.

Meine Filme musste ich noch nach Schnarrtanne bringen, aber meine Bilder hatten, so klein sie auch waren, Aussagekraft.

Wiedersehen

Im Spätherbst schrieb Eberhard, dass er Weihnachten nach Hause kommen werde. Der Kontakt zu seiner Familie war gewachsen, nicht zuletzt dadurch, dass wir uns ständig über Nachrichten austauschten, wobei wir falsche Absender benutzten. Westkontakte waren bei Vorgesetzten nicht gerne gesehen.

Hans Tippmann war ein guter Gesellschafter. Wo er auftauchte wurde gelacht, Klavier gespielt und auch so manches Bierchen genossen. Seine Frau war selten dabei. Jetzt freuten wir uns alle auf Eberhards ersten Besuch. Natürlich hatte ich zu Hause mit Begeisterung von ihm erzählt. Dass er in Glauchau auf der Ingenieurschule war, galt als ganz großes Plus. Im Westen wurde ihm das auch ohne Probleme anerkannt. Er hatte schnell eine Anstellung in einem Architekturbüro in Rheydt gefunden, wohnen konnte er in einem Ledigenwohnheim in Mönchengladbach.

Die Zonengrenze war damals noch so durchlässig, dass er sogar mit einer sogenannten Arbeiterrückfahrkarte, die weniger als zwanzig Mark kostete, zu seinen Eltern fahren konnte.

Bei Tippmanns im Haus wohnte der Besitzer des einzigen Taxis in Obercrinitz. Der war natürlich frühzeitig engagiert worden, Eberhard in Zwickau abzuholen. Und ich durfte mit! Mit der Bimmelbahn fuhr ich bis Wilkau und wartete dort an der Muldenbrücke. Es war dunkel, kalt, ich hatte Eisbeine. Wie eine Nutte wanderte ich hin und her und wurde auch prompt vom einzigen Passanten angequatscht.

Endlich tauchten Scheinwerfer aus Richtung Zwickau auf. Die Begrüßung war verhalten im Beisein seiner Eltern, aber wunderbar und Schmetterlinge tobten in meinem Bauch. Bis Saupersdorf fuhr ich mit und wir trafen eine Verabredung für den nächsten Tag.

Ich hielt es vor Spannung kaum mehr aus, hatte ich doch jetzt eine neue Behausung, mit Radio und einer wunderschönen Kugelkerze.

Wir trafen uns bei seinen Eltern und wanderten dann zu Fuß nach Stangengrün. Erwartungsvoll schloss ich die zweite Tür im Lehrmittelzimmer auf. Es traf mich wie ein Keulenschlag in die Magengrube – mein Radio war weg!

Ich brachte kein Wort heraus, ließ Eberhard hilflos in der Tür stehen und stürmte über den dunklen Flur zur Wohnung meines Chefs Chowanietz.

Aufgeregt wie ich war klopfte ich besonders laut an der Tür. Gott sei Dank war jemand zu Hause.

Aber als ich das Zimmer nach dem deutlichen „Herein" betrat, blieb ich wie erstarrt stehen. Da stand mein Radio! Schön dekoriert mit einem kleinen weißen Deckchen, darauf eine Vase mit Alpenveilchen.

Meine Aufregung wich hörbarer Erleichterung. Ich stammelte: „Da steht's ja!"

Leicht betreten räumte Frau Chowanietz die Blumen ab und trug mein gutes Stück hinüber in mein Zimmerchen. Ich war so froh, dass ich es wieder hatte und dachte überhaupt nicht daran, mich über diese Unverschämtheit zu beschweren. Sie hatten natürlich nicht gedacht, dass ich während der Ferien zurückkommen würde. Aber selbst später, als mir diese Umstände bewusst wurden, wurde darüber nicht mehr gesprochen.

Natürlich gab es auch etwas Besonderes zum Abendessen, unter anderem Leberwurst und kleine geräucherte Fische. Beides musste ich später alleine essen. Eberhard erzählte mir zum ersten Mal seine Erlebnisse in Bezug auf Leberwurst.

Als kleiner Junge war er mit seiner Mutter im Zug von Zwickau nach Falkenstein unterwegs. Leberwurst hatte er immer abgelehnt. Die Fahrt war langweilig, im Abteil war es dunkel und der kleine Eberhard quengelte, weil er Hunger hatte. Mutter Tippmann gab ihm eine „Bemme." Als er sie verdrückt hatte, fragte sie ihn, ob er denn auch wüsste, was er da gegessen habe. Leberwurst! Beim Erzählen ahmte er ihre Stimme genau nach, ich höre sie heute noch und halte die Geschichte für absolut wahr. Zynischer geht's nicht. Der kleine Eberhard musste die restliche Fahrt spucken und aß danach erst recht keine Leberwurst mehr.

Den Fisch rührte er auch nicht an. Er sagte nur, dass er gegen Fisch allergisch sei. Später kamen da gleich mehrere Geschichten raus. Nach einem Fischessen (Fisch gab es auf dem Dorf recht selten) hätte er den ganzen Körper voller Quaddeln gehabt. Seine Mutter sei ratlos gewesen, hätte ihn nackt auf einen Stuhl gestellt und die Nachbarin zur Besichtigung gerufen. Das muss für ihn eine Qual gewesen sein, ich fand das eher lustig. Wenn er im Kolonialwarenladen mit zum Einkaufen ging, kam der Ausschlag erneut. In dem Laden stand nämlich ein Heringsfass. Mir machte es nichts aus, dass er den schönen Räucherfisch verschmähte, Quaddeln bekam er auch nicht. Damit konnte ich leben.

Dass der Abend ansonsten wunderbar verlief, kann sich jeder denken.

Aber irgendwann musste mein geliebter Besuch mein Domizil verlassen. Eigentlich wäre das kein Problem gewesen, auch nicht die Tatsache, dass er mitten in der Nacht bis nach Obercrinitz zu Fuß gehen musste. Aber ich hatte überhaupt nicht damit gerechnet, dass die Haustür verschlossen war und weit und breit kein Schlüssel zu sehen war.

Vom Erdgeschoss aus konnte Eberhard durchs Fenster des Lehrerzimmers hüpfen, die Tür zum Lehrerzimmer war offen, das Fenster gut zugänglich. Nun gab es ein neues Problem: der Fensterstock war zugeschneit, man konnte nicht aus dem Fenster steigen, ohne Spuren zu hinterlassen. Ich schlich mich also noch einmal nach oben und holte einen Besen. Im Haus blieb alles still. Nachdem Eberhard aus dem Fenster gesprungen war, fegte ich von innen den Fensterstock blank und hoffte auf weiteren Schneefall. Natürlich fiel dieser aus. Es blieb aber lange ein Geheimnis, wer da in der Nacht gefegt hatte.

Zu Weihnachten schenkte mir Eberhard eine wunderschöne kleine goldfarbene Armbanduhr. Ich hatte für ihn Taschentücher mit seinem Monogramm bestickt, viele, viele Träume waren darin verborgen.

Solange er da war, sahen wir uns täglich. Wir hatten unendlich viel zu erzählen, zu überlegen und zu planen. Für mich waren unsere Träume märchenhaft und noch sehr unrealistisch. Er erzählte mir, dass seine Mutter ihm gesagt hatte, sie wäre enttäuscht, dass er so wenig allein bei ihr war, sie hätte ja gar nicht geahnt, wie weit wir schon wären – was das auch immer bedeuten mochte – und er solle mir nur nichts versprechen, was er nicht halten könne.

Wir kamen zu dem Ergebnis, dass ich mir zu Ostern den Westen erst einmal ansehen sollte und dass ich vor allem mein Fernstudium beenden sollte. Er wolle mich nicht aus einem sicheren Beruf herausreißen. Ich fand das alles nur vernünftig und begann, nach seiner Abreise die Tage bis Ostern zu zählen. Ich wollte eine Besuchsreise zu meiner Großmutter organisieren. Auch im Hause Tippmann erzählte ich von unseren Plänen.

Meine Großmutter wohnte zu der Zeit noch in Esslingen bei Bob und Hildegard und deren Jungen Ralf und Wolfi. Ralf hatte als Fünfjähriger den Sommer bei seinem Onkel 1954 in Schnarrtanne verbracht und ich hatte ihn immer mit zu den Ferienspielen mitgenommen.

Dass täglich sehnsuchtsvolle Briefe geschrieben wurden, versteht sich am Rande, aber nie schrieben wir etwas von unserem eigentlichen Vorhaben. Das war auch gar nicht notwendig, ich schrieb einfach ab und zu etwas über die

Großmutter. Wichtig war dabei, dass die Großmutter eine Rückkehr in die DDR wollte.

Eberhards Schwester Gudrun lernte etwa zur gleichen Zeit ihren Mann Horst Queck kennen. Dieser hatte schon ein Auto und Verwandte in Essen. Diese Verwandten wollte er ebenfalls zu Ostern besuchen und Gudrun sollte mitfahren. Soweit kein Problem, aber sie rückte bald damit heraus, dass Horst sie bei Eberhard in Mönchengladbach abliefern sollte. Horst könnte dann allein nach Essen weiterfahren und sie auf der Rückfahrt wieder mitnehmen.

Etwas Schlimmeres hätte zu der Zeit für mich nicht kommen können. Gudrun wie eine Klette immer dabei, nie allein, weder tagsüber noch nachts. Nicht tanzen gehen, sich nicht kennenlernen. Bei meiner Mutter heulte ich mich aus, sie verstand mich. Irma Tippmann äußerte zwar auch Bedenken, aber sie waren halbherzig und Gudrun wusste genau, was sie wollte.

Zur Begründung meiner Westreise gab ich an, meiner Großmutter bei Erbschaftsangelegenheiten und bei der Vorbereitung ihrer Rückkehr in die DDR behilflich sein zu müssen. Kaum zu fassen, aber ich durfte fahren. Reinen Gewissens konnte ich meinem Chef versprechen, pünktlich zurück zu kommen. Dass ich eine Fahrkarte nach Mönchengladbach und nicht nach Esslingen kaufte, fiel dabei nicht auf.

Wichtig in Mönchengladbach war die Frage nach meinen zukünftigen beruflichen Möglichkeiten. Es gab in Düsseldorf einen Verein, der SBZ - Lehrern zur Beratung zur Seite stand. Ich fuhr mit dem Zug nach Düsseldorf, das Geld dazu hatte Eberhard mir gegeben. In Düsseldorf ging ich zu Fuß quer durch die Stadt bis zur Neusser Straße, um das Geld für die Straßenbahn zu sparen. Man gab mir den Rat, das Fernstudium abzuschließen und erst dann die DDR zu verlassen.

Flucht in den Westen

Das Risiko, nicht mehr weg zu kommen, war nicht groß. Es gab immer noch die Möglichkeit, über Berlin abzuhauen. An eine totale Absperrung wie sie 1961 durch die Mauer wurde, dachte kein Mensch.

Aber nach meiner Rückkehr nahmen Repressalien immer mehr zu. So kamen eines Tages zwei Herren in die Schule und befragten mich intensiv nach meinem Besuch in Esslingen. Mir war ganz schön mulmig. Wussten sie, dass ich gar nicht in Esslingen gewesen war? Auch sollte ich mich mehr politisch betätigen, in die „Gesellschaft für Sport und Technik" eintreten, sogar von Parteieintritt war die Rede. Ich redete mich mit der Belastung durch das Fernstudium erst einmal ganz gut raus.

Aber schon kurz danach gab es eine neue Verordnung, wonach jegliche Westkontakte für Lehrer zu unterbleiben hatten. Flugblätter aus dem Westen wurden immer häufiger auf den Feldern gefunden, aber ihr Besitz oder ihre Verbreitung waren streng verboten.

Kinder sollten nach Sendern oder bestimmten Sendungen befragt werden, die es nur beim „Ochsenkopf" gab, das war der Bayrische Rundfunk. Natürlich gab es von mir nie derartige Angaben. Aber auch das war dann schon verdächtig. Es wurde schon gefährlich, Kinder in Schutz zu nehmen, wenn sie nicht Pionier werden wollten oder wenn sie zum Morgenappell am Montag zu spät erschienen.

Ich begann systematisch, meine Flucht vorzubereiten. Ich stellte einen erneuten Antrag auf Versetzung nach Kirchberg, welcher auch zum 1. September 1957 genehmigt wurde.

Folglich konnte ich in aller Ruhe zum Schuljahresende nach Hause umziehen.

Meine Großmutter war inzwischen auch zurückgekommen. Damit hatte ich nicht gelogen, falls es eine Überprüfung meiner Angaben der Osterreise gegeben haben sollte.

Etliche Päckchen mit Hausrat, unter anderem ein weißes Kaffeeservice mit Goldrand, schickte ich an Eberhard. Die meisten Tassen gingen kaputt, aber die Kaffeekanne überstand den Transport.

Der Umzug von Stangengrün nach Hause vollzog sich ohne Schwierigkeiten.

Mit einem kleinen Laster wurden meine Habseligkeiten nach Saupersdorf gebracht. Offiziell sollte ich meine nächste Stelle zum 1. September in Kirchberg antreten. Ein entsprechendes Gespräch mit dem damaligen Schulleiter Tregler hatte bereits stattgefunden.

Wir sprachen sehr offen miteinander, wir kannten uns noch von meiner eigenen Schulzeit her. Es war gerade acht Jahre her, seit ich die Kirchberger Schule mit besten Ergebnissen in Richtung Schneeberg verlassen hatte. Er meinte, es wäre selbst dann kein Problem, wenn ich ein Kind bekäme, nur ich sollte dann bitte auch einen Mann dazu präsentieren. Natürlich sagte ich kein Wort davon, dass ich ganz andere Pläne hatte, die Gefahr einer Schwangerschaft war völlig ausgeschlossen.

Die Abschlussprüfung des Fernstudiums sollte nach drei Wochen Lehrgang in Buttstädt in Thüringen stattfinden und im Anschluss daran wollte ich weg.

Ich packte zwei große Koffer, nahm alle meine Studienbücher und auch die Manuskripte meiner Prüfungsarbeit mit. Ich hatte mir viel Mühe damit gegeben. Alle Kartenzeichnungen waren handgefertigt. Um genau zu kopieren, hatte ich mir aus einem Karton einen Kasten gebaut, in den ich eine Nachttischlampe legte. Als Deckel fand ich eine alte Fensterscheibe. Darauf legte ich den jeweiligen

Kartenausschnitt und bedeckte ihn mit dünnem Briefpapier. Mit Hilfe der Beleuchtung von unten konnte ich die wichtigsten Konturen nachzeichnen. Das Ergebnis, mittels meiner Schweizer Buntstifte fein koloriert, konnte sich sehen lassen. Zur schriftlichen Arbeit hatte ich einen Fotoanhang zusammengestellt, der den Inhalt der Arbeit noch einmal separat in meinen eigenen Fotos wiedergab. Dafür gab es bei der Beurteilung sogar ein Sonderlob.

Der Abschied von zu Hause war nicht ganz einfach. Ich sehe heute noch meine geliebte Großmutter unten in der kleinen Kammer zum Hof hin. Sie schlief dort noch, als ich zum Zug musste. Mit ihren grauen Haaren sah sie sehr alt aus, ihr Gesicht war faltig, aber weich und warm. Ich wusste nicht, ob ich sie noch einmal wiedersehen würde. Drei Jahre später starb sie mit 69 Jahren.

Der Lehrgang in Buttstädt verlief anders als die vorangegangenen. Es traf noch eine zweite Geographie - Gruppe ein, die zum größten Teil aus Männern bestand. Zwei Frauen gehörten dazu, sie waren etwas älter als ich. Abends saßen wir fast täglich zusammen, fachsimpelten oder wälzten persönliche Probleme. Der Abschluss wurde gemeinsam gefeiert, alle hatten die Prüfung bestanden. Der Leiter der anderen Gruppe hatte im Krieg die rechte Hand verloren. Er besaß ein winziges Notizbuch mit einem Stichwortverzeichnis von Witzen. Man brauchte nur eine Nummer zu sagen, dann schlug er das Heftchen auf und erzählte. Es wurde viel gebraucht in den Tagen, wir hatten nach der Anstrengung Entspannung nötig.

Die Prüfung selbst fiel mir überhaupt nicht schwer. Noch bevor ich ins Prüfzimmer gerufen wurde, schob ich zwei Tische so nebeneinander, so dass ich mich dazwischen aufstützen und mit den Beinen schwingen konnte wie an einem Barren. Das war Entspannung pur für mich, zum Glück sah mich niemand.

Als ich geprüft wurde, blieb mir meine Lockerheit treu. Manche Antwort sprudelte ich nur so heraus, ich machte aber auch Fehler. Einmal sagte einer der Prüfer „Bitte noch einmal, aber ganz langsam."

Er hatte nach der Zusammensetzung von Granit gefragt und ich hatte „Quarz, Porphyr und Feldspat" geantwortet. Langsam hieß es dann „Quarz, Glimmer und Feldspat".

Zu Fragen über Talbildungen bei Gletschern skizzierte ich an der Tafel, sprach auch dazu. Dann wandte ich mich der Prüfungsgruppe zu und fragte: „Genügt das, meine Herren?" und wischte mit der linken Hand alles wieder aus. Ich fühlte mich ausgesprochen sicher, hatte sogar Spaß dabei. Es war die beste Prüfung, die ich je zu bestehen hatte.

Das Ergebnis der Prüfung wurde noch am gleichen Tag ins Studienbuch eingetragen, das fertige Zeugnis sollte uns in Falkenstein in einer Feierstunde zu Beginn des neuen Schuljahres überreicht werden.

Der Abschiedsabend brachte dann doch noch ein paar kleine Überraschungen. Als Abschiedsgeschenk für unseren Gruppenleiter hatten wir uns etwas Besonderes ausgedacht: wir ließen uns beim örtlichen Fotografen als Gruppe ablichten. Ich freue mich heute noch, dass ich dieses Bild habe. Es war einfach eine schöne Zeit. Bis auf den jüngsten Teilnehmer waren alle verheiratet, ich fühlte mich wohl, wurde geachtet, keiner trat mir zu nahe. Es interessierte mich schließlich auch keiner – mit Ausnahme des Leiters. Den mochte ich, sicher weil er mich immer sehr bei meinen Vorbereitungen unterstützt und mir manchen Tipp gegeben hatte.

Nach der Abschiedsfeier standen wir noch eine ganze Weile im stockdunklen Flur. Er umarmte mich und es gefiel mir, aber nie hätte ich mich auf mehr eingelassen. Trotzdem gestand ich ihm, dass ich nicht nach Hause zurückfahren würde, sondern endlich zu meinem Freund nach Mönchengladbach wolle.

Seine Reaktion verblüffte mich: „Warum hast Du mir das nicht vor einigen Tagen gesagt, ich hätte Dich bis nach Gerstungen mitnehmen können, ganz legal, da wärst Du jetzt schon drüben."

Um Gerstungen war der Grenzverlauf kompliziert, der Zug fuhr ein Stück durch die Bundesrepublik, man hätte die Grenze noch passieren können. Er hatte dort einen Tag wegen einer Prüfung zu tun. Ich empfand das ohnehin zu späte Angebot aber nicht als verpasste Chance, glaubte ihm auch und wunderte mich gleichzeitig über so viel ehrliche Vertrautheit.

Am nächsten Tag sprach ich in Buttstädt einfach vor einem Haus einen Mann an, der neben seinem Auto stand: „Fahren Sie vielleicht nach Sömmerda? Ich muss da heute noch hin und es fährt kein Bus."

Ich hatte tatsächlich Glück, er nahm mich wenig später mit. In Sömmerda deponierte ich meine Koffer in der Gepäckaufbewahrung im Bahnhof, dann marschierte ich zum Volkspolizei-Kreisamt. Beim Pförtner musste man sich anmelden. Ich wollte zum Meldeamt. Dort traf ich auf einen jungen Uniformierten, dem ich mein Anliegen schilderte.

Noch von Saupersdorf aus hatte ich Bob in Esslingen geschrieben und ihn gebeten, mir einen Brief zu schreiben, in dem stand, dass Hildegard im Krankenhaus sei und nicht wüsste, was sie mit den Kindern machen sollten. Ich solle sie doch holen und in den Ferien betreuen, mit Ralf hätte das doch vor drei Jahren so gut geklappt.

Leider lehnte Bob das Schreiben dieses Briefes mit der Begründung ab, er mochte nicht zum Fluchthelfer werden und sich damit einen späteren Besuch in der Heimat verbauen.

Besagten Brief schrieb mir dann meine Mutter nach Sömmerda, ich hatte ihn in der Tasche, als ich in dem Büro des Vopos saß. Ich erzählte ihm aber nur die zumindest teilweise wahre Geschichte mit den Kindern, betonte ganz besonders, dass Ralf die Ferienspiele in der DDR so gut gefallen hätten. So etwas Schönes sei eben nur in der DDR möglich. Hatte ich ihn überzeugt?

„Der Haken an der Sache ist", meinte er, „dass Sie nur vom Meldeamt Ihres Heimatortes eine Reisegenehmigung bekommen können. Woher soll ich wissen, dass Sie ordnungsgemäß gemeldet sind?"

„Sie könnten doch in Zwickau anrufen!"

„Und wer sagt mir, ob am anderen Ende der Leitung wirklich das Meldeamt ist?"

„Na, wenn selbst die Polizei nicht weiß, mit wem sie spricht" sagte ich recht mutig und lachte ihn dabei an. Das wirkte überraschend, wir lachten beide. Er schlug dann vor, eine Anfrage auf dem Dienstweg zu machen. Das werde allerdings ein paar Tage dauern. Ich solle mir am besten ein Zimmer im Hotel nehmen und täglich bei ihm nachfragen. Er zeigte auch Verständnis dafür, dass ich Zeit und Fahrgeld sparen wollte.

Voller Zuversicht suchte ich das Hotel und bekam auch ohne weiteres ein Zimmer. Zweimal am Tag fragte ich im Kreisamt nach, zwei Tage lang vergeblich. Ich brauchte gar nicht mehr bis zum Meldeamt, der Pförtner wusste Bescheid. Am dritten Tag rief er mir schon von Weiten zu: „Für Sie ist was gekommen!"

Erwartungsvoll stürmte ich die Treppe hinauf in das mittlerweile schon vertraute Büro. Aber da stand eine uniformierte jüngere Frau. Mit eisiger Miene sagte sie: „Wir haben inzwischen in Erfahrung gebracht, dass Sie Lehrerin sind, Sie dürfen gar nicht fahren! Warten Sie bis ein Genosse kommt!"

Ich glaube, ich wurde schneeweiß im Gesicht, die Knie schlotterten. Ich musste mich arg zusammenreißen, um ruhig zu antworten.

„Das habe ich doch von Anfang an gesagt, gerade weil ich Lehrerin bin, will ich doch die Kinder zu den Ferienspielen holen."

„Setzen Sie sich und warten Sie!" entgegnete sie schroff.

Hoffentlich hört diese Zicke nicht mein Herz klopfen, das war das Einzige, was ich noch denken konnte. Stumm gehorchte ich. Es schien mir eine Ewigkeit vergangen zu sein, als der mir vertraute Vopo endlich eintrat. Und was sagt der?

„Wieso sitzen Sie denn hier rum, ich denke, Sie wären längst im Zug!"

Meine Fassung kehrte umgehend zurück, ich hätte ihn glatt umarmen können. Die Zicke ließ allerdings noch nicht locker und wiederholte ihre Entdeckung zu meiner Person. Er nahm das kaum zur Kenntnis und stellte mir das Ersatzpapier aus. Meinen Pass musste ich abgeben, aber das wusste ich schon. Als ich den Ersatz entgegennahm, strahlte ich mein Gegenüber an: „Wenn ich mir meinen Pass nächste Woche wiederhole, gehen wir aber mal Tanzen."

Ich hatte mich ganz gut in die Flirtrolle hineingespielt.

So sehr ich mich auch beeilte, mein geplanter Zug war weg und ich musste mit einem Alternativzug fahren. An Mami schickte ich ein Telegramm „Hole Kinder morgen", an Eberhard die geplante Ankunftszeit mit der Unterschrift „Gisela".

Mit der neuen Zugverbindung musste ich mindestens fünfmal umsteigen. Mit meinen beiden Koffern und einer Tasche war das gar nicht so einfach. Auf den Bahnsteigen ließ ich immer einen Koffer stehen, trug den anderen ein Stück weiter, stellte diesen wieder ab und holte den anderen nach. Die Züge waren total überfüllt, hatten Verspätung, teilweise musste ich mir neue Verbindungen su-

chen. An der Grenze gab es noch nicht einmal Gepäck-
kontrollen.

Weit nach Mitternacht erreichte ich Mönchengladbach.
Natürlich war niemand am Bahnhof. Eberhard war zwar
zur angekündigten Zeit mit einem seiner Mitbewohner
und geklauten Blumen am Bahnsteig gewesen, aber ich
gondelte zu der Zeit noch an irgendeiner Provinzhalte-
stelle herum. Die Jungs saßen die halbe Nacht recht be-
dröppelt in ihrer Junggesellenbude und malten sich aus,
wie ich hinter einer grellen Lampe verhört würde. Sie
waren fest überzeugt, dass man mich geschnappt hätte.
Indessen überlegte ich am Mönchengladbacher Bahnhof,
wie ich wohl jetzt mit all dem Gepäck zur Hohenzollernstraße käme.

Die Gepäckaufbewahrung hatte glücklicherweise noch
nicht geschlossen. Mit der Tasche machte ich mich auf
den langen, teils dunklen Weg. Mir war entschieden
mulmiger als mitten in der Nacht auf dem Steinberg. Die
Propaganda über Kriminalität auf westdeutschen Straßen
zeigte Wirkung.

Wohlbehalten kam ich auf der Hohenzollernstraße 331a
an. Ein für mein weiteres Leben sehr entscheidender
Schritt war getan.

Die nächsten Schritte standen unmittelbar bevor. Es gab
noch den alten Kuppelparagraphen, nachdem derjenige
belangt werden konnte, welcher an unverheiratete Paare
vermietete, ich konnte also nicht lange in der Wohnge-
meinschaft bleiben.

Im Aufnahmelager

Schon nach wenigen Tagen fuhr ich mit dem Zug ins Notaufnahmelager nach Gießen.

Ich hatte absolut keine Vorstellung, wie es in einem Notaufnahmelager zugehen würde. Merkwürdig war, dass das gesamte Gelände hermetisch abgeriegelt war. Überall saßen Leute herum. Durch Lautsprecher wurden immer wieder Zahlen aufgerufen. Es dauerte nicht besonders lange und ich kam in die Anmeldung.

Dort wurde mir mein provisorischer Ausweis abgenommen und ich bekam eine Nummer gesagt, die sollte ich mir merken. Weil ich erst 22 Jahre alt war, schlug man mir vor, ein Aufnahmeverfahren für Jugendliche zu durchlaufen. Ich hätte dann eher Chancen, als politischer Flüchtling anerkannt zu werden. Mir leuchtete das zwar nicht ein, aber wenn es mir empfohlen wurde, sollte das wohl so richtig sein.

Nach einiger Wartezeit wurde meine Nummer in ein anderes Gebäude geschickt. Es war ein Barackenbau und ähnelte in der Ausstattung einer einfachen Jugendherberge. Eine ziemlich griesgrämig dreinschauende Frau zeigte mir den Schlafraum. Entfernt erinnerte sie mich an eine total überlastete Rotkreuz-Schwester. Doppelstockbetten, keine Schränke, keine Sitzgelegenheiten. Sie wies mir das oberste Bett links neben der Tür zu, erklärte, wie ich es in Ordnung zu halten hätte und verschwand.

Inzwischen war es Nachmittag, ich hatte einen Mordshunger. Zum Glück hatte ich das Brötchen, das Eberhard mir für die Reise mitgegeben hatte, noch nicht gegessen. Ich hockte mich damit auf eine Art Nachtschränkchen zwischen den beiden Betten unter dem Fenster. Dass man sich nicht auf die Betten setzen durfte, war mir bereits von der mürrischen Frau bedeutet worden. Plötzlich riss sie die Tür wieder auf und schnauzte mich an: „Was fällt dir ein, im Schlafraum zu essen, das ist streng verboten!"

Ich stammelte eine Entschuldigung und erklärte ihr, dass ich seit heute Morgen noch nichts gegessen hätte. Gleichzeitig würgte ich den letzten Bissen herunter, damit sie mich nicht herausjagen konnte.

Es dauerte dann nicht mehr lange, bis einige Mädchen erschienen, die offenbar meine Mitbewohnerinnen waren. Eine zeigte mir die Waschräume, dann mussten wir auch schon in den Speiseraum. Alle Plätze waren bereits besetzt. Der Raum war zweigeteilt, die rechte Seite lag höher, vier Stufen führten hinauf. Oben stand ein langer Tisch, beladen mit Wäsche, hauptsächlich Windeln und Babysachen. Eifrig schnatternd befassten sich schätzungsweise zwanzig bis fünfundzwanzig Mädchen mit den Wäscheteilen.

Hastig räumten sie alles zur Seite, als von der Tür her der Ruf ertönte: „Essen fertig!"

Vor der Treppe stellten zwei Mädchen einen großen Kübel mit dampfender Suppe ab. Schlagartig bildete sich eine lange Schlange im unteren Raum. Kein Gedränge, es wurde ruhig. Bald hörte man nur noch das Klappern der Löffel. Inzwischen hatte jemand einen kleinen Tisch neben die Tür gestellt, dort nahm eine Aufseherin mit allerlei Papierkram Platz. In Ermanglung eines Platzes an irgendeinem Tisch hatte ich mich auf die Stufen gesetzt und löffelte meine Suppe, als von der Tür her gerufen wurde: „Die Neue mal herkommen!"

Damit war ja wohl ich gemeint.

Nach Abgleich der Daten fragte sie: „Und was hast du bisher gearbeitet?"

„Vier Jahre Lehrerin, davon drei Jahre Fernstudium im Fach Geographie mit Abschlussprüfung."

Von diesem Augenblick an siezte sie mich. Irgendwie war mir das besonders wichtig. Bekam ich doch dadurch das Gefühl, nicht nur eine Nummer zu sein.

Noch während des Essens wurde Arbeit für den nächsten Tag verteilt. Die Palette war recht umfangreich, sie reiche vom Küchendienst über Gartenarbeit bis zum Säubern des Schweinestalles. Dass wir arbeiten sollten, fand ich gar nicht so übel, aber die Kriterien, wer zu welcher Arbeit eingeteilt wurde, kannte ich nicht, was mich verunsicherte.

Schon während des Essens auf den Stufen war ich mit einem jungen Mädchen ins Gespräch gekommen, die schon einen Tag länger da war als ich. Sie hatte Pharmazie in der DDR studiert. Klar, wir passten zusammen. Das war wohl auch der Dame am Registriertisch aufgefallen und wir beide wurden zur Betreuung des separaten Speiseraumes fürs Personal eingeteilt.

Als wir an nächsten Tag zum Abräumen gerufen wurden, standen noch etliche Schüsseln mit Essensresten auf dem Tisch. Wir wussten, dass diese Reste in den Schweineeimer gehörten, obwohl wir beide Hunger hatten.
    In einer Schüssel dufteten noch einige Kroketten. Am liebsten hätten wir diese vernascht, aber keine von uns traute sich, die Leckerbissen zu nehmen. Noch nicht einmal unser Stolz hinderte uns daran. Es war vielmehr die Angst, bei etwas Verbotenem erwischt zu werden und damit das Privileg des Esszimmer - Versorgens wieder verlieren zu können.

Nach dem Abendessen blieben alle auf Anweisung im Raum, es gab einen Vortrag für Neuankömmlinge. Alle Stühle wurden in Reihen aufgestellt, ganz vorn stand erhöht ein Fernsehgerät. Das blieb allerdings zunächst stumm. Die Referentin stand hinter uns, vermutlich auf den Stufen. War das beabsichtigt? Ich fand es regelrecht bedrohlich, weil ich sie während des Vortrages nicht sehen konnte, verfolgte aber aufmerksam, was sie sagte.
    Wir erfuhren von mehr als dreißig Säuglingen, die zurzeit teilweise mit ihren Müttern im Hause lebten, einige Babys seien aber auch einfach zurückgelassen worden. War da nicht ein verächtlicher Ton? Es gäbe auch Mäd-

chen, die sich für fünf Mark zur Prostitution am Drahtverhau anböten. Deshalb die strenge Regelung der Ausgangszeiten. Nur eine Stunde, zwischen 14.00 und 15.00 Uhr, gab es Ausgang. Selbstverständlich nur mit Abmeldung.

Arbeits- oder Wohnungssuche auf eigene Faust war streng untersagt. Nur wer zum Abholen der Muttermilch in der Klinik eingeteilt war, durfte raus. Es wurde eindringlich vor Spioninnen gewarnt, man wüsste genau, dass auch jetzt wieder welche hier unter uns sitzen. War ich etwa damit gemeint? Ich war unbehelligt mit dem Zug gekommen und dabei durften Lehrerinnen doch gar nicht reisen. Aber nein, ich beruhigte mich selbst, darüber war ich doch gar nicht befragt worden.

Nach dem Vortrag wurde der Fernseher angestellt, alle blieben sitzen. Was da gezeigt wurde, war nur ein Zeitvertreib, und der wurde Punkt 22.00 Uhr abrupt beendet. Nachtruhe.

Nach kurzer, kalter Abendwäsche kletterte ich auf mein Bett, todmüde. Eine Mitbewohnerin fragte noch: „Hast du Geld? Dann steck es am besten in deinen Büstenhalter und behalte ihn an, hier klauen sie wie die Raben."

Wo war ich nur hingeraten? Ich schämte mich für die anderen.

Am nächsten Morgen musste ich wieder ins Hauptlager. Untersuchung war angesagt. Ein Umkleideraum, ähnlich wie in einer Turnhalle, war erste Station. Zwischen schnatternden Mädchen hieß es Ausziehen und unter die Dusche. Kein Problem. Aber dann, nur mit dem Schlüpfer bekleidet, musste ich mich vor eine Frau mit einer riesigen Spritze stellen, die mich an die metallene Flitspritze meiner Großmutter erinnerte. Großmutter hatte damit gegen die Mücken gekämpft. „Arme hoch!" tönte das Kommando. Dann wurde unter die Arme ein stinkendes Pulver gestäubt. Danach zog sie mit einem kurzen Ruck meinen Schlüpfer vom Bauch und verpasste mir eine weitere Ladung von dem Stinkpulver zwischen meine Beine. Sie verlor kein Wort der Erklärung, ich weiß bis heute nicht, was für ein Pulver das war. Es könnte DDT gewesen sein, von Filzläusen hatte ich jedenfalls noch nie etwas gehört.

Endlich konnte ich zurückgehen in den Umkleideraum. Aber anziehen durfte ich mich nur oben herum – der Schlüpfer sollte jetzt auch noch runter. Auf einer Bank wischte ein Mädchen an den Beinen herum und jammerte: „Was hat der bloß gemacht, ich blute."

Da ging auch schon die Tür zu einem Nebenraum auf: „Die Nächste!"

Ich war noch nie bei einem Frauenarzt gewesen und kannte damit auch keinen Untersuchungsstuhl. Warum musste ich da rauf klettern? Ich traute mich nicht, zu fragen.

Als ich wieder in die Umkleide kam, sagten mir die anderen, dass man uns auf Geschlechtskrankheiten untersucht hatte. Ich empfand das nicht nur als sehr schmerzhaft, sondern vor allem als Demütigung.

In den folgenden Tagen reihte sich ein Gespräch an das andere. Dazwischen füllte ich etliche Fragebögen aus, ich sollte ausführlich über meine Fluchtgründe berichten.

Ich tat wie verlangt, berichtete sehr ehrlich, sagte aber nichts von einem Freund in Mönchengladbach. Das hatte man mir bei der „Vereinigung der aus der SBZ vertriebenen Lehrerinnen und Lehrer" geraten.

Am einfachsten war dabei das Verhör bei den Amerikanern. Sie fragten hauptsächlich zu Dingen, die mit militärischen Einrichtungen zu tun hatten, und davon hatte ich absolut keine Ahnung.

Unverständlich war für mich, wie sie mit den Angaben zu meinen Problemen um Umgang mit Kindern und Familien umgingen. Gewissensbisse, dass ich Familie und Schulkinder im Stich gelassen hatte, nahmen sie mir offensichtlich gar nicht ab. Ich hatte den Eindruck, dass ich gar nicht richtig verstanden wurde, dass diese Leute überhaupt keine Ahnung hatten, wie meine Schulwirklichkeit ausgesehen hatte.

Ich hätte doch wissen müssen, was auf mich zukam, als ich beschlossen hätte, Lehrerin zu werden.

Falsch war auf jeden Fall, dass ich kuschte.

Einmal saß vor mir eine ganze Reihe von Männern, die mein Zeugnis vor sich hatten. Jedes einzelne Fach nahmen sie sich vor. „Mathematik sehr gut, Deutsch sehr gut – große Anerkennung. Aber Geschichte befriedigend – wie erklären Sie das?"

„Ganz einfach, ich wusste über die deutsche Arbeiterbewegung nicht Bescheid, weil ich nicht wusste, ob man uns im Unterricht die Wahrheit gesagt hatte."

„Das ist aber wichtig! – Und wann war die Schlacht bei Tannenberg?"

„Keine Ahnung."

„Und wie erklären Sie denn dann, warum Sie in Marxismus-Leninismus ein „sehr gut" haben?"

„Das ist auch leicht zu beantworten – ich wusste immer sehr genau, was die Prüfer hören wollten."

Außerdem war ich immer von den Grundzügen des Marxismus überzeugt, aber das hatte ich ihnen natürlich nicht erzählt. Man verweigerte mir die Anerkennung als SBZ - Flüchtling, stattdessen bekam ich eine Duldung und eine Abschiebung ins Lager Warburg.

Am schlimmsten war ein Gespräch mit einer sehr jungen Dame, die mich fragte, in welches Bundesland ich möchte und was ich beruflich vorhätte.

Wahrheitsgemäß antwortete ich, dass ich nach NRW möchte und wieder in meinem erlernten Beruf arbeiten wolle.

Ihre Antwort empört mich heute noch: „Bildest du dir ein, dass wir unsere Kinder von euch Kommunisten erziehen lassen? Und in NRW schon gar nicht!"

Von diesem Zeitpunkt an verweigerte ich jedes weitere Gespräch. Vielmehr setzte ich mich hin und schrieb einen

Hilferuf an Eberhard. Ich wollte nur noch weg von diesem grässlichen Lager, ich verstand die ganze Welt nicht mehr.

Schon kurze Zeit nach meinem Hilferuf kam Eberhard mit seinem Freund Bodo Meerrettich. Bodo besaß schon ein Motorrad, damit waren sie schnell in Gießen. Aber das Beste, was Eberhard mitbrachte, war eine fingierte Bescheinigung von einem befreundeten selbständigen Architekten, Herrn Knall. Darin stand, dass ich in seinem Büro ab sofort arbeiten könne. Eberhard musste ihm dabei hoch und heilig versprechen, dass ich das nicht etwa einfordern würde. Abgesehen davon, dass ich keine Ahnung von Büroarbeit hatte, hätte ich so was auch nie machen wollen.

Die zweite Bescheinigung, die er mitbrachte, war eine Wohnbescheinigung vom Bungeroth - Wohnheim in Mönchengladbach.

Nach Erledigung einiger Formalitäten konnte ich am nächsten Tag fahren.

Noch im August 1957 bezog ich ein Zimmer im Wohnheim auf der Steinmetzstraße.

Die Leiterin des Heims war eine Frau Becker. Mit ihrer dicken Hornbrille saß sie den ganzen Tag in einer düsteren Loge gleich links neben dem Eingang. Eigentlich sah sie zum Fürchten aus, aber ich war so froh, dem Lager in Gießen entronnen zu sein, dass ich schnell Vertrauen fasste und ihr ganz offen meine Situation schilderte.

Sie hatte Verständnis für mich und wir unterhielten uns oft.

Ich hatte mich an die Lehrervereinigung gewandt und stellte bei einem erneuten Besuch in Düsseldorf einen Antrag auf Einstellung in den Schuldienst.

Ich konnte sogar alle meine Zeugnisse dort auf einer Schreibmaschine abtippen und sie wurden mir an Ort und Stelle auch noch kostenlos beglaubigt.

Unverzüglich reichte ich meine Bewerbung ein. Dann begann das Warten. Aber Langeweile hatte ich nicht. Siegfried Krause, ein Freund Eberhards, brauchte eine Strickjacke und ich strickte für mein Leben gern. Mit meinem Strickzeug saß ich manchen Tag unten im großen Aufenthalts - beziehungsweise Speiseraums vor dem Radio und saugte alles auf, was ich an Nachrichten oder Schlagermusik hören konnte. Auf dem Zimmer gab es nämlich kein Radio.

Das Zimmer selbst war spartanisch, aber ich war wirklich nicht verwöhnt. Mit meiner Mitbewohnerin kam ich auch in den ersten Tagen ganz gut aus. Aber schon bald machte mir der Gestank ihrer Schweißfüße arg zu schaffen.

Ich machte aber nur ganz vorsichtig Andeutungen, schließlich musste ich froh sein, in dem Haus zu wohnen, also wich ich nur aus, sobald das möglich war.

Tagsüber war die „Dame" ohnehin arbeiten und abends marschierte ich regelmäßig zu Eberhard.

Durch meine Strickerei entstand sehr schnell ein freundlicher Kontakt zur Wirtschaftsleiterin. Sie war richtig nett, kaum älter als ich und bereitete sich auf ihre Hochzeit vor. Zu dem Zweck hatte sie einen längeren Urlaub geplant.

Frau Becker fragte mich, ob ich nicht die Vertretung übernehmen möchte. Entlohnung gäbe es zwar nicht, aber ich könnte in der Zeit frei wohnen.

Natürlich wollte ich. Ich hatte sogar in der Zwischenzeit versucht, eine Stelle als Lagerarbeiterin bei C&A zu bekommen und war zu einem Vorstellungsgespräch eingeladen worden. Die Stelle hatte ich aber nicht bekommen, weil ich gesagt hatte, dass ich auf meine Anstellung in einer Schule wartete und nur übergangsweise arbeiten wolle.

Meine neue Arbeit bei Frau Becker begann um 6.00 Uhr morgens und endete nach dem Abendessen. Nach dem Mittagessen hatte ich zwei Stunden Freizeit. Ich musste den Speiseraum in Ordnung halten, Brote für die Berufstätigen bereitstellen, in der Küche mithelfen und auf Anweisung das Zimmer von Frau Becker putzen. Einen Staubsauger gab es nicht, der Teppich musste im Garten auf der Teppichstange geklopft werden.

In den Augen von Frau Becker war ich beim Putzen viel zu schnell fertig. Nun ja, die Putzerei war für mich auch recht neu. Zu Hause hatte ich noch immer die Böden auf den Knien rutschend geschrubbt – einmal in der Woche – ansonsten benutzte ich nur den Besen. Den Umgang mit Aufnehmer und Schrubber musste ich erst lernen, aber das verschwieg ich.

Einmal kam sie in den Speisesaal, als ich gerade einen der Vierertische abgeräumt und auch abgewischt hatte. Sie entdeckte doch tatsächlich ein Nudelrestchen an der Außenkante und fauchte mich an: „Wenn Sie das bei Ihren Herren auf der Hohenzollernstraße so machen, ist das Ihre Sache, aber hier hat gefälligst alles sauber zu sein!"

Morgens frühstückten auch die Angestellten des Altenheimes von nebenan mit in unserem Speiseraum. Üblicherweise wurde gebetet. Das Gebet wurde von Frau Becker gesprochen, danach reichte man sich die Hände und wünschte sich „Guten Appetit".
Als Frau Becker einmal nicht dabei war, fragte mich eine jüngere, leicht geistig Behinderte von nebenan, ob sie wohl das Gebet sprechen dürfte. Ich war froh, dass ich das nicht machen musste, da ich kaum ein Tischgebet richtig kannte und erlaubte es ihr. Die junge Frau betete

mit Inbrunst, man konnte sehen, dass sie glücklich war. Frau Becker musste wohl davon gehört haben. Ich wurde in ihre Loge zitiert und zusammengefaltet: „Wie können Sie es wagen, so eine Frau beten zu lassen!" Spätestens in diesem Augenblick wurde mir schmerzhaft bewusst, in welcher Abhängigkeit ich hier war.

Im September 1957 wütete die Asiatische Grippe, der weltweit mehr als eine Millionen Menschen zum Opfer fielen, auch in Mönchengladbach. Das war für mich die härteste Zeit im Heim. Zeitweise hüteten zehn bis zwölf Patientinnen das Bett, wobei sich die Zimmer auf drei Stockwerke verteilten. Alle Mahlzeiten mussten ans Bett gebracht, leeres Geschirr wieder abgeräumt und in die Küche gebracht werden. Zwischendurch hieß es Fieber messen und Medikamente bringen. Frau Becker erschien mit einem Tablett voller Apfelsinen. „Nein, das brauchen sie nicht zu machen, ich bringe sie gleich selbst rauf." Peng, wieder so eine Ohrfeige für mich.

Zu meinem Geburtstag bekam ich Besuch von einer jungen Dame. Sie gratulierte mir, schenkte mir eine Glückwunschkarte und erkundigte sich nach meinem Befinden. Es war eine Sozialarbeiterin von der Stadt. Ich fand das ganz toll, erzählte auch anderen von dieser Begegnung. Einen Zusammenhang zu einem Besuch meinerseits beim Sozialamt, der kurz vorher stattgefunden hatte, stellte ich aber nicht her, da ich diesen am liebsten vergessen wollte. Der Angestellte hatte mich seinerzeit nach meinen Finanzen befragt. Ich hatte ihm wahrheitsgemäß berichtet, dass mein Verlobter die Kosten für die Unterbringung bis zu meiner Einstellung in den Schuldienst übernehmen würde. Daraufhin sah mich der Sachbearbeiter mit einem zynischen Grinsen an und sagte: „Wie weit wollen Sie denn eigentlich noch sinken?"
Ich hatte keine Ahnung davon, dass man sich ans Sozialamt wenden konnte, wenn man Hilfe brauchte. Ich war vielmehr stolz darauf, dass wir uns gegenseitig helfen wollten.

Anfang Oktober bekam ich einen Brief von der Schulbehörde. Am 16. Oktober sollte ich den Probeschuldienst in Mönchengladbach an der Charlottenstraße beginnen. Hurra! Freudestrahlend lief ich zu Frau Becker. Aber diese freute sich keineswegs. Ihre Miene ließ Böses ahnen. Nein, ich könne jetzt keinesfalls meine Arbeit hier so mir nichts dir nichts beenden!

Tags darauf fand ein sehr ernstes Gespräch mit dem Herrn Pastor statt. Das Heim stand schließlich unter der Trägerschaft der evangelischen Kirche. Mir wurde erklärt, dass ich nicht einfach aufhören könnte, sie drohten sogar mit dem Arbeitsgericht. Angst hatte ich weniger, es gab nicht die Spur eines Arbeitsvertrages, ich hatte von Anfang an gesagt, dass ich nur auf meine Einweisung wartete. Allerdings hatte ich keine Ahnung, was die Beckersche dem Pastor bei meinem Arbeitsbeginn erzählt hatte, vermutlich nicht die volle Wahrheit.

Aber sie ließen sie mich ungeschoren ziehen.

Damit waren aber auch die Tage im Bungerothheim gezählt. Ich musste mir eine neue Unterkunft suchen.

Ganz in der Nähe, gegenüber dem Hauptbahnhof, waren verschiedene Zeitungen mit Anzeigen in einem Schaukasten aufgehängt. Ich brauchte mir also noch nicht einmal eine Zeitung zu kaufen. Täglich ging ich hin und studierte die Angebote.

Ich wollte ja auch nicht einfach nur ein Zimmer, ich brauchte eines mit Küchenbenutzung. Ganz selbstverständlich wollte ich regelmäßig kochen und Eberhard sollte zum Essen kommen. Er arbeitete in einem Architekturbüro in Rheydt und hatte regelmäßige Arbeitszeiten.

Zimmerangebote gab es mehrere, die gewünschte Kochgelegenheit war jedoch rar, auch wenn meine Ansprüche als bescheiden galten. Hier im Westen sahen die Zimmer besser aus, hatten Waschmöglichkeiten und oft sogar Heizung, waren damit aber viel teurer als im Osten. Ich tröstete mich mit dem Gedanken, dass ich ja bald verdienen würde.

Ein Angebot sagte mir ganz schnell zu, vor allem, da es nicht mitten in der Stadt lag. Sogar mit dem Kochen war die Vermieterin einverstanden. Aber dann erzählte sie mir auffallend viel von ihrem Sohn. Ich hatte den Eindruck, dass besagter Sohn gleich mit vermietet werden sollte. Ich zog es folglich vor, weiter zu suchen.

Dann fand ich ein sehr passendes Zimmer auf der Blücherstraße bei Fritzi Schulze. Sie war eine sehr nette und vornehme Witwe. Ich sehe sie immer noch, wie sie mit weißen Handschuhen, Hütchen und Handtasche zum Einkaufen ging.

Eberhard durfte zum Essen kommen. Wir sprachen die Kochzeiten ab und kamen uns später auch nie ins Gehege. Ein Badezimmer mit einer eingebauten Badewanne gab es auch. Herrlich! Die Bude hatte sogar Zentralheizung.

Die Glastür zum Flur war weniger angenehm. Aber ich hatte nie den Eindruck, von meiner Vermieterin bespitzelt zu werden. Außerdem musste Eberhard pünktlich um 22.00 Uhr den gemütlichen Ort verlassen. Weil wir oft Schach spielten und die Partie mitunter noch nicht zu Ende war, fragte ich manchmal um ein paar Minuten Verlängerung. Die bekamen wir dann auch.

Frau Schulze hatte eine Schwester, die schon lange in Holland wohnte und ebenfalls verwitwet war. Ich erinnere mich an einige recht interessante Gespräche mit den beiden Damen, sie luden mich einige Male ins Wohnzimmer ein, wenn ich mit der Arbeit in der Küche fertig war. Ich freute mich, dass Frau Schulze offenbar mit ihrer Untermieterin zufrieden war.

Nur ein Gespräch, das ich in Fetzen von der Küche aus mitbekam, gefiel mir weniger. Sie erzählte ihrem Besuch, dass sie gut mit mir auskäme, nur könnte sie immer sehen, was ich gekocht hätte, unter der Abdeckplatte seien die Reste meiner Mahlzeiten. Peinlich, peinlich, aber fortan wusste ich, dass man die Abdeckplatten unter den Gasbrennern auch hochheben konnte.

Viel Ahnung vom Kochen hatte ich nämlich nicht, aber ich fragte meine Gönnerin auch manchmal, wie man das eine oder andere macht. Rouladen mache ich heute noch so, wie ich es von Frau Schulze gelernt habe.

Erster Unterricht im Westen

Meine Vorstellung an der Schule fiel durchaus zur beiderseitigen Zufriedenheit aus. Das Kollegium war ziemlich gemischt. Schulleiter war ein alter Herr, Papa Krent wurde er hinter seinem Rücken genannt. Er war streng, fackelte nicht lange und war eine Respektsperson durch und durch.

Sein Stellvertreter, Herr Hünsche, war ebenfalls recht betagt und sehr gutmütig. Beide stammten aus dem Osten: Herr Krent aus Pommern oder Ostpreußen, Herr Hünsche aus der Magdeburger Gegend. Frau Händel, rothaarig wie ich, war auch nicht mehr die Jüngste. Dann war da noch Herr Viergutz aus Viersen, Ilse Hackstein, Margret Joeres und Pastorentochter Ingrid Reuter. Ich war offenbar die Jüngste von allen.

Die Asiatische Grippe war auch an der Schule noch nicht überwunden. Das zweite und das vierte Schuljahr waren völlig verwaist. Ich bekam gleich alle beide. Nachdem eine Lehrerin ihre Grippe überwunden hatte, behielt ich das zweite Schuljahr. Mit den Kindern hatte ich keine Probleme, aber der Schulraum war schrecklich. Es gab Vierergruppentische mit Drehstühlen. Diese klapperten und quietschten, auch wenn die Kinder verhältnismäßig still saßen.

Als der Schulrat zum ersten Mal hospitierte, wollte ich möglichst schnell herausfinden, worauf er Wert legte. Nun war es noch üblich, dass die Kinder aufstanden, wenn sie etwas sagen wollten. Mit ganz bedächtiger Stimme fragte er: „Ihr habt doch Drehstühle. Zeigt mir das einmal!"

Kein Problem für Kinder. Alle erhoben sich, zogen die Stühle mit Schwung zu sich, packten die Lehnen und drehten die Stühle wie Kreisel um deren Achse. Klar, dass das einen Höllenlärm machte. Der Schulrat war entsetzt, ich musste mir ein Grinsen verbeißen. „Ich werde euch jetzt einmal zeigen, wie man das macht."

Vorsichtig hob er einen Stuhl an, stellte ihn noch vorsichtiger ein Stück vor dem Tisch ab und drehte die Lehne bis zum Anschlag an den Tisch. „So, jetzt könnt ihr euch ganz leise setzen."

Kaum zu glauben, aber die Kinder machten es wirklich leise nach. Ich aber glaubte, er lege besonderen Wert auf Disziplin und würde entsprechend darauf achten.

Ich dachte, wenn er es zackig haben will, soll er es haben, nichts leichter als das.

Beim nächsten Besuch hatte ich meine Kinder soweit, dass sie sich auch ohne Zackigkeit ruhig und normal verhielten. Ich traute meinen Ohren kaum, er sagte, er fände es gut, dass ich meine anfängliche Burschikosität schon ein wenig abgelegt hätte. Er glaubte ganz bestimmt, dass ich an meinen früheren Schulen wie auf einem Kasernenhof kommandiert hatte.

Nach einigen Monaten bekam ich ein fünftes Schuljahr. Zu allem Überfluss packte mir Papa Krent noch einen Teil des aufgeteilten sechsten Schuljahres dazu. Mit insgesamt dreiundsechzig Kindern wurde ich unter das Dach verfrachtet. Nicht nur, dass die Kinder wie die Heringe bis unter die Dachschräge eingequetscht waren. Der Raum war auch noch düster, hatte eine uralte Tafel und kein fließendes Wasser. Zum Tafelputzen stand ein Eimer mit einem Lappen neben der Tafel.

Als Papa Krent nach wenigen Tagen auch noch zwei Schülerinnen aus der 6. Klasse austauschen wollte gegen zwei, die er selbst in seiner Klasse hatte, war bei mir der Ofen aus. Ich widersprach der Anordnung, vor allem, weil er zwei gute Schülerinnen herausnehmen wollte. „Das mach ich nicht mit, die Zeit der Diktatur ist für mich ein für alle Mal vorbei!" hörte ich mich sagen, und das auch noch recht laut.

Leider half mein Protest nichts, es dauerte allerdings einige Tage, ehe wir wieder normal miteinander sprachen.

Vielleicht hatten ja sogar Eltern protestiert, das wäre aber mit Sicherheit eine Ausnahme gewesen. Gut fühlte ich mich jedenfalls nicht, mir war schnell klar geworden, dass ich mal wieder am kürzeren Hebel saß.

Wenige Tage später sollte jemand den Mathematikunterricht in der anderen 6. Klasse übernehmen. Dort gab es einige Rabauken und niemand war scharf auf diese Aufgabe. Als Krent mich fragte, ob ich bereit für die Klasse sei, gab ich Disziplinschwierigkeiten zu bedenken. Da lachte er: „Sie? Sie haben weniger Schwierigkeiten als die anderen. Übernehmen Sie ruhig, Sie werden das schaffen."

Ich schaffte es auch, und es machte mir sogar Spaß. Doch dann musste ich recht schnell feststellen, dass das verwandte Mathematikbuch nicht mit dem Lehrplan übereinstimmte. Ich suchte also Hilfe beim Rektor. Seine Antwort konnte ich kaum glauben: „Ein guter Lehrer macht sich sein Lehrbuch selbst."

Und wie? Und mit welchen Mitteln? Ich hatte noch keine Ahnung davon, dass verschiedene Lehrbücher benutzt werden durften, guckte den Lehrplan einfach nicht mehr an und arbeitete mit den Kindern das vorhandene Buch gewissenhaft durch. Die Kinder lernten auf jeden Fall. Niemand fragte nach Übereinstimmungen von Plan und Lehrbuch, selbst die Eintragungen ins Klassenbuch waren sehr allgemein. Papier war also im Westen ganz besonders geduldig. Gut fand ich das nicht, spürte aber, dass ich damit die Verantwortung für meine Schüler selbst zu tragen hatte.

Regelmäßig kam der Schulrat zur Hospitation, aber immer ein paar Minuten nach Unterrichtsbeginn. So hatte ich nie die Chance, mit dem zu beginnen, was ich am besten konnte oder was ich am besten vorbereitet hatte. Vom Stundenplan her wäre das ohne weiteres möglich gewesen.

Der Kerl saß ohne ein Wort zwei Unterrichtsstunden lang dabei und machte sich permanent Notizen. Danach verabschiedete er sich mit den Worten: „Um 15.00 Uhr Haus Westland, 10. Stock Zimmer 24.“

Klopfenden Herzens machte ich mich dann nachmittags sehr pünktlich auf den Weg. Ich benutzte nie den Aufzug, um vor dem Besuch so die Anspannung zu verlieren. Von den Unterrichtsstunden wurde aber kaum gesprochen. Stattdessen fragte er mich nach Musikpädagogen oder nach der Geschichte der Pädagogik.

Davon hatte ich keine Ahnung, er hätte mich besser nach praktischen Dingen gefragt.

Ich kam aber schnell dahinter, dass diese Gespräche nur einen Sinn hatten: mir musste nachgewiesen werden, dass ich von vielen Dingen keine Ahnung hatte und dass ich mein Studium noch einmal nachholen musste.

Die Raumnot an unserer Schule wurde immer schlimmer, unsere Schule wuchs ständig. In den letzten beiden Monaten vor den Sommerferien 1958 wurde ich darum kurzerhand samt meiner Klasse in eine katholische Schule ein paar Straßenzüge weiter ausgelagert.

Kontakte zu Lehrern oder Schülern gab es so gut wie nicht. Ich fühlte mich nicht besonders wohl, da mir die Trennung zwischen katholischen und evangelischen Kindern nicht behagte. Mir war auch nicht klar, worin der Unterschied eigentlich bestand.

Selbst mit der Pescher Schule gab es keine Kontakte. Diese Schule war mit der unseren durch einen gemeinsamen Schulhof verbunden, aber er war durch einen Drahtzaun in zwei Teile geteilt.

An der katholischen Schule kombinierte man ein drittes mit einem vierten Schuljahr, nur damit Jungen und Mädchen nicht in eine gemeinsame Klasse kamen.

So ein Schwachsinn. Ich wusste nur zu gut, wie schwer es war, ständig zwei verschiedene Abteilungen in einer Klasse zu unterrichten. In Schnarrtanne hatte ich dabei nie mehr als 24 Kinder in einer Klasse, aber Jahrgänge waren streng zu trennen, gemeinsamer Unterricht nur in Musik und Sport erlaubt.

Hier hatte ich mehr als doppelt so viele Kinder. Der gemischte Jahrgang war eine Ausnahme, gemeinsamer Unterricht benachbarter Jahrgänge nicht verboten, aber die Katholiken trennten Jungen und Mädchen streng voneinander. Warum?

In dieser Zeit wurde sehr viel über den neuen Papst, Johannes XXIII gesprochen. Es war von möglichen Reformen die Rede. Mein Eindruck von der Rückständigkeit fand eine gewisse Bestätigung.

Ich war neugierig geworden auf Dinge, von denen ich in meiner DDR-Zeit keine Ahnung gehabt hatte. Ich kannte ja noch nicht einmal den Unterschied zwischen katholisch und evangelisch. Ich musste mir aber auch eingestehen, dass Religion nicht zu meinen Hauptinteressen zählte.

Trotzdem hatte ich Religion zu unterrichten und dementsprechend auch Schwierigkeiten. Zu allem Überfluss saß auch noch der Sohn eines Pastors in meiner Klasse und ich fühlte mich kontrolliert.

Einen Tages sagte er zu mir: „Man kann merken, dass Sie ein altes Gesangbuch haben, der Liedertext ist ganz anders." Ertappt! Aber der Junge war brav und machte mir nie Probleme.

Ich kam aber schon bald zu der Erkenntnis, dass das Schulsystem in der DDR auch sehr viel Positives gehabt hatte, was meinem Selbstbewusstsein gut tat.

Der Schulweg von der Blücherstraße bis zur Charlottenstraße war ziemlich weit, ich musste praktisch quer durch die ganze Stadt. Deshalb brauchte ich ein Fahrrad. Eberhard kaufte mir ein Rixe - Rad mit drei Gängen. So ein Luxus! Ich war überglücklich.

Anfangs schob ich es allerdings noch über den riesigen Bismarckplatz, der Verkehr dort nötigte mir trotz Ampeln größten Respekt ab. Aber ich gewöhnte mich bald daran.

Die erste größere Radtour machten wir in den Osterferien zusammen mit Siegfried Krause. Am ersten Tag ging es bis Köln, dort hatte Eberhard Bekannte aus DDR-Zeiten. Am zweiten Tag übernachteten wir irgendwo im Bergischen Land in einem Gasthof. Ganz unverfänglich mieteten wir zwei Zimmer, was bei zwei Männern und einer Frau nur logisch war. Wir freuten uns diebisch und waren überzeugt, dass die Wirtin nichts merkte. Ich sehe noch die krummen Wände der Gaststube, ockergelb angestrichen. Ausgelassen sangen wir: „Das ganze Haus ist schief, das ganze Haus ist schief, das ganze Haus ist schiefergrau bemalt." Da gab es damals so einen Westernschlager. Wir wollten uns totlachen.

Auf dem Heimweg regnete es leider nur noch, auf der Rheinbrücke fegte ein eisiger Wind. Natürlich besaß niemand Regenkleidung und auch keine Handschuhe. Das Ergebnis dieser wunderbaren Tour war eine böse Blasenentzündung. Als ich in der herrlich warmen Badewanne bei Frau Schulze auch noch entdeckte, dass das schmerzhafte Wasserlassen mit Blut verbunden war, musste ich wohl oder übel zum Arzt. Dr. Klante konnte mir helfen. Einen Krankenschein brauchte ich nicht, nach den Ferien war alles wieder in Ordnung.

Im späten Frühjahr 1958 erhielt ich die Nachricht, dass ich nach den Sommerferien eine Eignungsprüfung in Kettwig abzulegen hätte. Diese Prüfung war praktisch vergleichbar mit der Begabten - Sonderprüfung, die als Ersatz für das Abitur galt. Inhalte waren mir im Groben mitgeteilt worden. Viele Unterlagen standen mir nicht zur Verfügung, aber große Angst hatte ich auch nicht, ich hoffte sehr, dass mir meine Oberschulzeit und vor allem mein Fernstudium weiterhelfen würden.

An selbständiges Lernen war ich auch noch gewöhnt. Bei schönem Wetter setzte ich mich manchmal bei einem Glas Wasser in den Biergarten der Kaiser-Friedrich-Halle, da ich schon immer besser im Freien lernen konnte.

Nebenher verdiente ich mir etwas Geld mit Nachhilfestunden, für die ich drei Mark pro Stunde bekam. Die Kinder kamen zu mir, das Geld verwahrte ich in einer Nescafe - Dose im Schrank. So sparte ich für die nächste Reise. Ich wunderte mich, wie viel Geld in so eine kleine Dose passte. Besondere Freude machte mir das Gewicht und immer wieder das Zählen der Fünfmarkstücke, denn für mich war es immer noch „Westgeld".

Der damaligen Mode entsprechend hatte ich mir bei einer Friseuse in Eicken eine Hochfrisur aufstecken lassen. Zum ersten Mal in meinem Leben gefielen mir meine Haare wirklich gut. Ich konnte sogar damit schlafen, vorausgesetzt, dass sie frisch gemacht waren. Wenn ich die Haare selbst aufsteckte, brauchte ich fast eine halbe Stunde für das Kunstwerk, aber die Zeit nahm ich mir. Jahrelang gab es in einem Schrank einen ganzen Schuhkarton voller Lockenwickler, Haarnadeln, allerhand Spangen, eine Art Topfreiniger als Unterbau für den „Dutt" und später sogar ein falsches Haarteil. Großes Vorbild für junge Frauen war Farah Diba, die zweite Frau des Schahs von Persien.

Das war aber auch das Einzige, was mich aus Königshäusern interessierte. Die ganze Palette der Regenbogenpresse konnte mir gestohlen bleiben. Wir lasen regelmäßig den „Stern", manchmal auch den „Spiegel". Daran änderte sich mein ganzes Leben lang nicht viel. Der „Stern" veröffentlichte damals die Geschichte der Flucht eines deutschen Kriegsgefangenen unter dem Titel „Einer kam durch".

Für die Vorbereitung der Prüfung in Kettwig hatte ich einen längeren Fragebogen auszufüllen. Unter anderem wurde gefragt, was ich zuletzt gelesen hätte. Wahrheitsgemäß gab ich besagten Romantitel an. Ich hätte natürlich viel besser politische Literatur genannt, die in der DDR nicht aufgelegt wurde, aber ich hatte in der DDR viel zu oft lügen müssen, das wollte ich für immer ablegen.

Hinzu kam, dass mich das immer noch nicht richtig bekannte Schicksal meines Vaters brennend interessierte. Ich suchte, hatte aber kaum Möglichkeiten, Antworten zu finden, und meine Zeit war sehr begrenzt. Erst musste ich mich voll und ganz auf meinen weiteren Berufsweg konzentrieren. Es gab für mich nie auch nur den geringsten Zweifel, einen eigenen Beruf und eine Familie zu haben.

Gegen Ende der Sommerferien fuhr ich mit dem Zug nach Wuppertal. Dort fragte ich mich zur Pädagogischen Akademie durch. Der Weg war weit, aber lange Wege war ich gewohnt. Geld für öffentliche Verkehrsmittel konnte ich sparen. Mir kam es darauf an, mich um eine Unterkunft zu kümmern. Ich hatte nämlich erfahren, dass ich das selbst machen musste. In Leipzig wurden solche Dinge automatisch bei der Anmeldung von der entsprechenden Studieneinrichtung geregelt, im Westen war jeder auf sich selbst gestellt, das hatte ich bereits kapiert.

Die Dame im Büro der Akademie schaute mich leicht irritiert an: „Bestehen Sie erstmal Ihre Prüfung." Wieder mal so ein Klatsch ins Gesicht.

Aber es tat nicht ganz so weh, Zweifel am Bestehen dieser Prüfung hatte ich nie.

Sie verwies mich an eine Studentin vom „Asta" und gab mir sogar deren Adresse. Also marschierte ich dorthin.

Leider traf ich nur die Mutter an, die Tochter war noch auf Urlaubsreise und würde erst am Tag des Semesterbeginns zurückkommen.

Unverrichteter Dinge fuhr ich nach Gladbach zurück.

Die dreitägige Prüfung in Kettwig fand vom 20. bis zum 22. Oktober statt. Vorab war eine Prüfungsgebühr von 30,- DM zu überweisen, für die Verpflegung sollten täglich 6,- DM bereitgehalten werden. Schlafen konnten wir im Studentenwohnheim, das war immerhin geregelt.

An alle Einzelheiten erinnere ich mich nicht mehr, wie immer blieb das Unangenehme besser haften. So saßen wir, vierzig bis fünfzig Leute unterschiedlichen Alters, in einem großen Raum und warteten auf jemanden, der uns das Thema für einen Aufsatz bringen sollte. Alle Aufgaben für die schriftliche Prüfung wurden im letzten Augenblick in einem großen, verschlossenen Umschlag gebracht, der erst in unserem Beisein geöffnet wurde. Fast zwei Stunden ließen sie uns da sitzen. Keiner wagte, den Raum zu verlassen. Das war purer Stress.

Immerhin tauschten wir untereinander die Ergebnisse der vorangegangenen Matheprüfung aus. Dabei entdeckte ich einen gravierenden Fehler. Es war der Preis eines 333 gestempelten Armbandes zu berechnen, angegeben waren das Gewicht des Armbandes und der Preis des Feingoldes. Ich hatte einfach multipliziert, mich über die Einfachheit der Aufgabe geärgert, aber den Stempel 333 übersehen. Pech gehabt. Alle anderen Aufgaben hatte ich aber offensichtlich richtig gelöst.

Vom Ergebnis erfuhren wir nie etwas. Den Titel des Aufsatzes weiß ich auch nicht mehr genau, ich weiß nur noch, dass wir unter vier Möglichkeiten wählen konnten.

Die mündlichen Prüfungen fanden vor einer Kommission statt. Die Gespräche waren recht entspannt. Ich blieb bis auf die Frage nach dem Kohleabbau am linken Niederrhein keine Antwort schuldig. Der Kohleabbau war mir aus meinem Fernstudium allerdings nicht bekannt. Nach Meinung der Prüfer hätte ich dies aber wissen sollen, schließlich lebte ich bereits ein Jahr in Mönchengladbach.

Die Prüfer waren allesamt Dozenten der Akademie, einige traf ich später auf der pädagogischen Akademie in

Wuppertal wieder. In guter Erinnerung blieb mir Frau Dr. Apel, einfach deshalb, weil sie mich außerhalb der Prüfung fragte, wie ich meine Frisur nach drei Tagen immer noch so in Ordnung haben könnte. Klar, ich schlief schon immer auf dem Bauch.

Studium in Wuppertal

In Gladbach gab es ein neues Problem für mich: Mein Zimmer auf der Blücherstraße hatte ich zum 31. Oktober gekündigt, in Wuppertal aber noch keine Unterkunft, denn das Semester begann ein paar Tage später, am 4. November. Meine wenigen Habseligkeiten hatte ich auf die Hohenzollernstraße zu den Jungs, besser gesagt, zu Eberhard gebracht, aber dort übernachten konnte ich nicht, die alte Schlippes ließ das nicht zu. Margret Joeres, wohnte in einem Appartement in Gladbach, die hatte wirklich keinen Platz. So wandte ich mich an Ingrid Reuter, sie wohnte noch zu Hause, ihr Vater war Pastor, sie hatten viel Platz. Aber sie lehnte ab. Im letzten Augenblick bot Elisabeth Kappes an, mich für die paar Tage aufzunehmen. Sie wohnte auf der Barbarossastraße, hatte auch nur einen Raum, aber irgendeine Liege wurde dazu gestellt.

Am Tag des Semesterbeginns fuhr ich schwer beladen nach Wuppertal. Mein Koffer blieb in der Gepäckaufbewahrung am Bahnhof, aber meinen geliebten Teddy -Boy, ein Kofferradio, das Eberhard mir zu Weihnachten geschenkt hatte, nahm ich in einer Tasche mit anderen notwendigen Sachen mit auf den Fußmarsch hinauf auf die Hardt.

Die Anmeldung war nach der bestandener „Eignungsprüfung" kein Problem, aber für die Vergabe der Zimmer war nach wie vor die Studentin vom „Asta" zuständig und die war noch immer nicht aus dem Urlaub zurück.

Ihre Mutter hatte wohl Mitleid mit mir, sie nannte mir eine Adresse unten in Elberfeld. Von anderen, denen es ähnlich erging, erfuhr ich später, dass sie sich einfach weigerten, die Akademie am Vortag des Semesterbeginns noch einmal zu verlassen. Sie nächtigten auf Pritschen im Sanitätsraum.

Ich trabte also wieder runter vom Berg, die Füße taten schon arg weh. Ohne Probleme fand ich das Häuschen, in dem eine freundliche ältere Frau mir öffnete und mir auch bereitwillig ein Zimmerchen mit einem frischen weißen Bett zeigte. Am liebsten wäre ich sofort hineingekrochen. Aber die Frau war nur die Beauftragte eines Pastors aus Wermelskirchen, Eigentümer war der Herr Pastor und selbständig vermieten durfte sie nicht.

Sie gab mir die Telefonnummer unter der ich den Pastor erreichen konnte, ich humpelte zur nächsten Telefonzelle und wählte. Am anderen Ende meldete sich dessen Haushälterin. Klick, war der erste Groschen weg. Bis der Herr Pastor gerufen wurde, klickte Groschen auf Groschen hinterher. Das Geräusch machte mich immer nervöser, besaß ich doch ganze 30,- DM, die es zu hüten galt wie meinen Augapfel.

Der fromme Mann beharrte darauf, mich erst einmal persönlich kennenlernen zu müssen. Da half kein Betteln, ich musste das Gespräch ohne Erfolg beenden. Diesmal hatte mein ohnehin schon gestörtes Verhältnis zu Kirchenmännern einen sehr großen Riss bekommen.

Ich humpelte, weil inzwischen meine Fersen blutig gescheuert waren, zurück ins Zentrum, dort hatte ich eine Gaststätte gesehen. An der Theke fragte ich nach Unterkunftsmöglichkeiten für eine Nacht. Es war nur eine simple Kneipe, und es gab keine Übernachtungen.

Draußen war gegenüber einem Zaun ein Mäuerchen, dort hockte ich mich hin und fing an zu heulen. Schlagartig wurde mir bewusst, dass es zum ersten Mal in meinem Leben eine Situation gab, in der ich ganz allein auf mich gestellt nicht wusste, wo ich in der bevorstehenden Nacht bleiben könnte.

Als ich damals mit Annelies auf Fahrradtour war, hatten wir solche Situationen als Abenteuer genossen. Zur Not wäre ich immer irgendwie auch nach Hause gekommen, aber jetzt gab es nichts, absolut nichts, wo ich hätte bleiben können. Mit 30,- DM in ein Hotel? Das Geld sollte für den ganzen Monat reichen! Telefonieren? Mit wem? Eberhard war telefonisch nicht zu erreichen. Es hätte auch nichts genutzt, am nächsten Tag begann das Semester. Ob es am Wuppertaler Bahnhof einen Warteraum gab, wusste ich nicht, aber ich dachte für wenige Augenblicke daran, mich in einen Zug zu setzen und nach Saupersdorf zurück zu fahren.

Natürlich verwarf ich den Gedanken so schnell, wie er gekommen war. Also wieder in die Kneipe und nach einem Hotel gefragt.

Ganz in der Nähe gäbe es das Hotel „Trichter" erklärte mir der Wirt, und ich zog wieder los.

Dort gab es tatsächlich ein billiges Zimmer. Schlafen konnte ich so gut wie gar nicht, meine Füße waren eisig. Am Morgen brachte mir der Kellner ein kleines Butterbrot in einen Vorraum und sagte mir, ich solle doch am Abend wiederkommen, er hätte für mich eventuell eine Beschäftigung. Nach der Bezahlung blieb von meinem Geld sogar noch einiges übrig.

Die Welt sah schon wieder anders aus. Insbesondere dann, als ich mir aus meinem Koffer am Bahnhof andere Schuhe geholt hatte. Ich kam sogar pünktlich auf der Hardt an, bekam eine neue Adresse für ein Zimmer und landete noch am gleichen Tag „Am Hombüchel" bei Familie Dördelmann. Die Dördelmanns waren schon alt, hatten eine geistig behinderte Tochter, deren Hauptaufgabe es war, in meinem Zimmer den Ofen anzuheizen. Ich fühlte mich von Anfang an geborgen.

Die Leute wohnten wahrscheinlich schon lange dort. Mami vergaß einmal die Hausnummer und schrieb einfach: „Wuppertal - Elberfeld, Am Hombüchel bei einem alten Ehepaar" - der Brief kam tatsächlich an.

Der erste Tag auf der Hardt hatte viel Neues gebracht. Jeder musste für sich entscheiden, welche Vorlesungen gehört werden sollten. Am Ende jeder einzelnen Vorlesung holte man sich sein Testat ab, der Dozent schrieb sein Kürzel ins Studienbuch. Was war wichtig, was war unbedingt für die Prüfung notwendig und was war interessant? Unter Umständen überschnitten sich auch noch zwei Vorlesungen, so dass man sich für eine entscheiden musste.

Meine erste Wahl fiel auf Erdkunde bei Professor Brockhaus. Schon bald stellte ich fest, dass das meine beste Entscheidung war.

Ziemlich schnell hatten wir uns zu einer Gruppe zusammen gefunden, allesamt ehemalige SBZ-Lehrer. Der älteste, der dabei war, stammte aus Glauchau, er war mitsamt seiner letzten Abiturklasse abgehauen. Auch er hatte die Eignungsprüfung in Kettwig ablegen müssen.

Hospitationsstunden an Volksschulen in Wuppertal waren recht selten. Einmal hielt eine ganz normale Studentin eine Lesestunde. „Gerdauen ist doch schöner" hieß das Lesestück. Sicher war es inhaltlich nicht gerade leicht, ging es doch um ein Flüchtlingskind, das sich in seiner neuen Umgebung nicht richtig zurecht fand. Der jungen Studentin fehlte es dabei an Lebenserfahrung.

Sie machte die Stunde einfach zu einer Leseübung. Wir alten Hasen hielten uns aber mit unserer Kritik zurück und sprachen nur unter uns darüber. Irgendwann fiel später aber doch mal der Satz: „Was könnten wir alles machen, wenn sie uns alle an eine Schule ließen. Wir würden eine Musterschule aufbauen!"

Unsere Ausbildung in Leipzig war in vieler Hinsicht hervorragend und praxisbezogen gewesen. Vergeudeten wir hier unsere Zeit?

Ich erinnere mich aber auch an eine ganze Reihe von erfreulichen Vorlesungen. So z.B. wenn der dicke Professor Collatz eine Vorlesung über Synonyme im Laufschritt zur Tür beendete mit den Worten: „Merken Sie sich bitte vor allem eins: Synonyma gibt es eigentlich gar nicht!"

Mit dem Erdkundeprofessor waren wir einige Male auf Exkursion. Ich hatte mich zuvor einmal mit ihm angelegt, als er über die Eiszeit sprach und uns erklärte, wie man am Gestein die Fließrichtung der Gletscher erkennen könne. Dazu gab es ein Bild, das eine deutliche Stufe von einigen Zentimeter Höhe im Untergrund aus Granit zeigte. Mit einem Pfeil zeigte er an der Tafel die Fließrichtung des Eises. Meiner Meinung nach war die Richtung aber genau umgekehrt. Ich meldete mich und konnte auch meine Meinung begründen, aber er wies das als falsch zurück.

In der nächsten Vorlesung präsentierte ich ein Bild aus einem geologischen Lehrbuch – aus Leipzig. Es half nichts – dann sei der Untertitel eben falsch. Ich glaubte ihm nicht, notierte das aber im Buch.

Auf einer späteren Exkursion im Gebiet des Kaiserstuhles wanderten wir an einem verlassenen Steinbruch vorbei. Brockhaus drückte mir ein Lehrbuch in die Hand mit den Worten: „Sie haben einen halbe Stunde Zeit, dann bin ich mit der Gruppe zurück und Sie erklären uns die geologischen Schichten dieses Aufschlusses!"

Das machte mir einen riesigen Spaß. Es war zwar gar nicht so einfach, weil die Wand schon stark verwittert und auch teilweise bewachsen war, aber er war mit meinen Erklärungen zufrieden. Als ich ihn zwei Jahre später bei einer geologischen Tagung wieder traf, fragte er mich, ob ich inzwischen auch wieder wissenschaftlich gearbeitet hätte. Ich musste dies leider verneinen, aber allein die Frage tat unendlich gut.

Durch meinen Dialekt war ich mehrmals aufgefallen. Einmal wollte eine kleine Gruppe etwas mit verschiedenen deutschen Dialekten vorbereiten, sie fragten mich nach einem witzigen Beitrag, aber aus der Sache wurde dann doch nichts.

Besser klappte es in einer anderen Hilfsleistung meinerseits. Da man mich gar nicht anders kannte als mit

Strickzeug, bat mich ein Mädchen, ihr doch Topflappen zu häkeln. Sie wollte ihre Prüfung für Handarbeiten vorbereiten und dazu musste sie Topflappen abgeben.

Nichts leichter als das, ich bekam sogar Geld für den Betrug, aber ich war so knapp bei Kasse, ich hatte überhaupt keine Skrupel. Die Topflappen waren auch wirklich schön.

Ja, das leidige Geld. Ich wollte einen Antrag auf staatliche Unterstützung nach dem „Honnefer Modell" stellen, aber man sagte mir, dass ich Anspruch auf Waisenrente hätte, weil ich Halbwaise sei.

Also auf zum Sozialamt nach Wuppertal-Barmen. Eingehend befragte mich der Beamte nach meinen familiären Verhältnissen. Nach Eltern, besser gesagt nach Mutter und Geschwistern, wurde in allen Einzelheiten gefragt, obwohl alle in der SBZ lebten. Dann sollte ich Unterlagen über den Tod meines Vaters beibringen. Natürlich hatte ich nichts in der Hand.

Ich wurde befragt, wo mein Vater denn gefallen sei. Ich wusste nur: Oythe und Vechta, dazu auch noch die unterschiedlichen Angaben: 12. oder 13. April 1945.

Barsch fauchte mich der Beamte an: „Da waren überhaupt keine Kämpfe!"

Ich war dem Heulen nahe und wäre am liebsten davongelaufen. Hielt der mich für eine Lügnerin? Er wurde aber wieder freundlicher, als ich ihm von den beiden unterschiedlichen Nachrichten und von dem Umschlag berichtete, den man uns mit den wenigen Sachen geschickt hatte, die unser Vater bei sich trug.

Von Vechta bekam ich später eine amtliche Bescheinigung über Vatis Tod, eine Urkunde gab es nicht.

Kurz vor Weihnachten steckte mir Professor Harder einmal klammheimlich 30,- DM zu. Woher er wusste, dass es mir finanziell nicht gerade gut ging, weiß ich nicht, aber ich habe das mein Leben lang nicht vergessen. Mir wurde aber auch bei verschiedenen Gesprächen und Diskussionen klar, dass er politisch sehr weit links stand. Ich kam in der Wuppertaler Zeit überhaupt noch nicht klar in der Politik. Mich störten sogar rote Fahnen.

Einmal gab es abends eine Diskussionsrunde über die DDR – wir sprachen allerdings immer noch ganz überzeugt von der SBZ. Als jemand von einer zunehmenden Liberalisierung dort redete, platzte mir bald der Kragen, aber ich sprach nur leise mit meiner Nachbarin, dass ich ganz anderer Meinung sei.

Zu dieser Zeit beteiligte ich mich noch lange nicht an solchen Diskussionen.

Das änderte sich erst, als ich Frau Prof. Dr. Renate Riemeck kennenlernte. Ihre Geschichtsbücher begeisterten mich. Ihre Vorlesungen waren lebendig, man merkte, dass sie sich vehement für Schwache, Unterdrückte und deren Nöte engagierte. Vor allem konnte sie andere in ihren Bann ziehen, überzeugen und mitreißen. Viel später entdeckte ich ihr Konterfei in Willich auf einem Plakat. Sie kandidierte für die DFU (Deutsche Friedens Union) für den Bundestag. Sie war allerdings auch die Ziehmutter von Ulrike Meinhof.

Das erste Semester war schnell um, es war nicht gerade effektiv, es fehlte uns einfach an Orientierung. Ende Februar 1959 – ich hatte beim Schulamt einen Antrag auf Unterrichtserlaubnis gestellt – bekam ich Bescheid vom Schulamt, dass ich mit fünfzehn Wochenstunden an der Volksschule in Windberg bis zum Beginn der Osterferien arbeiten könnte. Die Vergütung pro Stunde lag bei 4,80 DM.

Die Arbeit gefiel mir gut, ich bekam ein drittes Schuljahr. Eines Tages brachte man mir einen neuen Schüler. Er fiel sofort durch seinen Dialekt auf, er kam nämlich aus Leipzig -Markkleeberg. Ich kümmerte mich etwas intensiver um ihn, weil er nicht gut Kontakt bekam. Nach ein paar

Tagen fragte ich ihn, ob es ihm denn inzwischen bei uns gefiele. Die Antwort erfolgte prompt: „Nee, iberhaubt nich!"

Auf mein erstauntes „Warum?" kam:

„Iberrall stehn Heiser, un vorsteehn kannste ooch keen."

Ich wusste genau, wie er sich fühlte, er tat mir richtig leid.

Eine andere Begebenheit passte genau in die damalige Zeit. Ich hatte mir wirklich viel Mühe gegeben, die Kinder intensiv kennenzulernen, um ihren Wissensstand richtig beurteilen zu können. Ich musste ihnen in sehr kurzer Zeit Zeugnisse ausstellen.

Bei einem Jungen war Hopfen und Malz verloren, ich hielt es für besser, ihn die Klasse wiederholen zu lassen und trug das in der Lehrerkonferenz vor. Darauf ein Kollege: „Das können Sie auf gar keinen Fall tun. Sein Vater ist doch Beamter im Wohnungsamt!"

Mit solch wichtigen Leuten durfte man sich damals nicht anlegen. Leider erfuhr ich nie, was aus der Sache wurde. Ich musste schließlich wieder nach Wuppertal.

Das zweite Semester verlief wesentlich effektiver. Wir wussten auch schon bald, dass wir am Semesterende zur ersten Lehrerprüfung zugelassen werden sollten.

Diese Prüfung sollte von uns ohne Einschränkung genauso abgelegt werden wie von Studenten, die bereits fünf oder sechs Semester hinter sich hatten.

Bezüglich der Didaktik und der Unterrichtspraxis war das kein Problem, zumal ich den Eindruck hatte, dass die meisten Professoren und Professorinnen uns durchaus wohl gesonnen waren. Mulmig war mir nur in Fächern wie beispielsweise „Geschichte der Pädagogik". Aber auch mein Selbstbewusstsein war gewachsen. Unsere seminaristische Ausbildung in der DDR und die mittlerweile

über fünf Jahre andauernde Praxis hatten viel dazu bei-
getragen.

Das leidige Geld

Bei Erdkunde und damit bei Professor Brockhaus wollte ich auf jeden Fall bleiben. Für Pfingsten 1959 bot dieser eine tolle Exkursion ins Kaiserstuhlgebiet an. Ich zögerte aber lange, ob ich überhaupt mitmachen könnte. Geld bekam ich nämlich immer noch nicht, und so viel verdiente Eberhard auch nicht, dass er mir noch mehr geben konnte.

Es klappte aber schließlich doch. Die ganze Tour gehört zu den schönsten, die ich je mit einer Gruppe unternommen hatte. Natürlich fuhren wir nur mit dem Zug und wanderten stundenlang mit dem Rucksack. Manchmal legten wir alle unsere Rucksäcke einfach auf einem Bahnsteig ab, unbewacht auf einem Haufen. Nie fehlte etwas. Es waren ja auch keine Reichtümer darin. Markenklamotten kannten wir noch nicht, für Zahnbürsten und Schlafanzüge interessierte sich niemand. Das wenige Geld steckte ohnehin im Brustbeutel.

Nur zwei Mal leistete ich mir einen Superluxus.

In der Mittagszeit hockte unser Professor mit einigen ganz Getreuen irgendwo auf einer Wiese und kaute seine Körner und seine Nüsse, denn er war Vegetarier. Mit einigen anderen schlich ich mich in eine Gaststätte, dort gab es Bockwurst mit Brötchen und eine Limo. Noch während wir genussvoll mampften, erschien unser Brockhaus: „Solche Kannibalen", knurrte er angewidert. Die Wurst schmeckte trotzdem.

Anderntags fuhren wir mit einer Fähre am Rheinfall von Schaffhausen hinüber auf Schweizer Gebiet. Zum ersten Mal im Leben in der Schweiz.

Natürlich wollte ich Eberhard irgendetwas mitbringen. Ich erstand eine Schachtel Streichhölzer. In Deutschland gab es noch das Streichholzmonopol und auf allen Schachteln stand die Aufschrift „Welthölzer" – wie langweilig. Das passte sogar nicht zu meinem

Eichhörnchentrieb. In der Schweiz waren die Schachteln bunt

Und es gab die wunderbare Schokolade „Tobler - o - Rum", die schmeckte einfach köstlich und enthielt in Rum getränkte Rosinen. Nicht zu fassen, die 100 Gramm Tafel kostete 50 Pfennige. Eine Tafel konnte ich mir leisten, aber sie war schnell weggenascht.

Eines unserer Mädchen konnte sich nicht beherrschen, sie verdrückte gleich zwei oder drei Tafeln. Kein Wunder, dass sie sich auf der Rückfahrt mehrfach übergeben musste. Die schöne Schokolade!

Beschwerlich war der Fußweg von Breisach nach Neuf Brisach. Es war heiß und die Rucksäcke mussten mit, wir wollten in einer französischen Jugendherberge übernachten. Aber wir wurden durch tolle Erlebnisse entschädigt: ich sah zum ersten Mal eine Schleuse in Funktion, und der Museumsbesuch mit dem Isenheimer Altar beeindruckte mich nachhaltig.

Die Nacht im großen Schlafsaal war recht unruhig, im nahen Park schrie eine weibliche Stimme fürchterlich um Hilfe, natürlich auf Französisch, doch dafür brauchten wir keinen Dolmetscher. Aber wir verhielten uns mäuschenstill, keiner hätte sich nach draußen getraut.

Die gesamte Exkursion dauerte etwa fünf bis sieben Tage, ein Tag schöner als der andere. Nur einmal regnete es während einer längeren Wanderung anhaltend. Alle waren durchnässt, aber nicht kalt. Brockhaus meinte nur, an diesen Regentag würden wir uns später viel mehr erinnern als an die Sonnentage, und er behielt Recht.

In diesen Tagen nahm ich alles Neue wie ein vertrockneter Schwamm auf und genoss es dankbar, dass ich dabei sein konnte. Ich diskutierte sogar einmal beim Wandern mit Brockhaus über die Grundzüge des Marxismus - Leninismus und gab dabei zu, keine Gegenargumente zu finden. Für mich eine tolle Erfahrung, sich ohne Angst vor Repressalien mit einem Professor auseinander zu setzen und in einem solchen Gespräch sogar eine andere Meinung vertreten zu können.

Schade, dass ich meinen Fotoapparat nicht mit hatte, aber Geld für Filme hatte ich sowieso nicht. Ein Diafilm kostete 13,50 DM und die hatte ich eben nicht.

Außerdem war der Fotoapparat so etwas wie eine eiserne Reserve für Notzeiten, dazu hatte ich ihn damals mit in den Westen genommen.

Ich hatte sogar schon mal versucht, ihn auf einer Fotoausstellung zu verkaufen. Aber sobald die Leute hörten, dass mein kostbares Stück in der DDR hergestellt war, boten sie nur noch einen lächerlichen Betrag. Im Westen kostete das gleiche Modell um die 500,- DM, ich hatte für meine „Contax F" etwa 700 Ostmark bezahlt. Aber für den geringen Preis, für den ich sie hergeben sollte, behielt ich sie lieber selbst. Diese Entscheidung brauchte ich auch nie zu bereuen, sie leistete mir über viele Jahre gute Dienste, auch wenn es umständlich war, mit dem russischen Belichtungsmesser separat zu hantieren und Entfernungen im Nahbereich mit einem Stöckchen zu messen. Ich liebte das kostbare Stück.

Am Hombüchel hatte ich mich sehr gut eingelebt. Oft kam Eberhard, der auch „Lemming" genannt wurde, mich am Wochenende besuchen. Sobald die Dördelmanns schliefen, schlich er sich in mein Zimmer. Wenn die Tochter morgens den Ofen anmachte oder den Kaffee brachte, versteckte er sich im Schrank. Sobald sie weg war, schlich er wieder ins Treppenhaus und klingelte mehrmals. Ein Glück, dass die beiden Alten schwer hörten. Das ging alles aber nur dann, wenn meine Mitbewohnerin, die ich im zweiten Semester hatte, über das Wochenende weggefahren war.

Der alte Schlippes in Mönchengladbach wäre so ein Theater niemals entgangen, die kannte sogar die Inhalte der Päckchen, die ich nach und nach mit etlichen Sachen von mir vorausgeschickt hatte.

Es war aber so, dass uns einfach auch das Fahrgeld fehlte, um zwischen den einzelnen Besuchen hin- und her zu fahren.

Zu Beginn des zweiten Semesters Anfang 1959 hatte ich einen Antrag auf „Förderung für zugewanderte Studenten" gestellt. Als mit der Zulassung zur Prüfung auch gleich die Aufforderung kam, 30,- DM Prüfungsgebühren zu zahlen, musste ich zwangsläufig einen Antrag auf Erlass stellen. Das geschah am 1. März.

Schon am 10. März erhielt ich darauf eine Antwort Die Akademie hatte dem Prüfungsamt mitgeteilt, dass ich am 2. März eine Eingliederungsbeihilfe in Höhe von 1.200,- DM bekommen hatte. Das war eine Menge Geld und damit selbstverständlich, dass ich 30,- DM Gebühren davon bezahlen konnte.

Ich staunte nicht schlecht, wie schnell die Behörden arbeiten konnten, wenn es darum ging, einen Antrag ablehnen zu können. Ein Dreivierteljahr hatte mich außer Professor Harder niemand gefragt, wovon ich eigentlich lebte. Allenfalls musste ich mir niederträchtige Bemerkungen gefallen lassen wie den Satz des Angestellten beim Sozialamt: „Wie weit wollen Sie eigentlich noch sinken?"

Dabei hatte ich doch nur wahrheitsgemäß gesagt, dass mein Verlobter mich unterstützt.

Nach dem Geldsegen beschlossen wir, sobald wie möglich zu heiraten.

In Mönchengladbach bestellten wir das Aufgebot und kauften ein ganz schickes Kostüm. Dieses war aus einem sehr weichen, dunkelblauen gewirkten Wollstoff gefertigt, voll gefüttert und eigentlich zu warm für den Sommer. Aber ich trug es jahrelang gern und fühlte mich damit immer gut angezogen. Weiße Schuhe und eine weiße

Kopfbedeckung, mehr ein breiter Bügel als ein Hut, aber das Ding passte zu meiner Frisur, kaufte ich ganz allein in Wuppertal. Als ich als Braut mutterseelenallein durch die Geschäfte schlich und Sachen für meine Hochzeit einkaufte, hatte ich an meinem Heimweh schwer zu schlucken.

Die Hochzeit fand am 26. Juni 1959 bei Mary und Paul Weigel, Marys Eltern und mit den Kindern Uli und Brigitte in Rheydt statt. Weitere Gäste waren Gerda und Willy Kuhlen, Siegfried Krause, Bodo Meerrettich und Achim Jung. Wir waren also dreizehn Hochzeitsgäste. Mary und Paul holten uns auf der Hohenzollernstraße ab, dann ging es zum Standesamt. Obwohl es noch Vormittag war, donnerte es heftig, ein Gewitter zur Hochzeit. Paul filmte sogar, es gab einen kleinen Film, in dem Eberhard mit einer Spülbürste in der Hand an einem Ast herumturnte. Er konnte immer mit seinen Albereien andere zum Lachen bringen, ich mochte das.

Wir waren bei Mary und Paul aufgenommen worden, als wären wir Familienmitglieder. Paul stammte ebenfalls aus Saupersdorf, unser Dialekt verband uns, obwohl Paul sich sprachlich sehr dem rheinischen Dialekt anzupassen versuchte. Sie nahmen uns sogar manchmal sonntags zum Skifahren mit in die Eifel. Auch bei Familienfesten waren wir immer dabei. Marys Eltern, Oma und Opa Keller, führten ein ganz offenes Haus. Sie alle ersetzten uns in den ersten Jahren eine Familie. Einige Male machte ich mit Uli Schularbeiten, es war eine schöne Zeit.

Aber ich machte auch meine ersten Erfahrungen mit Eberhards Alkoholkonsum.
Bei den Weigels wurde nur in Maßen getrunken, aber Mary hatte einen Cousin, der konnte genauso gut zulangen wie Eberhard. Der Cousin vertrug das auch, Eberhard aber wurde es schlecht. Dann hockte er mit dem

Eimer auf dem Sofa, musste sich übergeben und jammerte, während ich heulend daneben saß und mich schämte. Die anderen waren entweder schon nach Hause gefahren oder schliefen, aber ich fühlte mich verantwortlich. Zum Glück geschah das nicht all zu oft.

Unmittelbar nach der Hochzeit begann die Abschlussprüfung in Wuppertal. Ich war guter Dinge und freute mich, dass jetzt noch mein Name geändert werden musste. Ich war stolz, verheiratet zu sein.

Aus der Prüfungskommission fragte jemand, ob mein Mann aus Wuppertal stamme, da gäbe es den Namen Tippmann häufiger. Ich verneinte und erzählte, dass es in Mönchengladbach nur einen Tippmann gäbe. Ich wusste es genau, weil Eberhard einmal ein Portemonnaie verloren hatte. Da sein Name darin stand, war es für das Fundamt leicht, den Besitzer zu finden, es gab nur einen Tippmann in der Stadt. Diese Geschichte gefiel dem anwesenden Professor für Psychologie aber nicht. Bissig bemerkte er: „Sie denken natürlich schon wieder, Sie wären etwas Besonderes."

Das saß! Hielt der mich für eine Angeberin? Hatte er vielleicht ein gestörtes Verhältnis zu SBZ - Flüchtlingen? Das hätte mich nach meinen bisherigen Erfahrungen nicht gewundert. Darüber zu grübeln war jetzt allerdings überhaupt keine Zeit. Nach einigen Fragen aus der Runde war er mit der Prüfung an der Reihe. Er fragte nach einer Definition von Intelligenz. Meine Antworten befriedigten ihn nicht, das konnte ich seinem Gesicht nur allzu deutlich ansehen. So versuchte ich, ein Beispiel zu bringen.

„Sie immer mit ihren Beispielen! Ich habe nach einer Definition gefragt", fauchte er. Diese konnte ich aber nicht nennen. Mein Herz schlug bis zum Hals, ich hatte keine Chance. Ich wusste nicht, dass er ein Buch zum Thema geschrieben hatte.
Er wollte unbedingt seine darin niedergeschriebene Definition hören, aber ich hatte keinen blassen Schimmer. So

wurde ich mit einer Vier bestraft, das bedeutete, dass auf meinem Abschlusszeugnis nur „bestanden" erschien. Jeder andere wäre vielleicht zufrieden damit gewesen, aber für mich war es die größte Schlappe, die ich bis dahin in all meinen Prüfungen erlitten hatte. Bis Mönchengladbach heulte ich im Zug wie ein Schlosshund.

Wo liegt denn Willich?

Schon von Wuppertal aus hatte ich an den Regierungspräsidenten geschrieben und um Einsatz in Mönchengladbach gebeten. Ich wollte an die Charlottenschule zurück und meine alten Kollegen wünschten das auch. Es
stand sogar schon fest, welche Klasse ich übernehmen
sollte.

Da noch eine Menge Geld von der Eingliederungsbeihilfe übrig war, buchten wir kurz entschlossen bei Necker-
mann eine Reise ins Kleinwalsertal. Schulbeginn sollte
am 12. August sein, es genügte also, wenn wir am 11. August zurückkämen.

Glücklicherweise ließen wir uns aber die Post nachschi-
cken. Kurz vor der Rückfahrt vom Kleinwalsertal erhielt
ich brieflich die Einweisung nach Willich.

Keiner von uns beiden hatte je etwas von Willich gehört.
Wir liehen uns einen Atlas und suchten und suchten,
aber in einem österreichischen Schulatlas fanden wir
natürlich nichts. Plötzlich rief der Lemming: „Ich glaub'
ich war schon mal dort, die haben ein großes Schützen-
fest, da können wir hin."

Und so war die Entscheidung auch schon gefallen. Ich
wäre sowieso nie auf die Idee gekommen, einer Anweisung des Regierungspräsidenten zu widersprechen.

Ich schrieb nur sofort einen Entschuldigungsbrief ans
Schulamt in Kempen, in dem ich erklärte, dass ich nicht
rechtzeitig zum Vorstellungsgespräch kommen könne.

Mit öffentlichen Verkehrsmitteln war es recht umständlich, von Mönchengladbach nach Kempen und dann weiter nach Willich zu kommen, auch wenn es damals noch
die Bahn und auch die Straßenbahn gab. Ich erreichte die
Schule in Willich erst, als die Kinder schon nach Hause
gegangen waren.

Aber der Schulleiter wohnte neben der Schule und zeigte mir alles, was ich wissen wollte. Später erfuhr ich, dass

er den anderen Kollegen erzählte, ich sei „eine Vornehme". Ich hatte mein schickes Hochzeitskostüm an, ich besaß ja nichts anderes.

Da wir endlich verheiratet waren, konnte ich jetzt auch mit auf der Hohenzollernstraße wohnen.

Achim Jung war zwischenzeitlich ausgezogen und wir hatten das winzige Zimmer, das nur vom oberen Absatz der Treppe aus zugängig war, dazu bekommen. Die Zimmerchen hatten nur schräge Wände, man musste sich ständig bücken. Im Zimmer zur Straße hatten gerade mal drei Betten Platz, da schliefen die Männer. Das andere kleine Zimmer zur Straße war meins, darin stand nur ein Bett, aber uns reichte das. Am Ende des kleinen Flurs gab es sogar ein Bad mit Wanne, Toilette und Waschbecken, aber es hatte kein Fenster, nur eine „Kölner Lüftung".

Hinten befand sich das Wohnzimmer, der einzige Raum, den man mit einem Miniofen heizen konnte. An der Außenwand stand sogar ein uraltes Sofa, halb unter der Schräge. Mitten im Raum gab es einen Tisch mit vier Stühlen. Immerhin konnten alle vier Bewohner gleichzeitig dort sitzen und essen.

Es gab sogar ein recht großes, funktionierendes Radio. Es stand links neben einem offenen Durchgang zur „Küche". Diese war ein schmaler abgetrennter Verschlag, der von einem riesigen Schrank beherrscht wurde, in dem alle Klamotten Platz fanden.

Küchenutensilien gab es keine. Auf dem Fußboden stand links neben dem Durchgang direkt vor der Seitenwand eine elektrische Kochplatte. Darauf kochte ich sogar Klöße für vier Personen. Das Sofa diente mir dabei wie eine Kochkiste aus der Nachkriegszeit. Mittels Decken und Kissen konnte ich Kartoffeln, Gemüse oder Nudeln warm halten, bis der Rest fertig gekocht war. Rechts in einer Nische gab es in dem Küchenverschlag einen Durchlauferhitzer über einem Spülstein.

Die Jungs spülten bis zu meinem Einzug unter fließend heißem Wasser und wunderten sich über den hohen

Stromverbrauch. Ich schaffte zuerst eine Spülschüssel an und reduzierte damit die Kosten deutlich.

Die meiste Zeit kochte ich für alle. Ich kaufte ein, schrieb alles auf, und am Ende der Woche zahlte jeder sein Viertel.

Im Sommer 1959 pflückte ich eimerweise Brombeeren. Ein paar Minuten vom Haus entfernt befand sich eine alte Müllhalde, das ganze Gelände bis zum Borussenstadion war noch nicht bebaut, dort wuchsen herrliche, dicke Brombeeren. In der Schule versteckte ich meine verfärbten Hände, aber wir hatten köstliches Brombeergelee.

Nach dem ersten Urlaub im Bayerischen Wald kam auch noch Himbeersaft dazu. Zur besseren Konservierung hatte ich sogar einmal ein winziges Fläschchen Rum gekauft, Zellophanpapier damit getränkt und auf das Gelee gelegt, aber keinen Tropfen davon genascht.

Aber es gab auch bittere Erfahrungen. Die alte Schlippes hatte inzwischen das Haus verkauft und war ausgezogen. Die neuen Besitzer, Familie Frank, bewohnten die erste Etage, Familie Janotta wohnte im Souterrain. Alle konnten nach dem Verkauf bleiben. Mit den Franks freundeten wir uns sogar an. Er war spät aus der Gefangenschaft gekommen und liebte das Feierabendlied von Johann Günther über alles. Frau Frank konnte gut nähen, sie hatte mir sogar eine Bluse aus Plauener Spitze zu meinem Hochzeitskostüm genäht. Die Spitze hatte mir Oma Tippmann geschickt. Trotz der beengten Wohnverhältnisse fühlte ich mich wohl.

Das erste Jahr war in mancherlei Hinsicht hart. Ich musste morgens sehr früh raus. Mit dem Bus fuhr ich von der Hohenzollernstraße nach Neuwerk, dort hatte ich Anschluss zum Bus nach Schiefbahn. An der Tupsheide stieg ich in die Straßenbahn, die damals noch über Willich nach Krefeld fuhr. Von der Kirche aus musste ich dann zu Fuß bis zur Schule.

Morgens mochte das noch angehen, Bus und Straßenbahn waren meist auch pünktlich. Aber nachmittags war der Anschlussbus in Neuwerk manchmal weg, dann musste ich eine ganze Stunde warten. Natürlich suchten wir von Anfang an nach einer Wohnung in Willich, was sich aber als sehr schwierig erwies. Ständig sprach ich bei dem damaligen Gemeindedirektor Albert Krewinkel vor, aber helfen konnte dieser mir auch nicht.

Eines Tages bot mir ein Kollege Hilfe an. Er hatte sich eine „Isetta", auch „Adventswägelchen" genannt, zugelegt. Fortan konnte ich fast eine halbe Stunde später losmarschieren. Etwa zehn Minuten brauchte ich bis zur Viersener Straße. Wunderbar, wenn das Gefährt herantuckerte. Unverkennbar, weil es die Einstiegstür vorn quer hatte. Der Spitzname „Adventswägelchen" leitete sich vom Lied „Macht hoch die Tür" ab. Der Kollege, Bruno Eichler, wohnte gar nicht an der Viersener Straße, aber er musste morgens seine Frau bis zur Niersbrücke nach Viersen bringen, von wo sie dann mit dem Bus noch weiter bis zu ihrer Schule fuhr.

Wir tuckerten über Bönninghausen nach Willich. Die Heimfahrt erfolgte dann wie gehabt mit Straßenbahn und Bussen.

Ein paar Wochen ging das gut, aber dann wartete ich eines Montags vergeblich auf meinen freundlichen Helfer. Er war am Sonntag mit seinem Segelflugzeug in Mönchengladbach aus geringer Höhe abgestürzt und lag schwer verletzt im Krankenhaus.

Im Frühjahr 1960 stieg ich kurzer Hand aufs Fahrrad um. Da ich keinen Stadtplan besaß, nahm ich nicht den kürzesten Weg, sondern den Radweg bis Neersen und dann über Bönninghausen und über die damals sehr enge, holprige und radweglose Anrather Straße.

Bei schönem Wetter war das alles kein Problem, aber wehe, wenn es regnete. So manches Mal hingen meine nassen Klamotten am Kartenständer und ich unterrichtete im Sportzeug. Ein Problem war das aber nicht, Hauptsache ich war rechtzeitig da.

Währenddessen ging meine Wohnungssuche unverdrossen weiter. Mir entging keine Baustelle, ich hatte auch keine Hemmungen, überall nach Wohnraum zu fragen.

Genau gegenüber der Schule wurde gerade ein neues Haus errichtet und ich fragte selbstverständlich auch dort nach einer Mietwohnung. Es hätte auch beinahe geklappt, aber dann entschied die dort bauende Familie Wilzer doch anders, denn sie hatten zwei Söhne im heiratsfähigen Alter. Aber auf der Wilhelmstraße sollte im Herbst 1960 ihre alte Wohnung frei werden. Das war etwas für uns!

Oben wohnten noch die Eltern Oma und Opa Lukaschewitz und es gab sogar einen Garten. Dieser Garten hatte auch noch ein Törchen, das direkt auf mein Schulgelände führte.

Dort, wo heute der zweistöckige Neubau steht, gab es einen Trampelpfad bis zu Wilzers Neubau. Ein Getreidefeld reichte bis an die Fenster des flachen Mittelbaus und bis zum Friedhof reichte der Blick über freies Feld. Wir warteten also auf unseren Umzug.

Unser erstes Auto kauften wir im Frühjahr 1960.Es war ein gebrauchter VW. Immerhin hatte dieser schon ein breiteres, ungeteiltes Heckfenster. Eberhard hatte gerade den Führerschein gemacht und fuhr nun täglich von der Hohenzollernstraße nach Rheydt ins Büro, während ich manchmal sogar zwei Mal täglich nach Willich strampeln musste. Es machte mir nichts aus, hinderte mich aber nicht daran, an den Führerschein zu denken.

In der Schule entdeckte ich ein willkommenes Angebot: Führerscheinerwerb für angehende Verkehrserziehungslehrer. Ganz klar, dass ich das werden wollte. Ich meldete mich an und bekam tatsächlich den Zuschlag.

Das Auto brachte noch einen weiteren Vorteil. Im Sommer 1960 konnten wir das erste Mal auf eigene Faust in den Urlaub fahren. Der Bayerische Wald war unser Ziel. Wir fuhren einfach aufs Geratewohl, bis uns die Berge hoch genug erschienen und die kleinen, schnuckeligen Dörfer zum Bleiben einluden. In Drachselsried setzten wir uns gegen Abend auf dem Dorfplatz auf eine Bank und fragten vorbeigehende Leute nach einer Unterkunft. Sehr bald schickte man uns in Richtung Sägewerk. Dort entdeckten wir am Ende etlicher großer Bretterstapel ein ansprechendes Häuschen – unten weiß getüncht und oben alles aus dunklem Holz – alt, aber schon durch die Nähe des Sägewerks heimelig wie auf dem Holzplatz vom Möckels Gustav, meinem Urgroßvater. Ich fühlte mich sofort wie zu Hause. Unten gab es sogar einen kleinen Laden. Nur das Klo in der Werkstatt vom Besitzer war grausig, der Gestank trieb uns die Tränen in die Augen und gut sichtbar war man von der Werkstatt aus auch noch. Aber der Wald war ja vor der Tür.

In den wenigen Tagen entstand ein absolutes Heimatgefühl, das ein Leben lang hielt. Wenn wir morgens mit Steinpilzen beladen aus dem Wald kamen, schüttelte die Oma oben im Kammerfenster nur mit dem Kopf: „Naa, naa, solchene Gäst' ham mer mir ah noch nett ghabt! Allweil druckns auf d' Erd un find'n ah noch solchene scheene Schwammerln."

Mit einem ganzen Eimer voller Himbeeren aus dem Wald kamen wir nach Mönchengladbach zurück. Nach drei Tagen war auf den Beeren eine dicke, ekelhafte, blaugrüne Schimmelschicht. Aber als die Schicht entfernt war, erfüllte sich unsere ganze Dachbehausung mit köstlichem Himbeerduft. Ausgepresst mit einem Leinentuch kochte ich den besten Himbeersaft meines Lebens.

Auch meine ersten Fahrversuche machte ich im Bayerischen Wald auf einem Feldweg. Sehr erfolgreich waren sie nicht. Es gab Mauern und Gräben, Schotter und Löcher und die Angst um unser Auto war einfach zu groß.

Die Tage im Bayerischen Wald waren allzu schnell vorbei und der Alltag hatte uns wieder. Dass ich in jeder freien Minute strickte, war fast selbstverständlich, Übung und Erfahrung halfen mir. Jetzt konnte ich auch noch zu jeder Zeit ganz tolle Wolle kaufen. Die Strickerei machte einfach Spaß. Vom Mitbewohner Siegfried wurde meine Arbeit auch noch gut bezahlt, er hatte einen richtig schönen Parallelo bekommen: quer gestrickt, an einem Stück. Begonnen wurde so ein Teil im Patentmuster am Ärmel und sah richtig gut aus. Für Eberhard gab es eine hellgraue Jacke, vorne geknöpft. Er zog sie gerne ins Büro an.

Er trug sie auch an dem Tag, als mal wieder nach Feierabend auf irgendeiner Baustelle Richtfest gefeiert wurde. Ich war schon daran gewöhnt, dass er nach Richtfesten betrunken nach Hause kam.

An diesem Tag schlief ich längst in meinem Zimmerchen, als ich lautes Gerumpel hörte. Verschlafen stand ich auf und ging barfuß in die Wohnung. Im düsteren Flur rutschte ich aus, konnte mich aber an der Wand abstützen, weil der Flur so schmal war. Mein Mann torkelte durch das Wohnzimmer und kotzte im hohen Bogen auf den Boden. Darum war ich also ausgerutscht. Ich fauchte ihn an und schob ihn mit aller Kraft ins Badezimmer. Nachdem ich ihm Strickjacke und Hemd ausgezogen hatte, hockte er sich auf die Toilette. Er bekam gerade noch die Hose abgestrampelt, bevor die Sache von hinten auch noch explodierte. Unverhofft sprang er auf, drehte sich um, kriegte mit der linken Hand das Rohr des Druckspülers zu fassen, um sich daran vollends hochzuziehen. Mit der rechten Hand versuchte er, seine Hinterlassenschaften in den Abfluss zu schieben. Mein Magen wollte sich umstülpen, aber ich war jetzt hellwach und voller Wut. Mit aller Kraft schob ich ihn über den Wannenrand und drehte das kalte Wasser auf – und nur das kalte! Unerbittlich schrubbte und duschte ich ihn ab. Da kniete das Häufchen Elend und stammelte: „Du willst bloß, dass ich Lungenentzündung kriege!"

Ich knallte ihm ein Handtuch hin: „Abtrocknen kannst du dich selber!"

Er blieb solange in der leeren Wanne, bis ich Wohnzimmer und Flur gesäubert hatte. Schließlich holte ich sein Bettzeug und packte ihn aufs Sofa. Viel Schlaf bekam ich in der Nacht nicht mehr.

Als ich am frühen Morgen ins Wohnzimmer kam, wollte er sich ausschütten vor Lachen. Heulend verließ ich ohne Frühstück die Wohnung. Im Treppenhaus traf ich Frau Frank. Ich entschuldigte mich für die nächtliche Unruhe und sie tröstete mich sogar. Aber als wir auf die Straße traten, sah ich dort die Bescherung: das neue Mosaik neben der Haustür hatte in der Nacht die erste Ladung abbekommen.

Jetzt reichte meine Zeit nicht mehr, das auch noch zu putzen. Ich versprach, die Spuren gleich zu beseitigen, wenn ich nach Hause käme.

Ob oder wann mein Mann zur Arbeit gefahren war, weiß ich nicht mehr. Aber er erzählte mir später, wie es zu dieser Katastrophe gekommen war.

Nach dem Richtfest hatten sie noch eine Kneipe besucht. Dort hatte er mit seinem Chef gewettet, wer am weitesten käme, wenn aus jeder Flasche im Regal ein Schnaps getrunken würde. Er hätte die ganze Reihe geschafft, wie weit er in der Reihe rückwärts gekommen wäre, wisse er nicht mehr. Da er auf der Heimfahrt den neuen Mercedes vom Chef aber nicht beschmutzen wollte, hätte er seine Strickjacke geöffnet und den Kopf hineingehalten. Er fand das ganz lustig.

Zu keiner Zeit hörte ich ein Bedauern oder eine Entschuldigung. Das war eben so, dass auf Baustellen gesoffen wurde. Trunkenheit am Steuer war ein Kavaliersdelikt und wer ordentlich was vertragen konnte, wurde bewundert. Wir gingen zur Tagesordnung über.

Eines Tages brachte Eberhard eine Dauer - Kinokarte mit. Das Architekturbüro hatte damals mehrere Kinos für den Kinobesitzer Ernst Kleine-Brockhoff geplant und gebaut. Eine Freikarte für zwei Personen stand allen Mitarbeitern des Büros zur Verfügung. Diese Karte brachte Eberhard recht oft mit. Wir konnten uns die besten Filme aussuchen, hatten auch noch freie Platzwahl, egal in welcher Vorstellung. Manchmal besuchten wir sogar zwei Kinos an einem Abend. Nur wussten wir nie vorher, ob andere die Karte vielleicht schon mitgenommen hatte. Aber wir wussten ziemlich genau, was wo lief. Ich sammelte fleißig Prospekte und heftete sie ab. Wir waren uns immer ganz schnell einig, was wir sehen wollten, es gab nie Streit. Leider war die ganze Sache zu Ende, als wir in Willich die Wohnung bekamen, aber natürlich war die neue Wohnung viel, viel wichtiger.

Bevor wir umzogen, gab es jedoch im Sommer 1960 noch zwei einschneidende Ereignisse.

Zuerst starb Eberhards Großvater in Dresden. Ich kannte seine Großeltern nicht und hatte nie auch nur von ihnen gehört. Aber jetzt spielten sie plötzlich eine ganz wichtige Rolle: Eberhard bekam per Telegramm eine Einreisegenehmigung zur Beerdigung und durfte in die DDR fahren.
Mich packte das schlimmste Heimweh, das ich je hatte. Ich durfte nicht mit, ich war keine Verwandte in direkter Linie, und angeheiratet zählte nicht. Rektor Pfeiffer und seine Familie trösteten mich, so gut sie konnten. Ich blieb nach der Schule bis zum Abend bei ihnen. Sie wohnten mit ihren drei kleinen Jungen direkt an der Schule und damit hatte ich Ablenkung.

Mein Mann kam bald wieder zurück. Bedenken, dass sie ihn „drüben" festhalten könnten, hatte ich zu keiner Zeit.

Ich träumte auch von einer Reise nach „drüben", nur vielleicht nicht aus einem traurigen Anlass. Der Gedanke an einen Messebesuch in Leipzig ließ mich nicht mehr los, er beflügelte meine Fantasie, machte mir Hoffnung. Als Eberhard dann auch noch ohne Behelligung von der Beerdigung zurückkam, wurde die Sache immer konkreter.

Ich schrieb Mami einen langen Brief. Schon bald kam die Antwort mit einer Adresse von einem Onkel Kurt Nicoll aus Leipzig. Dort wollten wir uns treffen.

Die Verwandtschaft hatte zwar über Jahrzehnte keinen Kontakt gehabt, aber für eine solche Familienzusammenführung rückte man gern ein bisschen zusammen.

Wir meldeten uns als offizielle Messebesucher in Leipzig an, reisten mit dem Zug an und bekamen einen Besucherausweis und eine Quartierzuweisung. In Leipzig kannte ich mich ja noch ganz gut aus, es gab Straßenbahnen und Taxen.

Mami, Onkel Hans und Bert fuhren zusammen mit Rosl und Dieter am Sonnabend früh los. Im Gepäck hatten sie fertigen Hasenbraten, alles für „grüne Klöße" und Rotkraut.

In der fremden Küche des Onkels musste Mami nur noch die Klöße machen. Dabei wurde die Küche zum Schlachtfeld, aber nachdem wir den Festschmaus vertilgt hatten, wurden gemeinsam alle Spuren beseitigt.

Die Verwandten hatten allerdings nicht damit gerechnet, dass wir am nächsten Tag mit der ganzen Sippe noch einmal wiederkämen. Sie waren ihrerseits bei Verwandten zu einem Familienfest eingeladen worden. Die gesamte Szenerie war filmreif. Es gab zwar keinen Streit, aber ernste Worte und lange Gesichter seitens der Gastgeber, bei uns überwog die Riesenfreude des Wiedersehens. Man einigte sich darauf, dass die Küche ein zweites Mal benutzt werden durfte, diesmal, auch ohne dass die Eigentümer dabei waren. Am Ende lieferten wir brav den

Schlüssel bei den Leuten ab, zu denen sich die Nicolls geflüchtet hatten.

Eberhard und ich fuhren abends bei Dunkelheit mit einem Taxi in unser Quartier zurück. Der Weg war verhältnismäßig weit. Unterwegs bemerkte ich ein anderes Taxi hinter uns. Obwohl wir ein paar Mal abbogen, blieb es immer dicht hinter uns und hielt auch noch an, als wir ausstiegen. Damit wussten wir, dass man uns beobachtete und bekamen Angst. Noch am selben Abend wechselten wir das Quartier.

Glücklicherweise kannte die Vermieterin jemanden, bei dem wir noch zwei Nächte bleiben konnten. Mami und Bert blieben auch noch zwei Tage und fuhren später mit dem Bus nach Hause, der Rest der Familie musste schon am Sonntagabend zurück, um Montag wieder pünktlich bei der Arbeit zu sein.

Von einer Messehalle sahen wir natürlich zu keiner Zeit etwas.

Vechta

Anfang September, wir standen kurz vor dem Umzug nach Willich, beschlossen wir an einem Samstag, nach Vechta zu fahren. Die Ungewissheit über den Tod meines Vaters im April 1945 hatte mir keine Ruhe gelassen.

Schon zuvor waren wir einmal in Vossenack in der Eifel und hatten dort den Kriegsgräber-Friedhof besucht. Mir fiel sofort auf, dass die Grabkreuze aus Theumaer Frucht-schiefer, welcher aus dem Vogtland kam, bestanden. Ein Friedhofsarbeiter erzählte uns, dass die Kreuze aus der DDR stammten, dass nicht eines beim Transport beschä-digt, aber die Eisenbahnwagen völlig demoliert gewesen waren. Das Gespräch machte mir Mut, mehr herauszu-finden.

Tausend Gedanken gingen mir auf der Fahrt durch den Kopf. Bange Erwartung mischte sich mit der Freude über die Fortbewegung mit dem eigenen Auto.
   Über Landstraßen dauerte die Fahrt recht lange. Zuerst suchten wir in Vechta den Friedhof. Es gab davon drei, verhältnismäßig klein und überschaubar.
   Auf dem ersten und zweiten fanden wir keine Hinweise, aber auf dem dritten sah ich schon von weitem auf einem Kreuz den Namen Rudolf Rammler.
   Es war ein unbeschreiblicher Augenblick. Ich hatte ein Ziel erreicht.

Weinen konnte ich in dem Augenblick nicht. Lange stan-den wir einfach nur stumm da. Doch dann fiel mir auf, dass nur ein Todesdatum, kein Geburtsdatum auf dem Kreuz stand. Bei einigen Kreuzen rechts und links davon war das genau so, alle trugen das gleiche Todesdatum.

Der Friedhof war klein und lag genau zwischen einem Flüsschen und der Straße. Hinter uns arbeitete ein alter

Mann an Rabatten. Diesen sprach ich an: „Wissen Sie, warum dieses Grab kein Geburtsdatum zeigt?"

Wie geistesabwesend guckte er auf das Kreuz: „Der, den hab ich aus dem Moor geholt. Man findet hier auch heute noch Tote im Moor."

Ich glaubte ihm kein Wort. Aber er zeigte uns den Weg zur Friedhofsverwaltung, die wüssten das auch.

Das Haus war ganz in der Nähe und wir trafen tatsächlich dort eine ganz freundliche Frau an, die uns auch einiges erzählen konnte.

Wir erfuhren, dass es in Vechta ein Lazarett schon während des Krieges gab. Wer dort verstorben war, wurde auf dem kleinen Friedhof beerdigt.

Uns brachte das zunächst nicht weiter. Wir mieteten uns ein Zimmer in einer Pension, damit wir am Sonntag noch weitersuchen konnten. Anschließend gingen wir ins Kino. Ich war sicher, dort Leute zu treffen, die ich ansprechen könnte. Schließlich musste es hier Menschen geben, die sich nach fünfzehn Jahren noch an das Kriegsende erinnern konnten.

Es klappte besser als erwartet. Jemand empfahl uns einen kleinen Gasthof in der Nähe des Stoppelmarktes. Dorthin fuhren wir an Sonntagmorgen und trafen auch ein paar Frühschoppler an, die bereitwillig mit uns reden wollten.

Gemeinsam suchten wir die Stelle, wo uns Wilhelm Bojes genau erzählen konnte, was im April 1945 geschehen war.

Es muss am 12. April gewesen sein, als einzelne versprengte Soldaten zu Fuß die Stelle in der Nähe des Bahndammes passierten. Dort wurden sie von einem deutschen Offizier aufgehalten, der ihnen befahl, sich im Gebäude aufzuhalten und von dort aus die Straße und die wenigen Bauernhäuser am Stoppelmarkt gegen die sich mit Panzern nähernden Engländer zu verteidigen. Der Offizier hatte damit geprahlt, dass er soeben einen Engländer erschossen hatte. Kurz danach seien englische

Panzer angerollt, aber nicht über die Straße, sondern hinter dem Bahndamm. Die Soldaten hätten versucht, über eine Wiese vor dem Bahndamm ein nahes Wäldchen zu erreichen, dabei hätten sie wegen des Bahndammes nicht sehen können, dass die ersten Panzer schon den Damm erreicht hatten. Kein einziger erreichte das Wäldchen, die zerfetzten Leichen blieben liegen.

Damals sagte Bojes „Man kann das ja heute sagen, es hingen sogar Teile auf dem Telegrafenmast. Die waren ja auch gar nicht richtig ausgerüstet, nur der ältere hatte richtige Stiefel an, die anderen waren noch sehr jung."

Noch nach Jahrzehnten berichteten die wenigen Anwohner von der Sinnlosigkeit dieser letzten Kampfhandlungen. Ihre Häuser waren zerstört, ihr Vieh verbrannt, aber von der Zivilbevölkerung war niemand umgekommen.

Weiter berichtete der damals zwölfjährige Bojes davon, dass er mit einem anderen Zivilisten zusammen zu den Engländern gegangen sei und darum gebeten habe, die Leichen an Ort und Stelle beerdigen zu dürfen. Dabei beschrieb er sehr genau, was er bei dem älteren gefunden hätte: Brieftasche, Soldbuch, Uhr, Kamm, Füller einen Kalender, in dem ein Brief von einem Kind mit einem Glückskleeblatt lag, ein handgeschriebener Zettel. Als er das aufzählte sagte ich: „Den Brief habe ich geschrieben, es war mein Vater."

„Aber er hatte drei Kinder!"

„Stimmt, und er kam aus dem Erzgebirge."

„Nein, das stimmt nicht, der kam aus Mecklenburg!"

Ich hielt die Luft an, aber es war schnell geklärt, wohnten wir doch während des Krieges in Schwaan im Kreis Güstrow in Mecklenburg.

Schließlich folgte noch ein ganz wichtiges Indiz für meine Nachforschungen. Bojes sagte, die Toten hätten nur noch ein halbe Erkennungsmarke am Hals gehabt.

Der Umstand, dass die Marke schon abgebrochen war, als sie die Toten notdürftig in Zeltbahnen wickelten und an Ort und Stelle begruben, erklärt die unterschiedlichen Angaben, die wir über den Todestag unseres Vaters erhalten hatten.

Da die notdürftige Beerdigung erst am 13.04.45 stattfand, wurde sie auch so im Lazarett in Vechta festgehalten. Wer hingegen die Marke am 12.04.45 abgebrochen hat, konnte nie mehr geklärt werden.

Unser Vater starb an Rudis Geburtstag. Der grässliche Verdacht, er sei standrechtlich erschossen worden, weil er eine Sendeanlage zu früh zerstört hatte, war damit aus der Welt geschafft.

Ich hätte Gelegenheit gehabt, den Menschen aufzusuchen, der letztendlich schuldig war am Geschehen um den Stoppelmarkt. Ich tat es nicht, weil ich nicht wusste, wie ich reagieren würde. Arroganz hätte ich nicht ertragen können und ich fürchtete, durch unerwartetes Verhalten gedemütigt zu werden.

Auf der Heimfahrt von Vechta nach Mönchengladbach wurde es spät. Wir hatten irgendwo noch einen Arbeitskollegen von Eberhard mitgenommen. Die beiden Männer saßen vorn, ich rauchte hinten im Auto gerade eine Zigarette, als Eberhard von der Siemensstraße kommend die Ritterstraße in Krefeld überqueren wollte. Er war schon fast auf der anderen Seite, als es entsetzlich krachte. Ein PKW hatte uns am hinteren linken Kotflügel erwischt. Unser Auto drehte sich einmal um die eigene Achse, blieb hängen und kippte auf die Seite. Nach oben kletterten wir einer nach dem anderen heraus – niemand war verletzt. Obwohl es nahezu Mitternacht war, liefen einige Leute zusammen. Jemand rief: „Achtung, da läuft Benzin aus!"

Einige hilfsbereite Passanten stellten das Fahrzeug wieder auf die Räder. Dabei entdeckte ich meine noch brennende Zigarette im Innenraum. Wer den Mut hatte, noch einmal da hineinzuklettern, weiß ich nicht mehr, aber die Glut wurde erstickt. Nur meine schöne neue grüne Wildlederjacke hatte fortan ein Loch – zum Glück nur im Innenfutter.

Dann kam der Streifenwagen und forderte uns auf, nacheinander einzusteigen. Plötzlich flüsterte mir jemand von hinten ins Ohr: „Passen Sie auf, ihr Kontrahent futtert unvunterbrochen, der hat getrunken."

Als ich einstieg meinte ich daher laut: „Hier riecht es aber stark nach Alkohol, wäre da nicht eine Blutprobe fällig?"

Der Polizist fauchte: „Das ist allein unsere Sache".

Dann hörten wir auch noch, dass der andere Fahrer aus Willich stammte und ganz in der Nähe unserer zukünftigen Wohnung wohnte. Also lieber ganz ruhig bleiben, schuldig waren wir ohnehin, wir hatten die Vorfahrt missachtet.

Der Schaden war erheblich. Unser Auto wurde bei Breuer in Anrath repariert. Es hatte danach keine einheitliche Lackierung mehr, aber das störte uns überhaupt nicht. Die Reparatur verschlang ohnehin fast unsere gesamten Ersparnisse. Ich konnte noch lange sarkastische Witze darüber machen, dass meine erste Küche auf der Ritterstraße lag.

Wilhelmstraße 12

Wir bereiteten uns auf den Umzug nach Willich vor. Alle unsere Habseligkeiten konnten wir mühelos in den VW packen und Zeit lassen konnten wir uns auch, denn die Wohnung auf der Hohenzollernstraße blieb für die Jungs bestehen.

Die Wohnung in der Nr. 12 auf der Wilhelmstraße in Willich kann man sich heute kaum mehr vorstellen. Sie war eher eine Notunterkunft. Aber wir befanden uns geradezu in einem euphorischen Zustand. Endlich eine Bleibe für uns allein. Wir wollten uns ein Nest nach unseren Vorstellungen bauen. Dass Eberhard dabei andere Vorstellungen hatte als ich, war anfangs auch kein Problem.

Wir legten einfach los. Die Wohnung hatte zwei Eingänge: Von vorn gab es hinter der Haustür gleich rechts eine Holztreppe nach oben, dort wohnten die alten Eltern von Frau Wilzer, Oma und Opa Lukaschewitz.

Oben gab es ein winziges Badezimmer mit Wanne und Waschbecken, das wir allein benutzten konnten. Zur Warmwasserbereitung hing auf dem Flur ein Durchlauferhitzer, der mit Gas betrieben wurde.

Unten an der Treppe vorbei führte ein schmaler Gang zur Eingangstür in die Wohnung. Der erste Raum war sehr klein und diente als Küche. Gleich links neben der Tür stand ein Kachelofen. Von der Küche aus wurde er beheizt, er wärmte das kleine Wohnzimmer, das man durch eine Tür am Ende des Küchenraumes nach links betrat. Das Wohnzimmer besaß ein breites Fenster zum Garten. Am Kachelofen vorbei erreichte man den größten Raum, das Schlafzimmer.

Die Küche hatte kein Fenster, deshalb gab es eine Tür, deren Oberseite verglast war. Sie führte über einen weniger als einen Quadratmeter großen Flur nach links auf den Hof und in den Garten. Geradeaus gab es einen kleinen Raum, der schon zum Anbau gehörte, weshalb der kleine Flur eine Stufe tiefer lag. Um ein bisschen mehr Licht einzulassen, gab es ein Glasdach, die Tür zum Garten war ebenfalls im oberen Teil verglast. Dass es im Flur hereinregnete, merkten wir erst später, aber das fanden wir auch nicht so schlimm.

Die Toilette, die sogar noch ein Herzchen in der Tür hatte, konnte man nur über den Hof erreichen, daneben befand sich noch ein Schuppen. Immerhin hatte sie schon Wasserspülung. Die Benutzung einer Klobürste musste ich erst lernen, Spuren im Becken kannte ich nur zu gut, aber dass man dagegen eine Bürste benutzen konnte, war mir fremd.

Der Raum im Anbau, diente uns anfangs als Mehrzweckraum. Eines unserer ersten Möbelstücke war ein langes Sideboard aus Teakholz. Es hatte im eigentlichen Wohnraum keinen Platz, es war einfach zu lang, aber im Anbau passte es genau an die Wand zum Nachbarn Gahlau.

Eines Nachmittags kamen wir nach Hause und das Sideboard lehnte regelrecht an der Wand. Eine Blumenvase, gefüllt mit Wasser und schönen großen Blumen, lehnte ebenfalls aufrecht an der Wand. Mit den hinteren Beinen war das schwere Sideboard ganz langsam in den morschen Fußboden eingesunken. Zum Glück war die Vase nicht umgefallen.

Der Fußboden der ganzen Wohnung bestand aus ochsenblutrot gestrichenen Holzdielen. Im Schlafzimmer waren sie mit merkwürdigen Kurven und Linien durchzogen: Frau Wilzer hatte dort ihre Schnittmusterbögen mit dem Rädchen kopiert.

Im Anbauzimmer befand sich hinter der Tür eine breite Nische, welche eine Querstange bekam, an der wir unsere Kleider aufhängen konnten. Deren Anzahl war absolut überschaubar und einsehbar war diese Vorrichtung von außen auch nicht.

Matratzen hatten wir uns schon in Mönchengladbach gekauft, aber für Schlafzimmermöbel war kein Geld da. Die dreigeteilten Matratzen auf dem Fußboden waren auf Dauer eine arge nächtliche Störung. Ständig waren sie mangels Halt am Boden verrutscht. Dazwischen taten sich regelrechte Abgründe auf. Entschlossen marschierte ich in das Möbelgeschäft ten Elsen auf der Bahnstraße, kaufte eine Stahlfedermatratze und schleppte sie nach Hause. Diese Prozedur wiederholte ich am gleichen Tag noch einmal. Ich wäre nie auf die Idee gekommen, dass man sich einen Kauf im Möbelgeschäft hätte liefern lassen können. Aber ab sofort konnten wir zwanzig Zentimeter höher schlafen und die Matratzen rutschten auch nicht mehr auseinander.

Da meine Küche bekanntlich auf der Ritterstraße in Krefeld lag, wurde auch in diesem Raum improvisiert. Geschirr, Töpfe und Besteck kamen in offene Kartons, die im Küchenraum an der Wand aufgereiht wurden. Auf dem Sperrmüll fand Eberhard einen vierflammigen Gaskocher, montiert auf einem Eisengestell. Er fand einen Arbeiter vom Gaswerk, Herrn Slawinski, der den Herd anschließen konnte. Ich sehe ihn noch in seinem blauen Overall, ständig von einer Schnapsfahne umfächelt. Die Männer duzten sich, ich gebrauchte etwas amüsiert das „Herr". Offensichtlich beherrschte Herr Slawinski sein Handwerk, das Altertümchen funktionierte, auch wenn die Art des Anschlusses mittels Gummischlauch eigentlich nicht mehr erlaubt war. Ich verfügte fortan über vier Kochstellen statt bisher nur einer.

Als einige Tage später zwei Männer erschienen, um einen illegalen Gasanschluss zu überprüfen, bekam ich einen gewaltigen Schrecken.
Wenig später wollten sie nur einen Schnaps. Es waren Freunde von Eberhard, die mich mit dem illegalen Anschluss auf den Arm genommen hatten. Schnaps war bei

uns mittlerweile leicht zu haben und Freunde brachte Eberhard auch immer viel mit nach Hause.

Wir hatten uns inzwischen angewöhnt, den Eingang über den Hof zu nutzen und es entwickelte sich ziemlich rasch eine kontaktfreudige Nachbarschaft. Das Törchen im hinteren Gartenzaun war zudem eine praktische Abkürzung zur Weberstraße, der heutigen Dietrich-Bonhoeffer-Straße, und natürlich auch zur Schule.

Die drei kleinen Jungen von Pfeiffers, der Familie meines Chefs, konnten uns gefahrlos ohne eine Straße benutzen zu müssen, besuchen.

Eines Tages erschien der Jüngste, Henning, und fragte: „Tante Tippmann, bist du lästig?"

Ich musste lachen, verstand aber die Frage nicht richtig. Es stellte sich aber schnell heraus, dass Henning mich fragen sollte, ob er auch nicht lästig sei.

Ich freute mich immer, wenn jemand kam, Dummheiten machten die Kinder nie und ich hatte gute Nerven.

Mitunter bewunderte ich Frau Pfeiffer ob ihrer drei Söhne. Mein größter Traum war, eine richtige Familie zu haben. Da der Krieg meine gesamte Jugend überschattet hatte, wollte ich es zum Ausgleich schaffen, ein richtiges Nest mit vier Kindern zu haben und wollte eine Supermutter werden. Dass ich auch mit eigenen Kindern meinem Beruf nachgehen könnte, stand für mich außer Zweifel.

Die Voraussetzungen waren günstig: Ich hatte mein Berufsziel zum zweiten Mal erreicht, meine Schule war durch den Garten zu sehen, die Wohnung hatte einen Garten und mein Mann hatte einen festen Arbeitsplatz in Rheydt, den er täglich mit dem Auto erreichen konnte.

Auch wenn die Erstausstattung unserer Wohnung äußerst einfach war, fühlten wir uns wohl. Mit jedem Möbelstück, das angeschafft wurde, ging es wieder einen Schritt aufwärts. Dem Sideboard im Anbau folgten bald

Couch mit zwei Sesseln und einem flachen, hellen Couchtisch. Er besaß eine dunkle Glasplatte auf der einen Seite und auf der anderen Seite ein großes Schiebefach für Zeitungen. Die Außenwand im winzigen Wohnzimmer erhielt ein offenes Bücherregal, dazwischen gab es Hängeschränkchen. Eines davon diente als immer gut bestückte Bar, das andere, etwas größere, enthielt Schreibutensilien. Das dazu passende Sideboard hatte in dem winzigen Zimmer keinen Platz mehr. Aber schon bald erhielt das Zimmer auch noch einen wunderschönen rostroten Teppich. Die Krönung der Gemütlichkeit war und blieb aber der braune Kachelofen neben der Tür zum Schlafzimmer. Sobald er im Herbst von der Küche aus angeheizt wurde, stand ich allabendlich vor dem Schlafengehen an meinem Lieblingsplatz und wärmte mir den Rücken.

Alle Räume hatten wir mit Raufaser tapeziert und bunt angestrichen. Das Schlafzimmer sollte himmelblau sein, durch die Farbe wirkte es im ersten Winter noch kälter, und an der Außenwand bildeten sich Eiskristalle.

Mit der Anschaffung der Küche mussten wir etwas länger warten. Sie kam auch leider nicht gleich in den Anbau, sondern erstmal in den Verbindungsteil gleich hinter dem Eingang. Dort waren Spülstein und Wasseranschluss. Ein Kühlschrank durfte nicht fehlen, aber die Waschmaschine musste noch warten.

Als die Küche eingebaut war, kamen die Pfeiffers zur Besichtigung. Frau Pfeiffer meinte: „Nun stellen sie aber mal was auf den Schrank, sonst denkt man doch, hier wäre eine Ausstellung in einem Möbelladen."

Zwei Jahre zuvor hatte der Nachbar Gahlau angesichts der Kartons auf dem Boden gemeint, wir wollten renovieren. Das war also ein großer Fortschritt.

Sehr lange blieb die Küchensituation nicht. Sobald wieder genug Geld da war, verlegten wir die Küche in den Anbau. Diesmal kam noch ein Elektroherd dazu. Weil der

Anbau auch noch ein Fenster zum Garten hatte, konnten wir nicht nur besser sehen, sondern auch besser lüften. Wir mussten nämlich sehr bald feststellen, dass es viel Feuchtigkeit im Haus gab. Nicht nur, dass das kleine Glasdach im Zwischenraum zum Anbau immer wieder undicht wurde, auch im Schlafzimmer war die Außenwand feucht.

Wir beschlossen kurzerhand, den Eingang vorn nicht mehr zu benutzen. Wir brauchten ihn nur noch, um in den Keller zu kommen, für alles andere benutzten wir den hinteren Eingang. Eine Garage gab es noch nicht. Unser Auto stand auf der damals noch nicht einmal asphaltierten Straße.

Eines Tages fuhren wir nach Mönchengladbach, um einen Vorhang zu kaufen, mit dem wir die gesamte Eingangswand zuhängen wollten. Wir fanden auch bald passenden Stoff: grün, mit stilisierten bunten Blumen, sehr akkurat angeordnet. Er gefiel uns beiden sofort, aber er war viel zu teuer. Also suchten wir weiter.

Wir wurden auch in günstigerer Preislage fündig. Ich wollte diesen einfacheren, helleren Stoff nehmen, Eberhard lehnte ihn nicht ab, bekam aber eine Stinklaune.

Ein Wort gab das andere, die Anspannung stieg und wir verließen das Geschäft.

Mir war die Sache äußerst peinlich, und wir stritten draußen heftig weiter. Schließlich gingen wir zurück, kauften den ersten Stoff und die Sache war erledigt. In der Schule nähte ich den Vorhang. Später wurden daraus sogar noch Vorhänge im „neuen" Haus.

Unsere letzte große Anschaffung in der Wilhelmstr. Nr. 12 war das Schlafzimmer. Es war wunderschön, sehr hell und von bester Qualität.
Ich bekam an einem Samstagmittag im Herbst, wir waren gerade umgezogen, ein Telegramm mit der Nachricht, dass mein Urgroßvater Gustav Möckel gestorben war.

Mit 94 Jahren wollte er am Berg vor seinem Haus einen großen Leiterwagen ein paar Meter bergab rollen lassen, damit er den Wagen leichter vor dem Gartentor entleeren könnte. Dazu löste er die Bremsklötze mit der Kurbel, der Wagen setzte sich in Bewegung, wurde schneller und schneller und der Alte schaffte es nicht mehr, die Bremse wieder anzuziehen. Der Wagen überrollte ihn, Gustav erlitt einen Oberschenkelhalsbruch und kam ins Krankenhaus nach Zwickau. In alter Manier verlangte er vom Doktor schnelle Hilfe, bot ihm 1000 Mark dafür und randalierte fortwährend, sodass man ihn schließlich ruhig stellen musste. Durch die erzwungene Ruhe bekam er eine Lungenentzündung und starb.

Ich durfte zur Beerdigung in die DDR einreisen.

Aber ich hatte keine vernünftigen Schuhe. Am Sonntagmorgen klingelte ich im Schuhgeschäft Kreutzer. Die Inhaberin verkaufte mir tatsächlich ein paar besonders schicke, hochhackige Schuhe. Ich fuhr nie wieder in meinem Leben so aufgekratzt zu einer Beerdigung. Ich freute mich wahnsinnig, meine Familie wiederzusehen.

Auf der Zugfahrt gingen mir tausend Gedanken durch den Kopf. Gustav hatte kurz nach dem Krieg, noch vor der Währungsreform, unserer Mami 5000,- M übergeben. Er schickte sie damit nach Schneeberg und trug ihr auf, für uns drei Geschwister drei Sparbücher anzulegen: je 1700 M,- für Rudi und mich und 1600,- M für Rosl. Die Bücher behielt er aber selbst. An das Geld kamen wir nicht heran, auch nicht im Zuge der Währungsreform.

Gustav hatte seine Tochter Liesel Matern als Universalerbin eingesetzt. 1958 schrieb mir Mami in einem Brief, dass der Notar ihn darauf aufmerksam gemacht hätte, dass damit Liesel auch die Erbin der Sparbücher seiner Urenkel würde. Gustav war zu dem Zeitpunkt 92 Jahre alt, aber die Sparbücher rückte er nicht heraus. Stattdessen ging er mit meinem Buch zur Sparkasse und wollte das Geld abheben.

Auf der Sparkasse wurde das Sparbuch mit der Begründung, dass ich republikflüchtig sei, beschlagnahmt. Heimlich freuten wir uns. Nicht, weil der Staat das Geld für den angeblichen Fall meiner Rückkehr verwalten wollte, sondern weil Gustav es nun auch nicht mehr bekam.

Er enterbte mich daraufhin im Testament wegen Republikflucht.

Aufregend war die Zugfahrt außerdem. Bei der Grenzkontrolle traf ich auf einen sehr jungen, fanatischen Volkspolizisten. Zu kontrollieren gab's eigentlich bei mir gar nichts, er glaubte aber, ich hätte verbotenerweise Ostgeld bei mir. Das konnte man hier sogar bei der Sparkasse eintauschen, abgesehen davon, dass ich das damals noch nicht wusste, hätte ich auch gar keine Zeit dazu gehabt. Ich musste mit dem Kontrolleur in ein leeres Abteil gehen, er führte zunächst ein völlig belangloses Gespräch und fragte dazwischen unvermittelt nach dem Wechselkurs oder nach dem umgetauschten Betrag. Er drohte mir sogar damit, mich von einem Arzt untersuchen zu lassen. Reinen Gewissens konnte ich alle Fangfragen beantworten. In Magdeburg musste der Vopo aussteigen und ich war erlöst.

Das Wiedersehen zu Hause wurde zum Fest, aber ich musste natürlich auch die Schwiegereltern in Obercrinitz besuchen. Die Zeit war äußerst knapp. Dass ich zur Beerdigung mitging war selbstverständlich, aber den Kaffee im Gasthof Baumann schenkte ich mir.

Nach dem Nachmittagskaffee wollte mich meine Schwiegermutter nicht gehen lassen. Selbstverständlich musste ich dort auch noch zum Abendbrot bleiben und Mami wartete zu Hause. Erst mit dem letzten Bus kam ich nach 22.00 Uhr in Saupersdorf an. Mami lag schon im Bett, sie konnte einfach nicht mehr und erzählte mir nur noch, wie ihr Herz ihr immer wieder zu schaffen machte. „Wenn bei einem Angina Pektoris Anfall die Schmerzen kommen, hilft es mir noch nicht mal, wenn Bert neben mir liegt, ich habe einfach keine Kraft mehr zum Kämpfen", sagte sie.

Es tat mir so weh, dass ich mich in Obercrinitz nicht durchgesetzt hatte.

Es sollte unsere letzte Begegnung sein.

Schule im Mühlenfeld

Zurück im Westen fühlte ich mich in meiner neuen Schule ausgesprochen wohl. Anfangs hatte ich ein fünftes und sechstes Schuljahr oben im zweiten Stock im Altbau. Es gelang mir rasch, zu den meisten Kindern ein gutes Verhältnis aufzubauen. In der DDR gehörten Elternbesuche zu unseren Pflichtaufgaben und dienten auch dazu, Eltern „auszuhorchen". Dort mussten wir monatlich die Besuche ins Klassenbuch eintragen. Nichtsdestotrotz hatte ich mit den Elternbesuchen gute Erfahrungen gemacht.

Da unsere Schule in Willich den Status einer evangelischen Volksschule hatte, stammten die meisten Kinder aus den Ostgebieten, waren also Flüchtlingskinder. Obwohl Elternbesuche nicht üblich waren, fand ich damit schnell Zugang und Anerkennung bei den Eltern, aber nicht bei meinen Kollegen. Ich erfuhr sogar davon, dass mein Chef dagegen war, ich würde die „Preise verderben".

Zum neuen Schuljahr 1960 bekam ich „nur" das sechste Schuljahr als Klassenlehrerin. Wegen der zunehmenden Enge passten wir gerade noch in einen kleinen Raum an der Gartenseite, aber wir fühlten uns dort wohl. Die Klasse machte mir keine Schwierigkeiten. So meldete ich mich umgehend zur zweiten Lehrerprüfung an. Eine Geschichtsstunde über den Dombau zu Chartres und eine Deutschstunde hatte ich mir ausgesucht. In Geschichte verwandte ich die Bücher von Renate Riemeck, wir hatten sie eingeführt und sie waren genehmigt worden. In Deutsch ging es im anschließenden Gespräch um Prosaformen. Das war für mich kein Problem, aber ich kam während der Stunde nicht auf den Begriff „Legenden". Meine Prüferin hatte die Heiligenlegenden im Sinn, aber ich hatte noch nie davon gehört. Sie nahm es mir aber nicht übel.

Ich glaube nicht, dass meine beiden Stunden besonders gut waren, aber ich konnte schon immer den Kindern spannende Geschichten erzählen – so war der Dombau wohl gelungen und von allerlei frommen Menschen war auch die Rede. Frau Groß sagte mir ermunternd zum Abschied, dass alles in Ordnung sei, sie warte nur noch auf entsprechende neue Formulare, dann würde sie mir das Zeugnis zuschicken.

Kurz vor Weihnachten, ich war wie so oft bei Pfeiffers, rief die Schulrätin dort an. „Ich weiß gar nicht, wie ich ihnen das beibringen soll. Die Kultusministerkonferenz hat inzwischen getagt und beschlossen, dass die zweite Lehrerprüfung an Volksschulen vor einer Kommission stattfinden muss, unter Anwesenheit eines Vertreters des Regierungspräsidenten" stammelte sie. „Sie müssen auch noch eine schriftliche Arbeit abliefern, aber sie haben drei Monate Zeit dazu."

Mir sackte förmlich der Boden unter den Füßen weg. Das war ein vernichtender Schlag, aber aufgeben wollte ich nicht und mit Widerspruch hatte ich keine Erfahrung. So dauerte es auch gar nicht lange, bis mir eine Lösung einfiel.

Ich hatte meine Unterlagen vom Examen des Fernstudiums mitgeschleppt, die sollten sich jetzt bewähren. Ich meldete mich also umgehend in Anrath beim Leiter der Junglehrer-AG, Herrn Esch, an, und besprach mit ihm mein Problem.

Wir einigten uns auf ein Thema, das sich mit der anschaulichen Vermittlung von Kenntnissen über die Oberflächenformen einer Landschaft befasste – am Beispiel einer Erzgebirgslandschaft. Es war noch genug Arbeit, aber ich schaffte es, innerhalb der Frist die schriftliche Arbeit fertigzustellen.

In der Prüfung selbst hatte ich die Fabel vom Raben und vom Fuchs gewählt. In der Prüfungsstunde meldete sich ein Junge und sagte: „Ich finde, der Fuchs ist wie Jesus."

Ich war erst einmal sprachlos, aber es wurde keine Religionsstunde daraus.

Ich kann mit Fug und Recht sagen, dass ich meine Lehrerprüfung viermal gemacht habe, aber nicht ein einziges Mal durchgefallen bin.

Im Schuljahr 1961 ging ich davon aus, dass ich das siebte und achte Schuljahr bekäme, weil ich damit meine alte Klasse weiterführen konnte.

Wir hatten Ostern 1960 gleich vier neue Lehrer bekommen: Werner Oppenberg, Christiane Sinz, Brunhild Stryjewski und Renate Allwicher. Ich wurde Mentorin für Christiane, wir kannten uns schon vom Studium in Wuppertal.

In dieser Zeit wuchs unsere Schule ganz rasant. Hinter dem Garten schoss der Neubau in die Höhe, der von Anfang an deutliche Mängel aufwies. Zu dieser Zeit wurde mir klar, dass unser Schulleiter sich nicht allzu sehr engagierte. Seinen Leitspruch: „Erst komme ich, dann kommt meine Familie, dann kommt eine Weile nichts, und dann kommt erst die Schule", erzählte er uns Junglehrern sogar ganz offen. „Hauptsache ist, das Pensionsalter zu erreichen".

Natürlich lachte er dann, aber ich nahm das sehr ernst. Mir dämmerte aber, dass der Unterricht in der Abschlussklasse für ihn eine Prestigefrage war.

Ich beschloss, meinem Chef bei einer Fahrt nach Venlo mitzuteilen, dass ich bereit sei, ein erstes Schuljahr zu übernehmen. Aber ich wollte eine Bedingung stellen: ich wollte keinesfalls den Erstleseunterricht nach der damals üblichen Ganzheitsmethode erteilen.

Leselernmethoden waren durchaus nicht streng vorgeschrieben. An jeder Schule konnte man sich auf die Ein-
führung eines Lesebuchs einigen, es musste nur vom Regierungspräsidenten genehmigt sein. Er erklärte sich
einverstanden.

Ich bezog also nach den Sommerferien 1961 ein Klassenzimmer im Neubau. Noch nach über fünfzig Jahren sind
mir etliche Kinder aus dieser Klasse in recht guter Erinnerung. Nachdem ich meine zweite Lehrerprüfung erneut
bestanden hatte, bekam ich am 20.12.1961 meine Anstellung auf Lebenszeit als Beamtin.

In den Sommerferien unternahmen wir unsere erste große Reise mit dem Auto nach Jugoslawien. Wir hatten uns
von Christiane und Dieter ein Zweimannzelt nebst Luft-
matratzen und Picknickkoffer geliehen und unser Ziel
war ein Campingplatz in der Nähe von Rijeka. Es fehlte
uns aber jegliche Campingerfahrung.

   In der ersten Nacht schlugen wir unser Zelt an der
Großglocknerstraße direkt an einem kleinen Bach auf.
Andere Zelte standen recht weit entfernt.

   Schlafsäcke hatten wir natürlich nicht. In dieser Höhe
wurde es nachts saukalt und der Bach fungierte als Extra-
Kühlung. Wir froren wie die jungen Hunde.

   Das Passieren des Grenzübergangs dauerte recht lange,
die Kontrollen waren streng, aber ohne Schikanen. Dank
unserer Vorbereitungen kamen wir im Land gut zurecht
und fanden den Zielort ohne Probleme. In der ersten
Nacht zelteten wir „wild" auf einer winzigen Wiese über
dem Strand.

   Früh am Morgen knallte die Sonne so intensiv auf unser Zelt, dass wir es verlassen mussten. Gerda Kuhlen,
eine Freundin, die aus Leipzig stammte, hatte uns eine
Adresse einer netten jugoslawischen Familie mitgegeben,
die sie aus dem Urlaub kannte. Diese suchten wir erst
einmal auf. Fast täglich gingen wir fortan dort vorbei und
bekamen immer einen selbstgebrannten Sliwowitz. Die

Frau fragte mich mehrmals, ob ich nicht „biggelen" wolle. Nein, bügeln brauchte ich wirklich nichts.

Obwohl wir viel unternahmen, war der Urlaub für mich nicht unbedingt der große Traum. Weil wir nur einen Hocker hatten, saß mein Mann manchmal schon nach dem Frühstück darauf und starrte nur vor sich hin, während ich von einem Bein aufs andere trat und wissen wollte, was wir denn heute unternehmen würden.

Einmal war er nach Einbruch der Dunkelheit verschwunden. Ich kam aber sehr schnell dahinter, wo ich ihn suchen konnte. In Strandnähe gab es eine Klippe, dort trafen sich junge Leute, sangen und tranken. Der Weg dorthin war steil und steinig.

Hatte ich Angst um meinen Mann oder war ich eifersüchtig? Es war wohl eine Mischung aus beidem, aber ich heulte heimlich und machte ihm auch Vorwürfe, weil er einfach allein gegangen war. Ich war versessen auf Romantik und wollte ein Kind, aber in diesem Urlaub wurde nichts draus.

Einmal schlief ich am Strand auf der Seite liegend ein und holte mir dabei einen argen Sonnenbrand. Die Zeltnachbarn verarzteten meinen Oberschenkel gemeinsam mit Alaunstein, das brannte wie Feuer, aber es half und alle hatten mächtigen Spaß dabei.

Am 13. August kratzten die Nachbarn an der Zeltplane: „Aufstehen, in Berlin ist was passiert!"
Die Mauer war gebaut worden. Lange standen wir beisammen und diskutierten. Ich weiß noch genau, dass ich sagte: „Vielleicht lassen sie uns jetzt dadurch endlich mal nach Hause?"

Dann machten wir einen Ausflug zu den Höhlen von Postoijna. Dort warteten wir längere Zeit in einer Schlange vor dem Eingang. Der Andrang war groß. Hinter uns standen Leute, deren Dialekt mir sehr bekannt vorkam.

Ich war schon immer neugierig und fragte, woher sie kämen.

„Aus dem Vogtland" war die überraschende Antwort.

Es gab offene Freude auf beiden Seiten. Aber das Gespräch brach abrupt ab, als sie erfuhren, dass wir nicht wie sie aus der DDR, sondern aus dem Rheinland kamen.

Bürger der DDR konnten zu dieser Zeit unter besonderen Umständen in Gruppen nach Jugoslawien reisen. Dabei waren ihnen aber Westkontakte total untersagt.

Auch eine andere Begegnung fiel aus dem üblichen Urlaubsrahmen.

In einem Restaurant waren wir ins Gespräch mit drei nicht mehr ganz jungen Männern gekommen. Alle drei sprachen ein ausgezeichnetes Deutsch. Sie boten sich an, mit uns und unseren Zeltnachbarn am nächsten Tag an der Steilküste südwärts zu fahren, um uns die Gegend zu zeigen. Das Angebot wurde dankend angenommen. Wir fuhren mit drei Autos, wobei in jedem Auto einer der Jugoslawen mitfuhr. Unterwegs kauften sie frische Feigen, die ich vorher noch nie gesehen, geschweige denn gegessen hatte.

Leider mussten wir nach längerer Fahrt kurz vor Senj umkehren, der kalte Küsten - Fallwind war zu gefährlich geworden. Es hätte nicht viel gefehlt und unser VW hätte beim Öffnen auf einem Parkplatz seine Tür eingebüßt. Das war ein überzeugendes Argument. Trotzdem – wir waren solche sicher einfach nur freundlich gemeinten Angebote einfach nicht gewohnt – hatten wir die ganze Zeit Angst, es würde sich bei den drei Jugoslawen um Spitzel des Staates handeln. Sie kamen uns vor wie Bewacher und letztendlich waren wir froh, sie wieder los zu sein.

Das größte Abenteuer aber erlebten wir am einzigen regnerischen Tag der ganzen Reise. Des Wetters wegen waren wir ein Stück ins Land gefahren und hatten irgendwo etwas zu Mittag gegessen. Als wir zurück auf den Campingplatz kamen, stand unser Zelt in einem reißenden Bach, den mehrere Männer mit allerlei Gerätschaften daran hinderten, unser kleines Zelt fortzuspülen. In den Bergen hinter uns war ein Gewitter niedergeprasselt. Wir hatten bis dahin nicht gemerkt, dass wir in einem trockenen Bachbett gezeltet hatten.

Es gab Arbeit genug, auch wenn wir nichts verloren hatten. Leider wurden dabei keine Fotos gemacht. Ich hatte einen einzigen Dia-Farbfilm mit, der damals 13,50 DM kostete und da musste natürlich gespart werden.

Versorgungsengpässe

Die einzige Verbindung nach Hause blieben unsere
Briefe.

Oft schrieb meine Mutter über ihre Schwierigkeiten,
etwas einzukaufen oder zu besorgen. Die Versorgungsla-
ge wurde in der DDR immer schlechter und viele Dinge
des täglichen Lebens, die früher selbstverständlich gewesen waren, gab es plötzlich nicht mehr. Ich hätte gern
jede Woche ein Päckchen geschickt, aber unsere finanzi-
elle Situation ließ das leider nicht zu. Ich versuchte aber,
meiner Mutter die dringendsten Wünsche zu erfüllen.

12.01.1962 Brief von Mami:
„Ich habe wieder Anliegen, die dein Taschengeld belas-
ten, aber morgen schicke ich dir ein Päckchen ab, dass du
ein Vierteljahr keine Ausgaben für gewisse Zwecke hast,
oder brauchst du die sowieso jetzt nicht? Ich brauche
dringend Nivea, dann Frisiercreme, Rudi und ich sehen
aus wie die Struwwelpeter, und Kümmel! Bist du so lieb
und schickst mir das bald?"

05.02.1962 Brief von Mami:
„Es gibt zwei Sorten von Ware, solche, die es nur mal
vorübergehend nicht gibt, dazu gehört Waschpulver,
Streichhölzer, Butter, Immergut (Kondensmilch), jedes
Obst, Schürzen. Es gibt nur Cocktailschürzen, so groß wie
ein Kinderlatz, zu Kunstgewerbepreisen. Und dann die
zweite Sorte, die es nicht mehr gibt, bestimmte Gewürze,
und vor allem gibt es keinen koffeinfreien Kaffee mehr.
„Das Koffein wird im Westen rausgemacht, und da machen sie es nicht mehr!" das war die Antwort des Verkäu-
fers auf meine Frage danach. Aber Ruhe, nicht mehr la-
mentiert, uns geht es gut! Wir befürchten nur, dass bald
keine Pakete mehr kommen können. Entweder Zoll, das
wir ihn nicht mehr bezahlen können, oder sonst was, ir-
gendwas wird sich schon ausgedacht werden. Rudi habe
ich die Frisiercreme gegeben, davon, und Nivea, kannst

du kiloweise schicken, dann hörte wenigstens der Streit darum auf. Rosl und Dieter haben sich gestern wirklich ernstlich wegen Brisk gestritten. Rosl braucht für ihren Pelz viel und Dieter versteckt sie vor ihr. Gestern kam sie ganz verheult an, nur wegen der Frisiercreme. Jaja, dadurch wird alles bei uns problematisch, ihr habt ja keine Ahnung."

Einen Monat nach dem Urlaub blieb meine Periode aus. Das Ärzte-Ehepaar Nathrath, sie war Kinderärztin, er Frauenarzt, hatten damals ihre Praxen noch auf der Peterstraße. Es war einer der glücklichsten Tage in meinem Leben, als ich von der Schwangerschaft erfuhr. Am liebsten hätte ich mit meinem Fahrrad Tänze vollführt.

Mir ging es blendend. Zum Frühstück verdrückte ich oft drei Brötchen mit Sardellenpaste. Die morgendliche Übelkeit nahm ich gelassen hin, nur wenn ich mich kurz vor acht Uhr immer noch nicht übergeben hatte, wurde ich unruhig, schließlich musste ich rechtzeitig in der Schule sein. Ich fehlte nicht einen einzigen Tag.

Wenn ich heute so darüber nachdenke, wundere ich mich schon, in welch einfachen hygienischen Verhältnissen wir damals lebten. Eine Dusche gab es im Hause noch nicht, die Badewanne war schon etwas Besonderes, aber sie wurde kaum mehr als einmal in der Woche zum Baden benutzt. Der wöchentliche Badetag gehörte zum normalen Leben, nicht nur bei uns. Die Wanne diente zusätzlich zum Waschen jedweder Wäsche und das Waschbrett war voll im Einsatz.

Wer sich eine teure Waschmaschine leisten konnte, musste für einen Betonsockel sorgen, damit das gute Stück beim Schleudern nicht laufen ging. Einen Anschluss für das fast kochende Abwasser gab es ebenfalls noch nicht.

Unsere erste Waschmaschine bekamen wir erst, als die Küche in den Anbau verlegt wurde, aber auch dort wurde das heiße Schmutzwasser noch über einen starken Gummischlauch ins Waschbecken geleitet.

Die Katzenwäsche morgens und abends fand damit in der Küche statt.

Neben der Tür hing nur ein Handtuch, welches wir beide benutzten. Als ich wieder einmal mein morgendliches Erbrechen im letzten Augenblick erledigt und mein Gesicht unter dem kalten Wasser gereinigt hatte, griff ich mit geschlossenen Augen zum Handtuch. Ich hatte noch nicht einmal mitbekommen, dass mein Mann abends zuvor seinen berüchtigten „Würfelhusten" nach irgendeinem Kneipenbesuch hatte. Er benutzte das Handtuch – ohne sich vorher zu waschen.

Für den Rest war nicht viel Fantasie nötig, meine zweite Morgenwäsche dauerte verständlicherweise etwas länger. Aber ich lernte mit dieser fürchterlichen Erfahrung, am Törchen zur Schule all meinen Kummer abzustreifen und mich voll auf „meine" Kinder zu konzentrieren.

Innerhalb weniger Tage strickte ich mir eine längere blaue Jacke mit großem blauweißem Schalkragen. Damit konnte ich meinen Bauch lange verstecken. Erst später kauften wir Umstandskleidung: ein dunkelblaues Kleid mit weißem Kragen und einen engen Rock, den man oben erweitern konnte, dazu eine blaubunte „Hänger"bluse. Ich liebte diese Teile sehr.

Meiner Mami konnte ich zunächst nicht schreiben, dass ich in anderen Umständen war. Ich hatte Angst, dass sie sich Sorgen machen würde. Für den 11. Juni 1962 war ich „ausgezählt". Nur meine Schwester war in alles eingeweiht.

05.02.1962 Brief von Rosl:
„Ich habe eben deinen Brief bekommen, mit dem Termin sozusagen, habe ich fast genau getippt. Am 09. Juni fahren wir in Urlaub, wenn nichts dazwischen kommt. Hof-

fentlich wird's eine Woche etwa, damit ich das Telegramm noch bekomme, ich möchte doch Mamis Gesicht sehen, schreib nichts vorher. Ich habe mal so ein bissel angetippt, aber auch zur Antwort bekommen, dass das ganz unmöglich wäre, ohne dass sie dabei wäre. Sie wäre unglücklich zu wissen, dass du da drüben bist und sie könnte dir keine Ratschläge geben. Wenn es einmal da ist, ist ja dann auch alles vorbei. Rudi habe ich es aber erzählt, er freut sich sehr."

Erst kurz vor dem ausgezählten Termin schrieb ich meiner Mutter von meiner Schwangerschaft und zwar so, dass sie glauben musste, ich sei etwa im vierten Monat.

16.05.1962 Brief von Mami:
  „Renate – es tut weh, dass ich dir gerade jetzt in deiner Erwartungszeit in nichts beistehen kann. Ich hätte dir zu gern alles vergolten, aber in deiner schwersten Stunde bin ich Gedanken bei dir. Du musst nur ganz fest an mich denken, dann fühl ich's schon und streich dir übers Haar, pass auf! Hab nur gar keine Angst, ein Beinbruch ist schlimmer, ich muss es ja wissen. Renate – hast du den Gurkensamen abgeschickt? Karl braucht ihn ganz dringend, es gibt hier nicht ein Körnchen. Ich habe mir nämlich ein kleines Schaf gekauft und Karl soll es nun mit zu sich auf die Weide nehmen. Da hat er gesagt, „ja, aber Gurkensamen!" Du kennst ihn ja."

Es war in der Zwischenzeit sehr heiß geworden und mein langärmeliges Umstandskleid ließ mich fast ersticken. Zudem quälten mich Rückenschmerzen. Jeder Schritt über die Bürgersteigkante musste vorsichtig überlegt werden.
  In der Schule hatte ich mir zwei lange Nachthemden genäht. Dabei saß ich ziemlich lange an der alten Nähmaschine. Diese hatte noch so einen richtigen Tretantrieb: beide Füße standen auf einer Art schmiedeeiserner Plattform, die mit den Füßen auf und ab bewegt wurde. Über

einen kleinen Treibriemen, der oben ein kleines Rad in Drehungen versetzte, wurde die Nadel auf und ab bewegt. Immerhin war das Tempo gut zu regulieren, alles ging langsam, nur verhaspeln durfte man sich nicht.

Beim Nähen war ich wohl einige Zeit nicht aufgestanden. Als ich mich nach fast zwei Stunden erhob, hatte ich plötzlich das Gefühl, mein Bauch wäre weg. Von Senkungswehen hatte ich noch nie gehört, ich hatte auch keine, aber mein Bauch hatte sich sehr verändert. Mein Baby war tiefer gerutscht.

In einem ihrer letzten Briefe schrieb meine Mutter:

„Dann fragst du nach meinem Wunsch, wenn du noch nichts gekauft hast.

Ich wollte so gern einen Taschenschirm und war in Zwickau beim Schirm-Jakobi. Da muss man sich für einen Taschenschirm anmelden, wie beim Fernseher. Auch dann: nur für Kundschaft!

Dann brauche ich dringend einen braunen Augenbrauenstift und für den Kugelschreiber eine Ersatzmine, du siehst, ich muss tüchtig aufdrücken, damit er überhaupt noch schreibt.

Ich war heute wieder röntgen, der Arzt hat eine rheumatische Herz-Innenhautentzündung festgestellt, daher auch immer das schlimme Herzstechen. Nächste Woche machen wir einen Rheumatest. Wenn ich Medizin brauche von dir, stellt mir mein Arzt trotz Verbot ein Rezept für dich aus. Er sagt, er tut es so lange, bis er abgeholt wird.

Ich habe heute z.B. zwanzig Tabletten verschrieben bekommen und von der Apotheke nur zehn erhalten. Da reiche ich ein und einen halben Tag.“

Wegen großer Herzbeschwerden war meine Mutter wieder ins Krankenhaus gekommen. Sie sollte erneut eine Behandlung mit Strophantinspritzen bekommen. Derartige Medikamente gab es in der DDR nicht. Schon einmal hatte ich ihr Spritzen geschickt, sogar mit amtlicher

Genehmigung. Dazu musste ein ärztliches Rezept zur Bezirksregierung nach Karl-Marx-Stadt eingereicht werden. Falls es genehmigt wurde, konnte man es an Verwandte im Westen senden, diese kauften das Medikament und schickten es mit der Post an den Arzt oder an den Patienten.

Wenn meine Mutter von ihrem Arzt Dr. Epperlein bei einem akuten Herzanfall eine dieser lebenswichtigen Spritzen bekam, war sein erster Kommentar nach der Behandlung: „Die muss ich aber wieder haben!"

Jetzt, wo meine Mutter in Kirchberg im Krankenhaus lag, drängte die Zeit.

Ich besorgte die Spritzen, kaufte eine Packung Makkaroni und nahm diese vorsichtig auseinander. Diese Makkaroni-Packungen waren recht stabil und hatten ein kleines Sichtfenster. Ich nahm einige Makkaroni heraus und klebte die Spritzen unter die restlichen Nudeln. Dann verklebte ich die Packung wieder sehr sorgfältig. Man konnte durch das Sichtfenster nicht sehen, dass die Packung schon einmal geöffnet worden war. Dann packte ich noch eine frische grüne Gurke und ein paar Kleinigkeiten so in das Päckchen, dass der Platz genau ausgefüllt war und nichts durcheinander geschüttelt werden konnte. Ich schickte das Päckchen direkt an Mamis Adresse im Krankenhaus.

Zwei Tage später, am 13. Juni, rief Eberhard an. Er hatte eine Autopanne und saß in Mönchengladbach fest.

Ich hatte für den Abend Kartoffelbrei und Sauerkraut gekocht und mächtigen Hunger, aß mit großem Appetit und hatte anschließend das Bedürfnis, mich noch etwas zu bewegen. Schön langsam spazierte ich in Richtung Grunewallstraße. Dort traf ich die dicke, freundliche Frau Reinecke, die selbst sechs Kinder hatte und mich gleich fragte, ob es nicht bald soweit wäre.

Das Gespräch war mir sehr willkommen. Mein Mann kam und kam nicht und mir tat der Rücken weh. Dann fing auch noch das Sauerkraut an zu rumoren. So ging ich lieber wieder nach Hause. In aller Ruhe ließ ich Badewasser ein und stieg in die Wanne. Ich hatte in den letzten Monaten nach einem Buch fleißig Entspannungs- und Atemübungen gemacht und war der Ansicht, mir konnte nichts passieren. Nur das Bauchgrummeln war anders als ich es sonst kannte, es kam nämlich sehr regelmäßig. Sollten das vielleicht doch Wehen sein?

Ich holte mir eine Uhr und zog mich an. Die Tasche für das Krankenhaus stand schon wochenlang gepackt bereit.

In der Zwischenzeit war Eberhard nach Hause gekommen. Er war aufgeregter als ich und fragte: „Wie kommen wir den jetzt zum Krankenhaus – ohne Auto?"

„Ich kann doch gehen! Du musst nur die Tasche tragen."

Geburt und Tod nahe beieinander

In aller Ruhe marschierten wir los. Vor dem Krankenhaus gab es eine kniehohe Mauer. Darauf ruhte ich mich ab und zu aus. Eberhard wurde immer nervöser. Ich versuchte, ihn zu beruhigen: „Ich geh doch jetzt noch nicht rein, die Wehen kommen doch nur alle fünf Minuten!"

Aber gegen halb drei Uhr nachts wurden die Abstände kürzer und ich wurde auch müde. Eberhard klingelte an der Krankenhauspforte: „Ich bringe meine Frau, die möchte ein Baby."

„Hat sie denn schon Wehen?"

„Ja, etwa alle drei Minuten."

Die Pförtnerin wurde nervös. „Aber sofort in den Kreißsaal!"

Die Hebamme, Fräulein Langenfels, erschien auch bald. „Lange dauert das nicht mehr."

Ich hatte ein Buch mit und konnte sogar zwischendurch lesen. Allmählich begann es draußen zu dämmern, Schwärme von Spatzen lärmten in einem Strauch unter dem Fenster. Natürlich hatte ich Schmerzen, aber ich jammerte und schrie nicht.

Der Doktor kam, als es schon hell war, machte einen kleinen Schnitt mittels örtlicher Betäubung, aber ich verpasste keinen einzigen Moment. Ich hatte noch nie von Glückshormonen gehört, aber zehn Minuten vor neun Uhr hatte ich ein kleines, schwarzhaariges Bündel im Arm, das mich mit großen Augen ansah. Nie in meinem ganzen Leben gab es etwas Schöneres!

Absolut entspannt, ruhig und glücklich brachte man mich in ein Zweibettzimmer. Ich schlief sofort ein und wurde erst wieder wach, als man das Essen brachte. Mein Bauch tat furchtbar weh.

Schwester Reinfrieda stellte sie sich vor und tröstete mich, das wäre normal. Aber die Schmerzen wurden rasch stärker. Essen konnte ich nicht. Ich hatte das Gefühl, ich müsse platzen. Ich beklagte mich auch, aber die

Schwester meinte, das wären eben Nachwehen. Ich stöhnte nur: „Meine Mutter hat mir immer erzählt, Nachwehen hätte man beim ersten Kind überhaupt nicht, ich glaube eher, ich krieg noch eins!"

Keine Reaktion. Immerhin hatte sie die Hebamme informiert. Diese erzählte mir später, die Schwester hätte sie zufällig auf dem Flur getroffen und gesagt, ich würde mich ganz schön zimperlich anstellen.

Die Hebamme, Fräulein Langenfels, hatte Erfahrung und hielt das bei einer strahlenden Erstgebärenden für ausgeschlossen. Sie kam sofort zu mir, schlug die Bettdecke zurück und drückte mir auf den Bauch. Auf der Stelle ließ der Schmerz nach und zwischen meinen Beinen wurde es ganz warm. Die Hebamme rannte aus dem Zimmer, kurze Zeit später stürmte der Doktor herein. Er zog meine Augenlider hoch und mir wurde auf einmal ganz komisch. Ich rang nach Luft, schnappte wie ein Fisch auf dem Trockenen und der Doktor schlug mich mit beiden Händen rechts und links ins Gesicht. Er schrie seine Anweisungen nur noch. Die Schwester rannte, die Tür wurde weit aufgerissen und mein Bett rollte in Richtung OP. Anfangs hörte ich alles noch sehr laut, aber zeitweise hatte ich immer wieder das Gefühl, das Bewusstsein zu verlieren. Dabei tat der Bauch entsetzlich weh, besonders als es über eine holprige Schwelle in den Fahrstuhl ging oder als das Bett gegen die Wand stieß.

Im OP hoben sie mich auf ein anderes Bett, die gespreizten Beine hoch auf ein Gestell. Auf Anweisung schob eine ältere, ganz ruhige Schwester ihre Hand in den Geburtskanal und drückte. Meine Arme wurden beide gleichzeitig abgebunden. Auf meiner linken Seite versuchte der Doktor eine Vene zu finden, am rechten Arm versuchte es eine Schwester. Später zählte ich siebzehn malträtierte Einstichstellen, einschließlich der auf den Handrücken.

Zwischendurch musste der Doktor mehrmals ans Telefon. Ich hörte etwas von Stadtgrenze, Streifenwagen und Blutübertragung.

Mit einem Streifenwagen brachte die Krefelder Polizei Humanfibrin aus einem Depot der Städtischen Krankenanstalten Krefeld bis zur Stadtgrenze an der Willicher Heide. Dort übernahm es die Besatzung der Streife aus Willich und brachte es mit Blaulicht zum Krankenhaus. Gleichzeitig hatte man einen Blutspender gefunden, der sich zufällig, wie man mir später erzählte, im Wäschegeschäft von Windhausen gegenüber dem Krankenhaus aufhielt.

Von Problemen mit meinen Venen hatte ich vorher noch nichts gewusst, aber durch den hohen Blutverlust über mehrere Stunden waren die Venen kollabiert. Der ruhigen Schwester war der lebensrettende Anschluss gelungen. Als ich das Gesicht des Doktors dicht neben mir sah, schweißbedeckt, die Haare verklebt, und sah, dass seine Hände flatterten, wusste ich auch, wie es um mich stand.

Mir schoss durch den Kopf, dass mein Mann doch meine Freundin Laila heiraten könne, damit mein Baby eine Mutter bekäme. Wenn ich tief Luft holen würde und mich nach hinten kippen ließe, wären die grausamen Schmerzen endlich vorbei.

Aber diese Gedanken verflogen sehr schnell wieder. Ich wollte leben, mein kleines Mädchen brauchte mich doch! Bewusst registrierte ich deshalb meine Umgebung, lauschte auf jedes Wort. Ich wurde auch immer wieder angesprochen und gab Antwort.

Als die Polizisten das Medikament brachten, fragte jemand: „Kann die das überhaupt bezahlen? Das Zeug kostet 350,- DM pro Gramm!"

Der Doktor zischte eine wütende Antwort. Eine andere Schwester meinte auf die Frage, wie so etwas passieren kann: „Sie ist immerhin schon achtundzwanzig!"

Als endlich neues Blut in mich tropfte, sagte der Arzt: „Das Schlimmste ist überstanden, jetzt muss ich nur noch nähen."

Ich hatte einen Riss in der Gebärmutter, den die OP-Schwester die ganze Zeit mit der Hand zugedrückt hatte. Dabei war ihr die Hand eingeschlafen und sie musste auch noch die andere Hand zu Hilfe nehmen. Sie konnte noch nicht einmal den Ehering abziehen, geschweige denn, die Hände desinfizieren.

Wen wundert es da noch, dass ich einige Tage nach der Prozedur hohes Fieber bekam.

Der Riss in der Gebärmutter musste also auch noch genäht werden. Ich fragte, ob ich das denn auch noch ohne Betäubung aushalten müsste.

„In ihrem Zustand bleibt uns nichts anderes übrig, aber sie dürfen ruhig schreien!" bekam ich zur Antwort.

Ich schrie nicht. Aber meine Lebensgeister kehrten zurück.

Fast vier Wochen blieb ich im Krankenhaus, es ging mir von Tag zu Tag besser. Nur stillen konnte ich nicht, zu allem Überfluss bekam ich noch eine schmerzhafte Brustentzündung. Natürlich wollte ich vor allem wissen, ob ich bei weiteren Schwangerschaften mit ähnlichen Komplikationen rechnen müsste.

„Ja, es kann sich wiederholen, aber wenn man es vorher weiß, kann man etwas dagegen tun", war die Auskunft. Diese Diagnose brannte sich in meinem Kopf ein.

Eberhard hatte meiner Mutter ein Telegramm von der Geburt unserer Heike geschickt. Wohl wissend, dass alle Post mit der DDR lange dauern konnte, wartete ich zunehmend ungeduldig auf ihre Antwort. Nichts!

Dann besuchte mich Oma Lukaschewitz, die oben bei uns im Haus wohnte. Sie brachte mir eine Postkarte von meiner Mutter. Hastig las ich sie: „Aber sie schreibt ja gar nichts über das Baby!"

„Da, ganz klein am Rand steht's doch."

Die Karte war schon vollgeschrieben, als Mami das Telegramm bekommen hatte. „Telegramm soeben erhalten, Eure überglückliche Oma", hatte sie nachträglich an den Rand gekritzelt. Ich war erst einmal wieder beruhigt.

In den folgenden Tagen bekam ich viel Besuch. Mary und Paul aus Rheydt kamen. Ich wunderte mich, dass Mary weinte und konnte das gar nicht verstehen.

„Ich weine vor Freude" klang für mich ganz plausibel. Was ich nicht wusste, war, dass draußen an der Zimmertür ein Zettel hing, durch den alle Besucher gebeten wurden, sich vorher an der Pforte zu melden.

Erst kurz vor meiner Entlassung sollte ich durch Eberhard erfahren, dass meine Mutter am 15. Juni das Telegramm von der Geburt bekommen hatte. Mit einer Mitpatientin war sie im Garten des Krankenhauses spazieren gegangen. Dabei hatte sie erzählt, dass sie frischgebackene Oma sei, aber ihr erstes Enkelkind wäre im Westen und sie dürfe es noch nicht einmal sehen.

Wahrscheinlich regte sich sehr auf. Nach dem Spaziergang legte sie sich wieder ins Bett. Dort fand man sie mit dem Telegramm in der Hand – tot.

Sie wurde nur neunundvierzig Jahre alt.

Meine Schwester Rosl war zu diesem Zeitpunkt mit Dieter an der Ostsee zum Camping. Als sie dort ein Telegramm erhielt, erwartete sie eigentlich meine freudige Nachricht über eine glückliche Geburt. Stattdessen erhielt sie ein Telegramm von Rudi mit der Todesnachricht.

Eberhard bat Rosl brieflich um eine genaue Schilderung der Umstände von Mamis Tod.

03.07.1962 Brief von Rosl an Eberhard:

„Freitagvormittag hat sie dann mit drei anderen Frauen, Bettnachbarn, Omis gefeiert und tüchtig über die Mauer geschimpft. Einen Spaziergang hat sie auch noch gemacht, mittags sehr gut und reichlich gegessen, und nach all diesen kleinen Anstrengungen wollte sie noch etwas Mittagsruhe halten. Sie nahm noch einmal dein Telegramm zur Hand und freute sich über ihre kleine Heike. Dann schlief sie ein. Die anderen Frauen hörten sie atmen, doch dann muss das Herz versagt haben, kein Mensch hat etwas bemerkt. Lieber Eberhard, Mami ist sehr glücklich gestorben. Sie hielt das Telegramm noch ganz fest. Mami hatte einen neuen Herzinfarkt, den auch die Ärzte nicht festgestellt haben, Mami hätte sich doch gar nicht bewegen dürfen, es muss sich ein Gerinnsel gelöst haben, gestorben ist sie ja am Gehirnschlag. Renate darf sich keine Vorwürfe machen, dass sie Mami nicht genug unterstützt hat, wir hätten alle nicht helfen können. Rudi hat mir gleich ein Telegramm geschickt, ich bekam es Sonnabend 9.00 Uhr früh. Ich habe es mit großer Freude und Erwartung geöffnet, ich glaubte doch, es wäre von Euch. Weiter brauche ich dir wohl nichts zu schreiben, wie es mir im Augenblick war. Halb zehn saßen wir schon im Auto, das Zelt haben wir gelassen, wie es war, die Heimfahrt hat sehr lange für mich gedauert, obwohl wir 19.30 Uhr schon zu Hause waren. Mamis Sarg wurde schon am Sonntag früh geschlossen, sie soll aber sehr schön ausgesehen haben, ich hab sie mir nicht mehr angesehen, weil ich nicht ewig ein schreckliches Bild vor mir sehen will."

Doktor Nathrath besprach mit Eberhard, wie man mir die schreckliche Nachricht beibringen könnte. Ich sollte es unmittelbar vor meiner Entlassung erfahren, damit alle schlimmen Erlebnisse im Krankenhaus bleiben könnten. Zu Hause wäre der Start in ein ganz neues Leben dann nicht gleich durch eine bittere Nachricht belastet.

Selbst bat er mich, keine Trauerkleidung zu tragen. „Das Baby braucht eine fröhliche Mutter."

Die bekam Heike auch, denn sie – und nur sie – gab mir auch die Kraft dazu.

Als ich nach Hause kam, lag auf dem Tisch das Päckchen, welches ich meiner Mutter mit den Strophantinspritzen geschickt hatte. Es war vom DDR-Zoll aufgerissen worden, die beigelegte Gurke faul. Meine Mutter hatte ihre Spritzen nie erhalten.

Nach ein paar Tagen zu Hause bekam ich wieder Fieber. Eberhard versorgte Heike rührend jeden Abend. Das war eine harte Aufgabe für ihn. Sie trank anfangs entsetzlich langsam, schlief immer wieder dabei ein und hauchte ihr Bäuerchen kam merklich über Papis Schulter. Die Tagesversorgung schaffte ich zwar in den ersten Tagen, aber mit dem Fieber ging einfach nichts mehr.

Hilfe kam in Gestalt von Frau Kellner. Sie kam täglich, versorgte mich und das Kind und ich kam allmählich wieder zu Kräften.

Als die Schule wieder begann, brachte ich Heike ausgerüstet mit frischen Windeln und fertiger Flasche zu besagter Frau Kellner auf die Industriestraße. Das ging solange, bis ich eine Frau Hahn auf der Pestalozzistraße fand, die noch näher bei uns wohnte und genau die gleichen Aufgaben übernahm.

So lange Heike im Kinderwagen lag, ging alles gut. Aber als sie zu krabbeln begann, mochte Frau Hahn keinen Laufstall in ihrem Wohnzimmer haben.

Zum Glück lernten wir genau zu dieser Zeit Familie Roese kennen, die ebenfalls auf der Wilhelmstraße wohnte. Die Eltern von „Tante" Roese, Oma und Opa Steinmetzer, feierten Goldhochzeit und alle Nachbarn waren eingeladen.

Frau Roese hatte vor nicht allzu langer Zeit zwei Fehlgeburten hintereinander erlitten. Als wir auf das Thema Betreuung kamen, war sie sofort bereit, Heike aufzunehmen, während ich in der Schule war. Wir zahlten drei Mark pro Stunde, das war der damals übliche Satz.

Diese Begegnung sollte unser gesamtes weiteres Leben beeinflussen.

Wir freundeten uns an und gingen sehr oft abends über die Straße zum Fernsehen. Die Eltern Steinmetzer bewohnten das Erdgeschoß und Familie Roese die erste Etage. Es gab immer Kaffee und Zigaretten und eben den Fernseher mit zwei Programmen.

Morgens, wenn ich Heike bei Roeses ablieferte, trug ich sie die steile Treppe hinauf und Frau Roese legte sie mit dem Gesicht zur Tür auf die flache Couch. Heike konnte zu dieser Zeit nur rückwärts rutschen und so hatte Frau Roese Zeit, mich unten zur Tür rauszulassen. Wenn sie wieder nach oben kam, hatte Heike in der Zwischenzeit rückwärts die Wand erreicht.

Später bekam sie einen Laufstall und ich konnte immer beruhigt sein, dass sie gut aufgehoben war.

Ich ließ keine Gelegenheit aus, mit ihr zu reden, einzelne Worte zu wiederholen, langsam und deutlich. Babysprache sollte sie erst gar nicht annehmen.

In der Vorweihnachtszeit 1962 lag sie im Wohnzimmer auf dem Sofa. Natürlich auf dem Bauch. Plötzlich streckte sie ihren Arm aus und griff nach einer glitzernden Kugel am Baum. An der Wand lief ein Drehtürmchen. Ich zeigte ihr die brennenden Kerzen und wiederholte ein paar Mal „Licht, das ist das Licht."

Heike hauchte: „Hich."

Es dauerte aber noch zwei Monate, bis sie richtig anfing zu brabbeln.

Oma Steinmetzer hatte genau so viel Freude an dem kleinen freundlichen Mädchen. Sie sang mit ihr alte Kinderlieder und sprach auch schon mal Willicher Platt mit ihr.

Als Heike schon über ein Jahr alt war und mittags mit essen konnte, fragte ich einmal, was sie gegessen habe. „Nierkes" war ihre Antwort. Nun war ich immer sehr bestrebt, dass Heike ein gutes Hochdeutsch lernen sollte. So erklärte ich ihr, dass das aber Nierchen heißen müsste.

„Und warum sagt die Oma dann Nierkes?"

„Hier in Willich sprechen die Leute ein bisschen anders, sie sind hier geboren und haben das von ihren Eltern gelernt."

Heike war's zufrieden, kletterte wieder unter den Tisch und spielte dort weiter. Dazu zog sie sich eine Strickmütze über den Kopf und nahm eine recht stabile Sitzweise ein: sie saß auf dem Po und legte die Beine wie ein großes „W".

Plötzlich tauchte sie an besagtem Tag wieder auf und fragte: „Mami, wo bin ich geboren?"

„In Willich."

„Na, dann kann ich auch Nierkes sagen."

Und schon war sie wieder unter dem Tisch verschwunden.

Abends kamen oft die Nachbarn Schinsky zum Scrabble zu uns.

Bei unseren Gesprächen standen die Kinder im Mittelpunkt, aber wir unterhielten uns über Gott und die Welt und es wurde nie langweilig. Einzig, wenn es um die Rolle der Frau in der Familie ging, klafften unsere Meinungen weit auseinander.

Frau Schinsky hatte durchaus ihre eigene Meinung, aber sie verkörperte voll und ganz den Prototyp einer perfekten Hausfrau: alles drehte sich um die Familie und die Kinder, es wurde geputzt, gebacken, gekocht und gestrickt.

Ich mochte sie und sah auch in einigen Dingen ein Vorbild in ihr, aber solch ein Leben erschien mir viel zu eng. Ihr Mann liebte geradezu den Satz: „Die Frau gehört an den Herd!"

Außerhalb unserer Gesprächsrunde gab es diesbezüglich für ihn keine Diskussionen. Mir machte das insofern zu schaffen, dass seine Ansicht auf fruchtbaren Boden bei meinem Mann fiel. Ich wollte meine geliebte Schule nicht aufgeben und strengte mich an, allem gerecht zu werden.

Nach alter Tradition putzte ich freitags die Wohnung. Samstags hatten wir noch Unterricht, darum übernahm Eberhard den Haushalt, da er schon die Fünf-Tage-Woche hatte. Mittags, wenn ich nach Hause kam, gab es Kakao und Brötchen, so war das in seiner Familie immer gewesen.

Ich war zufrieden damit und kochte sonntags Klöße, das war in beiden Familien Tradition. Der unterschiedliche Arbeitsaufwand war kein Thema, das Kochen war immer allein meine Sache.

Eberhard äußerte im Freundeskreis, er könne gar nicht verstehen, dass ich freitags mehrere Stunden für die Putzarbeiten nötig hätte, er wäre an den Samstagen immer schon in einer halben Stunde damit fertig.

Das war durchaus ernst gemeint, aber ich lachte nur. Wenn er dann auch noch schwärmte, dass es samstags bei Schinskys so gut nach Bohnerwachs und Kuchen röche, lachte ich allerdings nicht mehr. Der Druck auf die Frau, die gefälligst an den Herd gehörte, wuchs immer mehr.

Ich stellte schließlich einen Antrag auf Beurlaubung ohne Bezüge. Dieser wurde ab dem 01.04.1963 für sechs Monate genehmigt.

Schon einen Monat später erwischte es uns voll. Ich war mit Heike regelmäßig bei der Kinderärztin, wollte sie auch gegen Scharlach, Diphterie und Keuchhusten impfen lassen, aber jedes Mal war sie nicht so ganz in Ordnung. Mal waren es leichte Infekte, mal war es eine Bronchitis.

Anfang Mai 1963 kam Frau Gumlich mit ihrem kleinen Albrecht zu Besuch. Er war etwa ein Jahr älter. Heike stand in ihrem ganz modernen Laufstall, der an Stelle von Gitterstäben ein Netz und einen leicht erhöhtem Boden hatte, Albrecht stand davor. Beide Gesichter waren damit in gleicher Höhe.

Ich sagte noch, dass wir vorsichtig sein müssten, Heike hätte etwas Husten. Aber Frau Gumlich hatte schon drei

Kinder und war als gelernte Kindergärtnerin nicht zimperlich. „Macht nichts", meinte sie, „Albrecht hustet auch."

Dass er Keuchhusten hatte, wusste sie nicht.

Als ich mit Heike, die sich ungeimpft prompt angesteckt hatte, von der Ärztin kam, traf ich im Vorgarten Oma Lukaschewitz von oben. Besorgt fragte sie, was Heike denn hätte. „O Gott, wenn se des man iberleeben tut!" stotterte sie in ihrem ostpreußischen Dialekt. Es hätte nur noch gefehlt, dass sie sich bekreuzigt hätte, ich war fast noch schockierter über diese Reaktion als über die Diagnose selbst.

Die nächsten vier Wochen waren entsetzlich. Alle zwanzig Minuten bekam Heike einen Hustenanfall, auch nachts. Er wurde durch Röcheln angekündigt, um den Mund bekam sie einen ganz weißen Kranz, dann folgten Atemnot und Erbrechen. Ich musste sie schnellstens hochheben, damit sie mir nicht erstickte. Meine größte Angst war, ich könnte es nachts einmal nicht hören, wenn der Anfall sich ankündigte. Jede Windel musste gewogen werden, jedes Gramm, das sie nach dem Anfall trank, ebenso. Es bestand immer die Gefahr, dass sie zu wenig Flüssigkeit bekam.

Am Ende der schrecklichen Krankheit wog sie gerade mal sechzehn Pfund. Vorher konnte sie schon laufen, wenn sie nur einen Zipfel meines Kittels in der Hand hatte, danach war sie kaum in der Lage, sich im Ställchen allein aufzurichten.

Zu allem Überfluss bekam sie anschließend auch noch eine schmerzhaft Mittelohrentzündung.

Mir war klar, dass ich das alles neben der Schule gar nicht geschafft hätte.
Die sechs Monate Beurlaubung vergingen nur allzu schnell. Ich beantragte Verlängerung um weiter sechs Monate und bekam sie auch.

Einigen Kummer machte mir mein Bauch: ich hatte fast ständig einen sehr unangenehmen Ausfluss und war deshalb auch bei Dr. Nathrath in Behandlung. Dieser verschob einen operativen Eingriff bis zur Fertigstellung des neuen Willicher Krankenhauses, weil es dort ein Gerät zur „Verschorfung" flächiger Wunden geben werde. Es sollte ein Stück vom Muttermund entfernt werden.

Im Herbst 1963 war es dann soweit. Angst hatte ich weder vor dem bevorstehenden Eingriff noch vor der Narkose, im Gegenteil, ich fand das „Wegtreten" immer sehr spannend.

Nach ein paar Tagen konnte ich wieder nach Hause. Heike war in der Zeit bei Roeses untergebracht. Einige Tage später, ich glaubte, meine Periode habe eingesetzt, begannen so starke Blutungen, dass ich mich in der Küche über eine Schüssel stellte, weil sich auf dem Fußboden schon eine richtige Blutlache gesammelt hatte. Glücklicherweise war Samstag, so dass Eberhard mich gleich ins Krankenhaus fahren konnte. Dort stopfte mich der Doktor aus wie eine Weihnachtsgans, aber ich konnte wieder mit nach Hause, ich sollte nur liegen bleiben.

Das tat ich auch ganz brav, aß allerdings einen großen Teller Reis, den ich am Vormittag bereits gekocht hatte. Dann entdeckte ich zu meinem Entsetzen, dass meine gesamte Unterwäsche voller Blut war. Also wieder ins Krankenhaus. Dort blieb ich vor dem zugewiesenen Bett stehen, weil mir das Blut die Beine herunter lief.

Die Bettnachbarin fragte scheinheilig, was denn passiert sei.

„Haben Sie abgetrieben?"

Ich dachte nur: „Blöde, dumme Kuh", und war wenig später erneut im OP.

Narkose? Nach einem dicken Teller Reis? Es ging alles. Mir wurde hinterher noch nicht einmal schlecht. Es gab auch kein erneutes Nachspiel.

Am 1.4.1964 hätte ich wieder zur Schule gehen müssen. Nach den Erfahrungen der letzten Monate zog ich es vor, persönlich beim Regierungspräsidenten vorzusprechen und um erneute Verlängerung des Urlaubs zu bitten, selbstverständlich wie immer ohne Bezüge. Es gelang mir tatsächlich noch einmal, aber man sagte mir klipp und klar, dass ich es nicht noch ein drittes Mal versuchen brauchte, danach gäbe es nur noch den Antrag auf endgültige Entlassung.

Ich empfand das als große Ungerechtigkeit. Kinder und Beruf gleichzeitig passten noch lange nicht in unsere Gesellschaft.

Im Sommer 1964 erzählte mir Frau Gumlich, dass sie über ihre Schwester ein Au-Pair-Mädchen aus Schweden bekommen sollte. Sie konnte es aber im vorgesehenen Zeitraum nicht annehmen, und bat mich, das Mädchen zu nehmen.

Ich war sofort bereit. Es waren schöne Wochen mit der netten blonden Eva Jungsbo, auch wenn sie morgens unendlich viel Zeit im Badezimmer verbrachte.

Ab und zu durfte sie nach Hause telefonieren, ihre Stimme hörte sich dabei an, als würde sie weinen, aber das stimmte nicht, es lag nur am Tonfall der mir unbekannten schwedischen Sprache.

Später kamen sogar einmal ihre Eltern zu Besuch, und Eva dolmetschte erfolgreich. Ich wunderte mich nur, dass ihre Mutter Eva sogar Feuer gab, wenn sie rauchte, aber Schweden galten als weltoffen und tolerant.

Für Heike hatte Eva eine wunderschöne weiche, handgearbeitete Schlenkerpuppe mitgebracht, die sofort Adam genannt wurde. Heike sagte: „Ade und Eßa."
Wenn Adam in der Waschmaschine gewaschen wurde, konnte Heike gut aufpassen, aber wehe, wenn ich ihn auf die Wäscheleine hängte! Sie brüllte solange, bis ich ihn vorsichtig wieder herunter nahm, sie konnte es nicht ertragen, wenn der arme Ade mit Wäscheklammern aufgehängt wurde.

Wilhelmstraße 9

Im Frühjahr 1964 fragten uns Steinmetzers, ob wir nicht die Doppelhaushälfte Wilhelmstraße 9 kaufen wollten. Opa Steinmetzer und der alte Nowak hatten 1929 zusammen ihre Häuser gebaut. Zwei Doppelhäuser waren damals von der Wohnungsbaugesellschaft für kinderreiche Familien errichtet worden. Steinmetzers hatten fünf, Nowaks drei Kinder.

Die Familien wussten natürlich alles voneinander, schließlich hatten sie auch den Krieg gemeinsam überstanden. Aber die Familie Nowak war untereinander sehr zerstritten, vielleicht auch, weil die jüngste Tochter aus der Beziehung mit einem französischen Kriegsgefangenen abstammte. Der alte Nowak lehnte sie deshalb ein Leben lang ab.

Sie war mit einem Herrn Schath verheiratet und wohnte mit ihm und einem Sohn im Obergeschoss Wilhelmstraße 9. Die beiden älteren Söhne hatten eigene Häuser in Krefeld und in Strümp.

Das Ehepaar Nowak war bereits mehr als achtzig Jahre alt und die Tochter glaubte, bald das ganze Haus für sich allein zu haben.

Aber sie hatte nicht mit der Zähigkeit des alten Nowak gerechnet.

Dieser ging zu seinem Nachbarn Steinmetzer und klagte ihm sein Leid. Er wollte das Haus verkaufen, damit die Tochter es nicht bekäme. Der alte Steinmetzer hörte geduldig zu und äußerte den Wunsch, für seine jüngste Tochter, Tante Roese, gute Nachbarn zu finden.

Damit gerieten wir in den Mittelpunkt ihrer Pläne. Ein Haus war schon lange unser Traum. Aber wovon sollten wir es bezahlen? Für uns galt noch der Grundsatz: „Erst sparen, dann kaufen". Gerade hatten wir wieder fünfhundert Mark beisammen, die Eberhard schon für eine Bügelmaschine mit nach Köln genommen hatte.

Der alte Nowak besuchte uns zu Hause und bot uns sein Haus zum Kauf an. Ich sehe ihn immer noch sitzen und sich über Heike freuen, die dann doch bald in seinem Garten spielen könne. Er machte einen wirklich glücklichen Eindruck.

Heike nannte ihn fortan „Onkel Nougat". Sie störte es nicht, dass er fürchterlich stank.

Für den Kauf des Hauses wollte er 20.000,- DM haben. Das war damals ein durchaus realistischer Preis. Eberhard aber hatte Bedenken und er wollte sicherheitshalber einen Gutachter bestellen.

Nowak war einverstanden. Der Gutachter errechnete einen Gesamtpreis von 21.500,- DM. Dazu boten wir dem Alten ein lebenslängliches Wohnrecht an.

Das Haus war grauslich heruntergekommen und der Garten völlig verwildert. Zum Teil lag auf dem Grundstück noch Schutt aus dem Krieg. An der Grenze zu Steinmetzers gab es einen Hühnerstall, eine kleine Schlosserwerkstatt und das einzige Plumpsklo.

Das schlimmste Hindernis beim Hauskauf aber war die Familie Schath.

Frau Schath war davon überzeugt, nach dem Tod der Eltern das Haus zu erben und rechnete damit, weiter dort wohnen zu können. Kein Wunder also, dass sie den Verkauf durch den alten Nowak mit allen Mitteln zu verhindern suchte.

Als wir mit den Vorgesprächen soweit waren, dass ein notarieller Vertrag unterzeichnet werden konnte, bestellten wir den Notar zu den Nowaks in die Wohnung. Wir saßen alle vier im Anbau in der Küche, der über eine paar Stufen vom Hof aus erreichbar war. Ich hatte unser ganzes Kapital, besagte 500,- DM für die Bügelmaschine, in einer Tasche meines Kleides.

Der Notar kam pünktlich. Er erläuterte den Nowaks den Vertrag. Wichtig war vor allem, dass sie bis ans Ende ihrer Tage unbehelligt im Haus bleiben konnten. Außerdem hatte ich beim Landesamt einen Kredit über 17.000,- DM beantragt, der bald überwiesen werden sollte. Nowak waren alle Einzelheiten durch die Vorgespräche bekannt und auch seine Frau hatte kaum Fragen.

Plötzlich stürmte Frau Schath in die Küche und begann zu zetern: „Die wollen Euch nur das Haus wegnehmen, die haben überhaupt kein Geld, das sind Betrüger!"
Alle blieben ruhig. Obwohl ich innerlich flatterte, zog ich ganz ruhig das Bargeld aus der Tasche: „Das ist nur eine kleine Anzahlung, das andere kommt in zwei bis drei Wochen."
Der Notar bestätigte meine Aussagen und wies Frau Schath darauf hin, dass die Eheleute Nowak ihr Haus verkaufen könnten, an wen sie wollten. Dass dabei alles mit rechten Dingen zuginge, wäre schließlich seine Aufgabe.
Schimpfend zog Frau Schath ab und der Vertrag wurde unterzeichnet.

Zwischenzeitlich hatten wir auch zu den beiden Söhnen der Nowaks Verbindung aufgenommen. Die Krefelder luden uns sogar bald zum Kaffee ein. Ich hatte immer den Eindruck, dass die Söhne über diese Entwicklung ganz froh waren.

Wir waren uns einig, dass das Haus erst umgebaut werden müsste, im gegenwärtigen Zustand hätten wir es nie beziehen können.
Kurze Zeit später wurde der alte Nowak sehr hinfällig und bald war er nicht mehr in der Lage, das Bett zu verlassen. Seine Frau war aufgrund ihres eigenen Alters nicht fähig, ihm zu helfen, und seine Tochter verweigerte sich schlichtweg.

Die Söhne, die in Krefeld wohnten, wandten sich an uns und Eberhard half. Die beiden Männer setzten den Alten auf einen Eimer, eine Toilette gab es in dem Haus ja nicht. Fortan wechselten wir uns ab.

Eines Tages brachte ich etwas zu essen nach nebenan und traf dabei auf die alte Frau Nowak. Sie schimpfte: „Der kriegt nichts, der scheißt mir doch alles ins Bett."

Wenig später holte die Tochter ihre Mutter zu sich in die obere Wohnung und den Alten ließen sie unten einfach liegen.

Dieser Elendszustand hielt etwa vierzehn Tage an. Ich hatte mich mit den Krefeldern abgesprochen. Wir wechselten uns ab, dem armen Mann etwas zu essen zu bringen. Ich hatte einen Arzt angerufen, um zu fragen, was ich ihm denn geben könnte. Er entschied sich für Babynahrung, wie Heike sie bekam. Ich musste ihn füttern, weil er inzwischen zu schwach war, selbstständig zu essen.

Nachdem ich das etwa fünf oder sechs Mal gemacht hatte, war eines Tages die Haustür verschlossen. Oben aus dem Fenster rief Frau Schath: „Sie kommen hier nicht mehr rein, das geht sie nichts an!"

Kurze Zeit später starb der Alte.

Bald darauf bekamen wir eine Vorladung von einem Anwalt nach Krefeld. Im Verlaufe des Gespräches stellte dieser fest, dass wir Eigentümer, aber nicht Besitzer des Hauses seien, wir hätten keine Schlüsselgewalt. Zudem wollte Frau Schath erreichen, dass ihre Mutter entmündigt würde. Zum Zeitpunkt des Notarvertrages wäre sie schon nicht mehr geschäftsfähig gewesen, sie wisse ja noch nicht einmal, dass ihr Mann verstorben sei. Sie hatte ihrer Mutter tatsächlich erklärt, der alte Nowak wäre nur im Krankenhaus.

Der Anwalt drohte uns. Er wäre mit so einer Sache schon mal bis vor den Bundesgerichtshof gegangen.

Per einstweiliger Verfügung und unter Beisein eines Gerichtsvollziehers ließen wir daraufhin ein neues Schloss in die alte Haustür einbauen. Die Schaths bekamen zwar einen Schlüssel, aber wir waren damit endgültig Hausbesitzer.

Zum Entmündigungsprozess kam es aber nicht mehr, denn auch Frau Nowak starb kurze Zeit später.

Eberhard war 1964 schon Mitglied im Willicher Gemeinderat, in dem kurz darauf eine Entscheidung über die Abschaffung der Wohnungsbewirtschaftung anstand. Wohnungsbewirtschaftung bedeutete zu dieser Zeit, dass man auch als Eigentümer nicht frei über die Vermietung seiner Wohnung bestimmen konnte. Diese Bestimmung sollte in Willich abgeschafft und das Wohnungsamt aufgelöst werden, die SPD war gegen die Abschaffung. Das war ein großer Konflikt für uns. Wir hätten doch gern der Schath gekündigt, um langfristig selbst einzuziehen.

In geheimer Abstimmung stimmte Eberhard für die Abschaffung und damit gegen den Beschluss seiner eigenen Fraktion. Und das mit einem schwarzen Filzstift! Nun muss man wissen, dass solche Stifte damals nur bei Architekten üblich waren. Eigentlich wurden nach geheimen Wahlen die Stimmzettel auch sofort vernichtet, aber aus dubiosen Gründen waren diese noch verfügbar und wurden verbotenerweise auch noch kontrolliert.

In der CDU-Fraktion saß auch ein Architekt, der auch einen Filzstift hätte besitzen können. Da es nur ein Kreuzchen mit Filzstift gab, hätte dieses auch von dem CDU-Abgeordneten stammen können. Das rette Eberhard vor größeren innerparteilichen Querelen.

Kündigen brauchten wir Frau Schath nicht mehr, sie zog über Nacht von selbst aus.

Das war für uns eine große Erleichterung, denn sie hatte versucht, noch möglichst viel Schaden an und im Haus anzurichten.

Im Erdgeschoß lagerte Baumaterial, das Eberhard zusammengetragen hatte. Dieses stand eines Tages total unter Wasser und gleichzeitig lief oben der Wasserhahn. Abwässer wurden von oben einfach aus dem Fenster gekippt.

Aber die dicken Marunken im Garten transportierte Frau Schath mit der Schubkarre ab, zwei Häuser weiter zu Hendricks. Die bekamen auch den Jaucheschöpfer aus dem Garten.

Wir waren sehr froh, dass wir vor dem Kauf das Haus hatten schätzen lassen, denn wir wollten auf keinen Fall, dass man uns später nachsagen konnte, wir hätten die alten Leute übervorteilt.

Frau Schath prozessierte noch gegen ihre Brüder wegen des Erbes. Sie wollte tatsächlich Pflegekosten für ihre Eltern geltend machen. Später erzählten uns die Krefelder: „Es wäre besser gewesen, wenn wir euch das Haus geschenkt hätten, wir hätten viel Ärger gespart."

Das vom Hauskauf geerbte Geld war für die Anwaltskosten draufgegangen.

Im Sommer 1964 saß Heike im Sportwagen. Sportwagen damals hatten kleine Räder, waren sehr niedrig und ziemlich leicht. Im Kaufhof trug ich einfach den Wagen samt Kind über die Treppen, um den Weg zum Aufzug zu sparen. Im verwilderten Garten in „unserem" Haus lag so viel Dreck herum, dass es gut war, Heike geschützt im Wagen zu haben.

Das ganze Gestrüpp erkundeten wir erst nach und nach. Wir entdeckten sogar tragende Stachelbeersträucher. Ganz toll waren drei relativ junge Bäume voller wunderschöner Eierpflaumen. Eberhard war einmal am Wochenende auf einen geklettert, um Pflaumen zu pflücken. Plötzlich rief Heike ganz aufgeregt: „Papa Beine putt!" – sie konnte seine Beine nicht mehr sehen. Das war ihr erster richtiger Satz. Unter eben diesem Baum verbrannte Eberhard später trockenes Gestrüpp. Das gefiel dem Baum natürlich gar nicht, er verbrannte gleich mit.

Der nächste Haufen entstand deshalb etwas weiter links, leider ereilte damit der zweite Pflaumenbaum das gleiche Schicksal. Der dritte Pflaumenbaum stand zu nahe an der Nachbarmauer, darum musste er vor Feuer geschützt werden, aber wir konnten auch von diesem keine Pflaumen pflücken. Seine Früchte hatte Frau Schath bei Nacht und Nebel geerntet.

Noch vor dem Umbau ließen wir den ganzen Garten ausbaggern. Nur vier Bäume sollten stehen bleiben: der Birnbaum, zwei Kirschbäume und eben der letzte Pflaumenbaum.

Ich stand mit dem Fotoapparat hinten bei Roeses im Garten und beobachtete den Bagger. Dem Birnbaum verletzte er die Rinde so, dass ich glaubte, es müsse gefällt werden, aber der alte Baum war zäh. Er dankte mir noch viele Jahre seine Rettung mit Tonnen von Früchten.

Gegen den Pflaumenbaum fuhr der Baggerfahrer beim Wenden. Ich rief laut, als ich die ganze Krone zittern sah, aber der Fahrer konnte mich nicht hören. Der Baum neigte sich schon bedenklich zur Seite, als der Fahrer anhielt. Mir war nach Heulen zumute. „Wir graben ihn wieder ein", sagte der Mann. Aber die Wurzeln lagen schon frei und waren teilweise abgerissen. Eine Wiederbelebung hielt ich für sinnlos, also fiel der letzte Pflaumenbaum auch noch.

Auf dem Grundstück links neben uns sollte in den zwanziger Jahren die Evangelische Schule gebaut werden. Die Grundmauern standen schon, als der Eigentümer des Stahlwerkes Becker der Gemeinde das Grundstück an der Krusestraße für den Schulbau stiftete. Auf den bereits vorhandenen Grundmauern errichtete die Gemeinde

Baracken, die dringend für Flüchtlinge nach dem ersten Weltkrieg benötigt wurden. L-förmig war mit der Zeit das ganze Grundstück mit Baracken bebaut worden. Die Bewohner hatten sich Hundezwinger, Ställe und allerlei Buden selbst dazu gebaut. Solche Bauten ragten sogar in unser Grundstück hinein, die einstmals vorhandene Ligusterhecke war jahrelang nicht mehr geschnitten worden und eine Grundstücksgrenze nicht mehr erkennbar.

Wir beantragten den Bau einer Mauer und bekamen die Genehmigung dazu auch ganz schnell. Jeder wusste nämlich, dass es hier Ratten in Hülle und Fülle gab. Nachdem alles Gerümpel samt Hecke entfernt worden war, sagte uns der Polier der Baufirma, dass für den Aushub der Mauerfundamente der „kleine Bagger" käme. Am nächsten Tag erschien ein Mann wie ein Baum, der im Handumdrehen den Graben für das Mauerfundament ausschaufelte.

Bei den Arbeiten wurde ein verrosteter Trommelrevolver gefunden. Onkel Roese, seines Zeichens ein Waffennarr, machte ihn in mühevoller Kleinarbeit wieder gängig. Dabei wurde von einem Mord aus der Vergangenheit erzählt, bei dem man die Waffe nie gefunden hatte. Die alten Steinmetzers bestätigten diese Version, aber ob an der Sache etwas dran war, erfuhren wir nie.

Der Umbau

Pläne für den Umbau des Hauses hatte Eberhard immer wieder überarbeitet. Eine Rolle spielte dabei auch die Tatsache, dass er von Baustellen mehrfach Material bekam, das dort nicht mehr gebraucht wurde.

Einmal waren das drei nagelneue moderne Alufenster. Die Maße hatten nicht gestimmt. Sie waren ca. 80 cm hoch und 160 cm breit und damit für den Einbau zur Straßenfront ungeeignet. Daher sollte die Küche in einen Anbau nach hinten kommen, dort hätten die Fenster höher eingebaut werden können. Aber in einer Küche, aus der man nicht direkt herausgucken könnte, wollte ich auf gar keinen Fall arbeiten. So entstand die Idee, den Wohnraum nach hinten zu verlegen, obwohl er dort weniger Sonne bekam.

Der Einwand wegen der Fenster war übrigens der einzige Einspruch meinerseits, der Gehör beim Architekten fand. Die drei Alufenster wurden einzeln verplant: zwei davon für die Badezimmer oben und unten und das dritte oben für das Kinderzimmer zum Garten hin. Diese Lösung war akzeptabel, selbst wenn das untere Bad dadurch ein Fenster bekam, das in die Garage führte.

Bei der Fensterplanung des Wohnzimmers hatte ich nichts mehr zu sagen. Ich hätte unter den Fenstern gerne einen kniehohen Sockel für ein riesiges Blumenfenster gehabt. Stattdessen wurde großzügig bis auf den Boden verglast. Leider dachte man zu der Zeit überhaupt nicht daran, dass große Fenster auch einen übermäßigen Energiebedarf bedeuteten.

Die Bautiefe zum Garten war gesetzlich vorgeschrieben, aber Eberhard ließ einen Meter weiter nach hinten bauen. „Das merkt kein Mensch, aber unser Wohnzimmer wird um einen Meter länger", war sein Kommentar.

Auf der Gartenseite befand sich noch ein Kellereingang, der zugeschüttet wurde, darüber entstand das untere Badezimmer. Da der gesamte Bereich des heutigen Anbaues höher gelegt wurde, um einen Niveauunterschied im Raum zu verhindern, entstand unter der später angelegten Terrasse ein Hohlraum, der allen Bauschutt und sonstiges Aushubmaterial aufnahm.

Im oberen Stockwerk wurde über dem alten Küchenanbau eine Betonplatte eingezogen, um dem Bad ein ausreichendes Fundament zu geben. Dadurch war allerdings der Einbau einer Stufe unvermeidbar. Die Treppe nach oben wurde hinter der Außenwand des Küchenanbaus auf einem einzigen Mittelholm gebaut. Um diese Konstruktion gab es viele Debatten mit dem Schlosser, der immer zwei Holme wollte. Die Innentreppe zum Keller war geblieben. Sie führte von hinten Richtung Haustür. Die alte Treppe ins Obergeschoss begann gegenüber der Haustür und war sehr steil. Von unten bekam sie eine Garderobe, von oben eine Abdeckplatte für einen kleinen Abstellraum mit Vorhang davor. Tür und Wand, die früher in das Schlafzimmer zu Steinmetzers hin führten, blieben bestehen. Die alte Haustür, nach außen zu öffnen, blieb auch. Der Eingang dahinter war winzig. Vor dem Haus gab es ein höheres Podest, von dem aus seitlich drei oder vier Stufen auf Straßenniveau führten. Das Podest hatte an beiden Seiten ein Geländer, an dem meine ersten Blumenkästen hingen. Im verwilderten Vorgarten standen einige ärmlich aussehende Hortensien. Bürgersteig und Straße waren noch nicht befestigt.

Im Sommer 1965 wurde Richtfest gefeiert. Vorn im ehemaligen Schlafzimmer hatte wir mittels Bauböcken und Brettern eine provisorische „Tafel" hergerichtet. Bier und Schnaps waren reichlich vorhanden, aber die belegten Brötchen reichten nicht. Als ich es bemerkte, schnappte ich mir mein Fahrrad, setzte meine Heike auf den Kindersitz und fuhr los. Der Kindersitz war eine kleine emaillierte Sitzschale, die am vorderen Holm angeschraubt wurde, Heikes Füße ruhten auf kleinen Fußrasten, die an der vorderen Gabel befestigt wurden. Normalerweise wurden sie hochgeklappt. Beim Losfahren klappe man sie einfach herunter, Heike stellte die Füße darauf, es war aber auch ganz leicht möglich, mit den Beinen zu baumeln. Festhalten konnte sie sich am Lenker.

In Höhe der Turnhalle am Ende der Straße – damals stand dort noch eine Holzbaracke – blockierte plötzlich mein Rad. Ich flog im Bogen über den Lenker und mit voller Wucht auf Heike unter mir. Zur gleichen Zeit bog ein Auto von rechts kommend in die Wilhelmstraße ein.

Der Fahrer sprang heraus und half uns. Für Bruchteile von Sekunden schoss es mir durch den Kopf: das Kind ist tot! Aber dann schrie sie, noch bevor das Bündel entwirrt wurde. Ihr Fuß steckte zwischen den Speichen und war ganz verdreht. Vorsichtig befreite der Mann den kleinen Fuß. Er war nicht verletzt, der Schuh hatte das kleine Füßchen geschützt. Ich nahm sie auf den Arm und hockte mich mit ihr auf das Mäuerchen vor Krauses Haus. Ein Junge aus der Baracke hatte Eberhard gerufen. Der kam auch schon angerannt und brachte uns nach Hause. Jetzt erst merkte ich, dass mein Bein oberhalb des Knies blutete, es war ein richtiges Loch, aber weiter nicht schlimm.

Ich legte Heike aufs Sofa und rief die Ärztin an. Währenddessen schlief Heike ein. „Das ist der Schock" meinte die Ärztin, „nicht wecken, nur beobachten!"

Wir hatten ungeheures Glück gehabt. In den nächsten Tagen sah man die ganze Bescherung: eine Hälfte des Gesichtes war nahezu völlig abgeschürft, aber es blutete kaum. Vor allen Dingen blieb später nichts zurück.

Die alten Fotos erregen heute noch Mitleid. Aber Heike musste immer alles selber ausprobieren. Sie wollte doch nur wissen, was passiert, wenn man den Fuß in die Speichen steckt.

Übrigens fasste sie noch bevor wir umzogen, trotz strenger Ermahnungen mit allen acht Fingern auf die heiße Herdplatte. Sie bekam acht schmerzhafte Blasen und sagte nur mal wieder: „Ich wollte das doch nur selber ausprobieren!"

19399621R00216

Printed in Poland
by Amazon Fulfillment
Poland Sp. z o.o., Wrocław